CATALOGUE

DE

LIVRES MODERNES

ET DE

LIVRES ANCIENS

LA VENTE AURA LIEU

LES LUNDI 26, MARDI 27, MERCREDI 28, JEUDI 29 ET VENDREDI 30 MARS 1906

A 2 heures précises

HOTEL DES COMMISSAIRES-PRISEURS, 9, RUE DROUOT

Salle N° 10

Par le ministère de Me **HENRI BERNIER**, commissaire-priseur

11, RUE SAINT-LAZARE, 11

Assisté de **M. HENRI LECLERC**, libraire

219, RUE SAINT-HONORÉ, 219

ET 16, RUE D'ALGER

———

VOIR L'ORDRE DES VACATIONS A LA FIN DU CATALOGUE

———

CONDITIONS DE LA VENTE

La vente se fait au comptant.

Les adjudicataires paieront 10 pour 100 en sus des enchères.

Les livres vendus devront être collationnés dans les vingt-quatre heures de l'adjudication. Passé ce délai, ils ne seront repris pour aucune cause.

M. Leclerc se réserve la faculté, dans l'intérêt de la vente, de réunir ou de diviser les numéros du catalogue. Il remplira les commissions qu'on voudra bien lui confier.

CATALOGUE

DE

LIVRES MODERNES

ET DE

LIVRES ANCIENS

PROVENANT DE LA BIBLIOTHÈQUE

DE

FEU M. JOSÉ-MARIA DE HEREDIA

DE L'ACADÉMIE FRANÇAISE

ADMINISTRATEUR DE LA BIBLIOTHÈQUE DE L'ARSENAL

PREMIÈRE PARTIE

PARIS

LIBRAIRIE HENRI LECLERC

219, RUE SAINT-HONORÉ, 219

ET 16, RUE D'ALGER

—

1906

HEREDIA

BIBLIOPHILE ET BIBLIOTHÉCAIRE[1]

C'est à l'École des Chartes que Heredia prit le goût et l'amour des beaux livres. Dans sa jeunesse élégante et savante à la fois, il rechercha et recueillit, comme un bibelot, le livre ancien vieilli sous le maroquin ou le vélin, patiné par le temps, étincelant encore dans l'éclat assoupi des dorures. Au moment où il préparait l'ouvrage sur les établissements espagnols, en Amérique, annoncé dans *l'Introduction* du BERNAL DIAZ, il acheta quelques vieux livres espagnols et italiens ; il se procura des documents dont plusieurs rares alors et plus rares aujourd'hui : c'est à ce temps que remonte probablement l'acquisition d'un certain nombre d'ouvrages précieux, du beau Ercilla (n° 47 du catalogue), du A. de Solis, *Histoire de la conquête du Mexique* (n° 137), du *El Conde Lucanor* en vélin ancien (n° 63), du *Tesoro* de Oudin, du Guicciardini, aux armes du cardinal de Bourbon (n° 121), du Herrera en 8 tomes in-fol. (n° 122), et de nombreux ouvrages plus modernes qui se rapportent à ces mêmes études [2].

Heredia recherchait aussi les livres qui avaient gardé le reflet des civilisations classiques, des époques où son génie cherchait une inspiration traditionnelle, les auteurs grecs et latins, les écrivains de la Renaissance italienne et française. S'il les rencontrait dans leurs éditions originales, dans leur reliure ancienne, — révélatrices aussi de

---

1. Ce morceau est extrait d'un volume de *Souvenirs personnels sur José-Maria de Heredia*, que M. Gabriel Hanotaux doit faire paraître prochainement.
2. Ces ouvrages figureront dans la seconde partie du catalogue.

poésie —, alors sa joie était au comble. Sans aller jamais jusqu'à ces folles enchères atteintes aujourd'hui, il savait trouver les beaux exemplaires, parfois même au cours de quelque flânerie le long des boutiques et des quais. Avec quel amour il les emportait, les caressait, les rangeait, en chantonnant, sur les planches de la vitrine préférée.

Voici le Dante, en vélin, de 1564, sur lequel la main du poète-bibliophile a écrit cette pieuse mention : « Ce bel exemplaire du Dante de Sessa a appartenu à Nicolas Moreau, sieur d'Auteuil, bibliophile du xvi° siècle, qui était trésorier de France en la généralité de Paris. — Le titre porte son *ex-libris* et un *ex-dono* de sa main à « L'ami de son cœur ». — Les bois sont fort beaux. — J.-M. de Heredia ». Quels nobles souvenirs évoqués désormais par cet exemplaire : le Dante de Heredia, avec le double témoignage des anciennes amitiés et récentes émotions !

Voici le Brunetto Latini, de Venise 1533 (n° 110) ; voici le Térence qui vient de chez De Bure (n° 94) ; voici le Pausanias, en veau fauve, au dos si richement décoré (n° 128) ; voici le Philostrate de 1549, recouvert de son beau maroquin noir vénitien (n° 129) ; voici Guillaume Postel, sous son vélin doré (n° 131) ; voici le Xénophon d'Henri Estienne (n° 138) couvert également d'un vélin souple et crémeux... une joie pour l'œil et pour la main ; voici enfin le Ronsard de 1584 (n° 80) et le Ronsard de 1623 (n° 81). Ronsard, qu'avec Virgile et André Chénier, Heredia saluait pour son maître !

Jamais personne ne traita le beau livre avec plus de respect amoureux que ne fit Heredia : « Ils sont, comme des êtres vivants, disait-il : vêtus de peau, ils frémissent sous la caresse ». Tous ceux qui l'ont connu savent que ses gestes, quand il maniait ces objets respectables, étaient pieux et tendres. Il disait que le contact de l'épiderme, chair contre chair, peau contre peau, les revivifiait et les ranimait. D'abord, de l'intérieur de sa calotte, il les nettoyait, les frottait, les « brillantait ». Puis, avec le pouce, bientôt, avec la paume de la main, il les massait longtemps ; sa patience n'avait pas de bornes ; il y revenait aussi souvent et aussi longtemps qu'il le fallait. Peu à peu, le cuir s'échauffait, s'assouplissait ; les taches, les gerçures, les blessures s'atténuaient ou disparaissaient, la moiteur de la chaude caresse ranimait les couleurs fanées ; les ors luisaient doucement. C'était, en effet, une vie nouvelle, une renaissance, et le poète montrait, à ses amis chers, le livre *reconquis,* — cet autre « trophée » —, avec une joie de triomphateur.

D'ailleurs, n'a-t-il pas inscrit cette gloire, dans le recueil même des *Trophées*, en burinant le sonnet du bibliophile :

VELIN DORÉ

Vieux maître relieur, l'or que tu ciselas,
Au dos du livre et dans l'épaisseur de la tranche,
N'a plus, malgré les fers poussés d'une main franche,
La rutilante ardeur de ses premiers éclats,·

Les chiffres enlacés que liait l'entrelacs,
S'effacent chaque jour de la peau fine et blanche ;
A peine si mes yeux peuvent suivre la branche
De lierre que tu fis serpenter sur les plats.

Mais cet ivoire souple et presque diaphane,
Marguerite, Marie, ou peut-être Diane,
De leurs doigts amoureux l'ont jadis caressé ;

Et ce vélin pâli que dora Clovis Ève
Evoque, je ne sais par quel charme passé,
L'âme de leur parfum et l'ombre de leur rêve.

Je voudrais qu'avant la brutale dispersion des enchères, on jetât un dernier coup d'œil sur les reliques où cette belle main, à son tour, si longuement et si délicatement s'arrêta.

Parmi ces vieux ouvrages, les plus modestes avaient leur part d'attention et de soins. Pour les amateurs, il est à peine besoin de signaler le La Fontaine de Barbou avec la reliure de Derôme (n° 56), les *Mémoires* du cardinal de Retz, sous la reliure aux insignes de Longepierre (n° 132), la grammaire arabe avec la superbe reliure de Lefèvre (n° 88), les trente-deux volumes des classiques italiens de la collection Prault, vêtus du plus frais maroquin (n° 42) et le *Printemps* d'Yver, en vélin doré, qui a été légué à Heredia par son ami Edmond Bonnaffé (n° 103).

Dans l'ensemble de cette collection d'anciens livres peu nombreuse, mais d'élite, on remarquera, du moins, la pureté du goût de celui qui les réunit et les préféra.

Aux dernières années de sa vie, Heredia, un peu las et dépris, se retirant du monde dont sa surdité croissante et les soins d'une santé moins robuste l'écartaient, passait de longues heures chez les libraires. Tous le connaissaient et l'aimaient. La simplicité et l'affabilité de son abord, la prodigue abondance de sa conversation et de sa compétence, et puis, ce charme qui s'exerçait sur les plus humbles, lui assuraient partout l'accueil du respect et de la confiance. Il savait les noms, les choses, les histoires ; on écoutait. Sans qu'il forçât aucune porte, elles s'ouvraient devant lui ; serviable, il allait au-devant de la confidence et du secours. On était de plain-pied avec cet homme aimable et franc qui n'était guère embarrassé de son génie.

Comme son érudition était très vaste et très précise, tout l'intéressait. Son œil, vif sous le lorgnon, distinguait l'acquisition nouvelle, la pièce intéressante : il la feuilletait en fredonnant. Sa vigilance avertie savait découvrir, sous la reliure banale d'un recueil factice, la plaquette introuvable ou l'édition originale méconnue. Oublierai-je la joie qu'il eut de m'apporter, un jour, pour compléter ma collection des Vigny, l'introuvable *Helena*, reliée derrière un pamphlet quelconque : l'*Epée de Napoléon* ?

On ne le consultait jamais en vain. Il savait les dates, les pseudonymes, les éditions, les « armes », les prix ; il connaissait l'exemplaire avec « l'erratum » et l'exemplaire avec la « faute ». On se demandait où ce rêveur et ce distrait avait puisé tant de connaissances précises et techniques. Oh ! nos flâneries tardives sur les quais, après la séance de l'Académie, quand le soleil de mai prolongeait les après-midi plus tièdes ! Le cigare aux lèvres, le lorgnon sur l'œil, la canne en badine, il jouissait de ces simples plaisirs avec une joie d'enfant que l'on mène à la promenade. La belle humeur et la grâce souriante le précédaient et entraient avant lui : parmi les bons libraires de Paris, nul ne me démentira.

Heredia ne fut pas seulement un amateur, mais un maître et un initiateur. Au début de sa vie d'écrivain, il avait connu les chefs du romantisme déclinant. Il fut présenté à Victor Hugo ; Théophile Gautier le loua ; il fréquentait assidûment chez Leconte de Lisle et reçut, de l'écrivain des *Poèmes antiques*, la tradition ; il connut Théodore de Banville, Beaudelaire, Gustave Flaubert. Bientôt, il devint l'ami des hommes qui formèrent, avec lui, l'illustre cohorte du Parnasse, Sully-Prudhomme, François Coppée, Glatigny, Catulle Mendès, Albert Mérat, Paul Verlaine, Léon Dierx ; puis des romanciers, des écrivains, des critiques, Émile Zola, Alphonse Daudet, Anatole France, André Theuriet, Gaston Paris, Albert Sorel ; puis une nouvelle génération, encore : Maupassant, Paul Bourget, Jules Lemaître, Brunetière, Richepin, Bouchor. Pour beaucoup de ses contemporains, Heredia fut une trompette de renommée et de gloire. Vers lui se porta l'élan affectueux de ses maîtres d'abord, puis de ses égaux, puis de ses disciples. Souvent, il connut les œuvres avant qu'elles parussent : il les lisait en manuscrit et donnait, avec un tact incomparable, avec le respect scrupuleux de chaque personnalité, les conseils les plus judicieux. Quand l'œuvre paraissait, Heredia recevait souvent le premier exemplaire avec quelques mots, quelques lignes, où s'inscrivaient la reconnaissance et l'affection.

Ces exemplaires se sont rangés, l'un auprès de l'autre, dans sa bibliothèque et y font comme un musée de la littérature, et surtout de la poésie française, depuis près d'un demi-siècle. Quel dommage que cette collection, toute vibrante d'amitié et de génie, ne soit pas déposée en quelque lieu consacré, pour témoigner en faveur du poète, — et du temps. Du moins, ce souvenir ne sera pas perdu, puisque le plus précieux de ces « dédicaces » et de ces « envois » a été recueilli dans le catalogue de la vente par les soins du libraire éclairé qui en est chargé.

Plus tard, quand la renommée de J.-M. de Heredia se fut élargie, qu'il fut reconnu et acclamé « prince des poètes » et qu'il fut entré à l'Académie française, la jeunesse qui l'aimait s'empressa autour de lui. Le dimanche après-midi, soit dans le salon de la rue Balzac, soit dans le cabinet de la Bibliothèque de l'Arsenal, les visages juvéniles se groupaient, la fumée emplissait la pièce et les conversations expansives et fécondes commençaient. Heredia était de feu parmi cette jeunesse de flamme. Quelle joyeuse éruption unanime vers le Beau !

Dans le tête-à-tête, le maître était tout attention ; il se penchait sur l'inquiète timidité qui l'interrogeait, et qui attendait de lui la réponse de l'oracle. Il écoutait, prêtait, comme il disait, « la bonne oreille » ; il lisait tout, les manuscrits, les épreuves, les livres. Ceux qui avaient peur, il les rassurait ; ceux qui étaient gauches, il les redressait, ceux qui préjugeaient de leurs forces, il aplanissait leur juvénile orgueil d'un geste si prudent, si attentif, si humain que, sans même s'apercevoir qu'ils fussent déçus, ils étaient consolés !

S'il fallait trouver un éditeur, forcer la porte d'une revue ou d'un journal, Heredia était là encore. Il prenait le jeune confrère sous le bras, l'amenait, le présentait ; ou bien, il allait, lui-même, répondait de l'homme et de l'œuvre, engageait sa parole et son jugement ; et cela paraissait très simple. Or, ce jugement était toujours juste, sage et clairvoyant. Il annonça et salua, avant l'aurore, le lever des astres ; il reconnut à leurs débuts, presque tous ceux qui vinrent après lui ; d'abord, les mieux aimés : Henri de Régnier, Pierre Louÿs, Maurice Maindron, puis Maurice Barrès qui devait lui succéder à l'Académie française, Charles Cros, Marcel Prévost, E. Haraucourt, Albert Samain, Viélé-Griffin, Fernand Gregh, Dorchain, Guérin, Dufour. Il fut le parrain et le nautonier de la jeune pléiade. L'écho de ses sonnets sonne dans l'œuvre retentissante des nouveaux « conquérants ».

Une fois les premiers pas franchis, on le trouvait encore. Dans les concours de l'Académie, sa voie forte, sa réclamation énergique, passionnée, s'élevait pour la défense des jeunes. Il prenait à part ses confrères, il les éclairait, les chapitrait, et, d'une conviction communicative, il emportait leur conviction et leur suffrage. Et, plus tard, si l'heure était venue d'ouvrir, aux mérites affirmés, les portes de l'Académie, il était le conseiller fidèle et le pilote ingénieux des suprêmes récifs.

Les témoignages de cette activité et de cette fidélité se retrouvent dans la bibliothèque du poète. Les étapes de bien des vies illustres sont inscrites, sur ces livres, avec l'hommage de la gratitude. Tous les poètes du siècle nouveau sont là, les illustres et les dédaignés, les farouches et les humbles, les violents et les résignés. On relira sur le manuscrit autographe, la noble page de Sully-Prudhomme, *Les Yeux*, la lettre de Beaudelaire, les « envois » de Leconte de Lisle et d'Alphonse Daudet, et l'aimable dédicace de l' « Adolescent respectueux ».

II

Nul ne s'étonna quand le poète et le bibliophile, l'ami des livres et des œuvres, José-Maria de Heredia fut nommé administrateur de la Bibliothèque de l'Arsenal en remplacement de Henri de Bornier. Cette mesure prise, le 2 février 1901, par M. Georges Leygues, alors ministre de l'Instruction publique, assurait un abri convenable aux dernières années du noble écrivain ; elle donnait, à la Bibliothèque, un chef compétent et autorisé.

Heredia avait été élève de l'École des Chartes. La connaissance intime qu'il avait des belles choses, son goût exquis le désignaient pour un dépôt où les raretés et les hautes curiosités abondent. Le poète, par sa renommée, l'homme, par son affabilité, ajoutait un lustre et un charme nouveaux à cette antique demeure où, traîne comme un parfum des vieux âges, et qui, depuis la duchesse du Maine et le marquis de Paulmy, a vu se succéder Charles Nodier A. Mickievicz, le bibliophile Jacob et Henri de Bornier.

José-Maria de Heredia quitta l'appartement de la rue Balzac et vint nicher sa gloire aux combles du vieux bâtiment qui a vu les canons de Sully.

La place est étroite, mais le goût sut l'orner. L'appartement vit se ranger, dans les vitrines noires léguées par l'ami cher, Christophe, les bibelots et les livres ; l'émail de Popelin, représentant Heredia en conquistador, retrouva sa place au-dessus du bureau d'ébène incrusté d'ivoire ; le beau portrait de Mme de Heredia illumina le salon de sa magnifique ressemblance. La grâce du maître et de la maîtresse du logis firent la nouvelle maison souriante et accueillante. Les réunions du dimanche recommencèrent.

Au pied du vieil édifice, un minuscule jardin défend mal, contre la poussière du boulevard Morland, la verdure inquiète de son arbre unique. Le poète, amoureux de la nature, fit les cent pas en cet étroit espace. « L'aigle antillane » replia ses ailes et abrita, dans cet asile, tant de souvenirs du monde parcouru, de la vie à demi-effacée, les dernières joies, les derniers rêves.

En remontant un étage, J.-M. de Heredia entrait dans le domaine des livres dont il était désormais le gardien. La collection de l'Arsenal, depuis qu'elle a été fondée par les soins du marquis de Paulmy, est une des plus riches et des plus belles de Paris. Les séries consacrées aux lettres, à la poésie, au théâtre, aux curiosités sont sans pareilles. Peut-être, depuis quelque temps, avaient-elles été un peu négligées : la parcimonie des budgets avait laissé s'accomplir de véritables méfaits : les gouttières mal entretenues avaient laissé filtrer l'eau des toits le long des murs, jusque dans les armoires où les plus rares documents, les plus riches reliures sont conservés. Heredia fit achever certaines réparations commencées, accomplit, dans le service matériel des réformes qu'on n'eut pas attendu d'un poète si prodigue, d'ailleurs, de toutes les richesses. Il fut un bon et sérieux administrateur.

Dans une maison un peu vieillie et assoupie, il apparut comme un homme d'initiative et de goût. Les appartements du bel étage dont les élégantes dispositions, les boiseries anciennes, les beaux meubles évoquent les temps de la Régence et la Cour de la duchesse du Maine, ces beaux appartements étaient encombrés de rayons couverts de livres et, ainsi, défigurés. Heredia entreprit de leur rendre leur antique honneur. Il eût voulu faire, de ces belles pièces, un musée de l'image et du livre. Son insistance sut obtenir les ressources qui avaient manqué jusque-là. Il plaidait si fort et si haut : on ne pouvait pas ne pas l'entendre ; la nécessité et l'urgence des travaux devenait si bien la chose unique, pendant qu'il parlait, qu'on ne pouvait rien lui refuser. Les travaux furent commencés sous sa direction et, achevés comme il les a conçus, ils rendent à ce coin précieux du vieux Paris et de la vieille France, un charme élégant et discret, où le souvenir du poète vivra, comme, sur les boiseries blanches, la poudre d'un pastel éteint, dans une délicate harmonie.

Les collections furent l'objet de ses soins attentifs : désormais ses courses chez les libraires eurent un objet nouveau : compléter les séries spéciales de la Bibliothèque. On lui doit l'acquisition de manuscrits et d'ouvrages qui s'ajoutaient utilement aux fonds des lettres, de la poésie, des théâtres. Il acheta des manuscrits intéressants provenant de Mirabeau. Son influence personnelle, son habile insistance obtinrent, pour la Bibliothèque de l'Arsenal, l'offre libérale de la collection Bryan, réunion des plus beaux exemplaires des œuvres contemporaines, couverts de reliures superbes par les maîtres de l'art.

José-Maria de Heredia fut, à la Bibliothèque de l'Arsenal, ce qu'il était partout, la belle humeur et la séduction. Ses collaborateurs étaient ses amis. Les écoliers du lycée Charlemagne, qui viennent là, entre deux classes, pour corriger leurs devoirs, furent d'abord effarouchés par la voix tonitruante du maître; bientôt, ils s'apprivoisèrent. Les plus hardis s'approchèrent et devinrent familiers ; de cette jeunesse, il voyait naître déjà des recrues pour la poésie : les bambins, rassurés, commençaient à lui apporter des sonnets.

Heredia bibliothécaire, Heredia bibliophile, c'est surtout et toujours Heredia poète. Poète dans tout ce qu'il toucha, dans tout ce qu'il aima, dans tout ce qu'il fit. Oui, il était bien la « lyre naturelle ». Il y avait en lui comme une résonance. Tout s'animait, tout vibrait quand il était là. Une splendeur d'être rayonnait autour de lui et enveloppait les choses d'un reflet. Il les magnifiait.

Poète, bibliophile, ami, il voyait beau, noble, bon et grand. Il s'exaltait et il exaltait. Son souvenir même est lumineux et retentissant.

Peut-être le trouvera-t-on trop ardent sur ces pages froides : mais où donc le reflet et l'écho de cette exaltation seraient-ils excusables, si ce n'est dans le tribut de l'amitié ?

Gabriel HANOTAUX.

LIVRES ANCIENS

THÉOLOGIE

HISTOIRE RELIGIEUSE

1. **BEVERLANDI (Hadriani)**. J. U. licentiati de peccato originali, κατ᾽ ἐξοχλω sic nuncupato, dissertatio. *Ex typographeio*, 1679, in-12, mar. rouge, fil., dos orné, dent. int., tr. dor. (*Rel. anc.*).

   Bel exemplaire relié par DEROME.

2. **BEVERLANDI (Hadriani)** Justinianaei de stolatae virginitatis jure lucubratio academica. *Lugduni in Batavis, typis Joannis Lindani*, 1680. — De fornicatione cavenda admonitio, sive adhortatio ad pudicitiam et castitatem. *Juxta exemplar londinense*, 1698, 2 ouv. en un vol. in-12, mar. rouge, fil. dos orné, tr. dor. (*Rel. anc.*).

   L'opuscule « *De stolatae...* » est l'ÉDITION ORIGINALE.
   Le « *De fornicatione* « est la bonne édition sous cette date.

3. **BEVERLAND**. Histoire de l'état de l'homme dans le péché originel. *Imprimé dans le monde (Amsterdam, J.-F. Bernard)*, 1731, pet. in-12, mar. citron, fil., dos orné, tr. dor. (*Rel. anc.*).

   ÉDITION ORIGINALE de cette traduction.

4. **PASCAL (Blaise)**. Les Provinciales, traduites en latin par Guillaume Wendrock, théologien de Saltzbourg, en espagnol par le Sr Gratien Cordero de Burgos, et en italien par le Sr Cosimo Brunetti, gentilhomme florentin. *Cologne, Balthasar Winfelt*, 1684, in-8, veau jaspé, comp. de fil. à froid entrelacés et rosaces or, dos orné, dent. int., tr. dor. (*Thouvenin*).

5. **PSALTERIUM**. Liber psalmorum Davidis, tralatio duplex, vetus et nova... Adjectae sunt annotationes cum ex aliorum tralatione, tum vero ex commentariis Hebraeorū a Vatablo diligenter excussis. *Oliva Rob. Stephani*, 1556, in-8, mar. rouge, fil., milieux ornés d'une guirlande dor., dos orné, tr. dor. (*Rel. anc.*).

   Exemplaire dans sa première reliure. A la fin *Index* manuscrit, écrit au seizième siècle.

6. **SULPITII SEVERI** opera omnia quae extant. *Lugd. Batavorum,*

1643, pet. in-12, titre gravé, mar. rouge à longs grains, compart. de fil en losange, dos orné, dent. int., gardes de moire bleue, tr. dor. (*Bozérian*).

7. TESTAMENT (Le Nouveau), c'est-à-dire la nouvelle alliance de notre seigneur Jésus-Christ. Les Pseaumes de David, mis en rime françoise ; par Clément Marot et Théodore de Bèze. Réduits nouvellement à une briève et facile méthode pour apprendre le chant ordinaire de l'église (texte et musique). *La Haye, J. et D. Steucker*, 1664, 2 op. en 1 vol. in-12, mar. rouge, plats et dos entièrement couverts d'ornements dorés à petits fers et de dauphins couronnés, tr. dor. (*Rel. anc.*).

8. TESTAMENTUM (Novum Jesu Christi). Vulgatae editionis, Sixti V. pont. max. jussu recognitum, atque editum. *Parisiis, e typographia regia*, 1649, 2 vol. pet. in-12, mar. rouge, comp. de fil. et fleurons, dos orné, tr. dor. (*Rel. anc.*).

9. VERNET (J.-J.). Anecdotes ecclésiastiques, contenant la police et la discipline de l'église chrétienne depuis son établissement jusqu'au XI° siècle, les intrigues des évêques de Rome et leurs usurpations sur le temporel des souverains. Tirées de l'histoire du royaume de Naples de Giannone, brûlée à Rome en 1726 (par J.-J. Vernet). *Amsterdam, Jean Catuffe*, 1738, pet. in-8, mar. vert, fil. et fleurons aux angles, dos orné, encad. int., tr. dor. (*Rel. anc.*).

10. VICTON. Vie admirable du glorieux père et thaumaturge S. François de Paule, instituteur de l'ordre des minimes, dict. de IHS. Maria. Consacrée aux victoires du Roy Louis le Juste, par V. P. François Victon, religieux du dict ordre et petit nepveu du même Saint. *Paris, Séb. Cramoisy*, 1623, in-12 réglé, titre orné, mar. rouge, comp. de fil., coins et milieux ornés à petits fers, dos orné, tr. dor. (*Rel. anc.*).

PHILOSOPHIE, MORALE, SCIENCES.

11. AESCHINIS Socratici dialogi tres graece et latine, ad quos accessit quarti latinum ragmentum. Vertit et notis illustravit Joannes clericus ; cujus et ad calcem additae sunt silvae philologicae, cum omnium indicibus necessariis. *Amstelodami, apud Petrum de Coup,* 1711, in-8, veau fauve, dent. int., tr. jasp. (*Rel. anc.*).

> Exemplaire aux armes du comte d'Hoym.

12. BEKKER (Balthasar). Le Monde enchanté, ou examen des communs sentiments touchant les esprits, leur nature, leur pouvoir, leur administration et leurs opérations et touchant les effets que les hommes sont capables de produire par leur communication et leur vertu, divisé en quatre parties. Traduit du hollandais. *Amsterdam, P. Rotterdam,* 1694, 4 vol. pet. in-12, portrait, veau fauve, fil. noirs, dent. int., dos orné, tr. dor. (*Simier*).

13. BOYVIN (F. de). Instructions sur les affaires d'Estat, de la guerre et vertus morales, par François de Boyvin, chevalier, baron du Villars, maistre d'hostel ordinaire des roynes Elisabeth et Loyse... Avec un brief sommaire des matières traictées par chapitres, mis après la préface, pour le soulagement du lecteur. *Lyon, P. Rigaud,* 1610, in-8, mar. rouge, comp. de fil. dor., dos orné, tr. dor. (*Rel. anc.*).

14. CASTILLON (Balthazar). Le Parfait courtisan, du comte Baltasar Castillonnois. Es deux langues, respondans par deux colonnes, l'une et l'autre, pour ceux qui veulent avoir l'intelligence de l'une d'icelles. De la traduction de Gabriel Chapuis, tourangeau. *Lyon, J. Huguetan,* 1585, in-8, vélin, tr. marb. (*Rel. anc.*).

15. CHARRON (Pierre). De la Sagesse, trois livres par Pierre Charron, parisien, docteur es droicts. Suivant la vraye copie de Bourdeaux. *A Leide, chez les Elseviers,* 1646, pet. in-12, frontisp., mar. rouge, dent. int., tr. dor. (*Petit*).

16. CICERONIS (M. Tulii) de natura deorum libri tres, cum notis integris Pauli Manucii, Petri Victorii, Joachimi Camerarii, Dionys. Lambini et F. Ursini. Recensuit suisque animadversionibus illustravit ac emaculavit Joannes Davisius. Accedunt emendationes Cl. Joannis Walkeri. *Cantabrigiae, typis academicis, impensis Cornelii Crownfield,* 1798, in-8, réglé, mar. rouge, large dent. dor., dos orné, dent. int., tr. dor. (*Rel. anc.*).

> Exemplaire imprimé sur GRAND PAPIER.

17. FONTENELLE. Entretiens sur la pluralité des mondes, par de Fontenelle. *Paris, Ménard et Desenne, fils,* 1818, in-18, portrait

par Bovinet et planche, mar. fauve, comp. de fil. et encad. à froid, angles ornés, dos orné, dent. int., tr. dor. (*Thouvenin*).

18. GRACIAN (Baltasar). L'Homme de cour, de Baltasar Gracian, traduit et commenté par le sieur Amelot de la Houssaie ci-devant secrétaire de l'ambassade de France à Venise. *Paris, Ve Martin, J. Boudot et E. Martin*, 1687, in-12, veau fauve, dos orné, tr. dor. (*Rel. anc.*).

> Sur le feuillet de garde :
> *Donné à mon cher ami et grand « Espagnol »,*
> *J.-M. de Heredia, officier chez Apollon.*
>
> G. HANOTAUX.

19. GRACIAN. L'Homme universel, traduit de l'espagnol de Baltasar Gracien (par J. de Courbeville). *Paris, N. Pissot*, 1723, in-12, mar. orange, dentelle, dos orné à la grotesque, dent. int., tr. dor. (*Rel. anc.*).

> Bonne reliure du xviiie siècle.

20. LA ROCHEFOUCAULD. Maximes et réflexions morales. *Paris, P. Didot*, 1815, in-8, veau olive, fil. et dent. dor., dos orné, dent. int., tr. dor. (*Rel. de l'époque*).

> Edition très bien imprimée.

21. MACHIAVELLI. Libro dell'arte della guerra di Nicolo Machiavelli cittadino, et secretario fiorentino. *In Vinegia, Dom. Giglio*, 1554, pet. in-12, mar. fauve, fil., dos orné, tr. dor. (*Rel. anc.*).

22. OXENSTIRN. Pensées de M. le comte d'Oxenstirn sur divers sujets, avec les refflections morales du même auteur. Nouvelle édition, revue et corrigée soit pour le style, soit pour les citations, par M. D. L. M. *La Haye, Jean van Duren*, 1744, 2 vol. in-12, frontispice, le même pour chaque vol., mar. rouge, fil., dos orné, dent. int., tr. dor. (*Rel. anc.*).

23. SPINOZA. Réflexions curieuses d'un esprit désintéressé sur les matières les plus importantes au salut, tant public que particulier. *Cologne, Claude Emmanuel*, 1678, in-12, mar. rouge, fil., dos orné, dent. int., tr. dor. (*Rel. anc.*).

> Première traduction du « *Tractatus* ».
> Contient le second titre : Traité des cérémonies superstitieuses des Juifs tant anciens que modernes. *Amsterdam, Jacob Smith*, 1678.

24. SPINOZA. Réfutation des erreurs de Benoit de Spinoza par M. de Fénelon, archevêque de Cambrai ; par le père Lami bénédictin et par M. le comte de Boullainvilliers, avec la vie de Spinoza écrite par M. Jean Colerus, ministre de l'Eglise luthérienne de la Haye ; augmentée de beaucoup de particularités tirées d'une vie manuscrite de ce philosophe, faite par un de ses amis. *Bruxelles, F. Foppens*, 1731, pet. in-12, mar. orange, dent., dos orné, dent. int., tr. dor. (*Rel. anc.*).

25. VIVIS (Joannis Lodovici) Valentini, de officio mariti, liber

doctissimus, lectuq; utilissimus, ab ipso autore multis in locis nunc primum auctus et recognitus. Una cum rerum ac verborum diligentissimo indice. *Basileae, per Robertum Winter, mense Augusto, anno 1538*, in-8, veau fauve, plats entièrement ornés de comp. et de fers à froid (*Rel. anc.*).

> Curieuse reliure du xvi⁰ siècle, le milieu du premier plat est orné d'un pélican, répété trois fois.

26. VIVIS (Jo. Lodovici) Valentini opera, in duos distincta tomos quibus omnes ipsius lucubrationes, quotquot unquam in lucem editas voluit, complectuntur : praeter commentarios in Augustinum de civitate Dei... Adjunctus est his omnibus index uberrimus. *Basileae, anno 1555*, 2 vol. in-fol., veau fauve, fil et encad. à fr., dos orné, tr. ornées (*Rel. du XVI⁰ siècle*).

> Sur les tranches des reliures sont peintes les armoiries de la famille d'Astorga.

BELLES-LETTRES

27. AUDOENI (Joannis) cambrobritanni epigrammata. Editio prioribus auctior, longeque emendatior, cura Ant. Aug. Renouard, parisini. *Parisiis, Didot*, 1774, pet. in-12, mar. bleu à longs grains, comp. de fil., encad. de roses et coins ornés, dos orné et mosaïqué, dent. int., tr. dor. (*Thouvenin*).

> Exemplaire imprimé sur papier vélin ; jolie reliure de Thouvenin.

28. BECKFORD (W.). Vathek (conte arabe). *A Londres, chez Clarke*, 1815, in-8, front. et titre gravés par Is. Taylor, cartonn. vélin à rec., fil. et dos orné, non rog.

29. BERNIS (de). Œuvres complètes de M. le C. de B*** (le cardinal F.-J.-P. de Bernis), de l'Académie françoise. Dernière édition. *Londres (Paris)*, 1767, 2 tomes en 1 vol., pet. in-8, mar. rouge, fil., dos orné, dent. int., tr. dor. (*Rel. anc.*).

30. BERTIN (A. de). Les Amours, élégies, en trois livres (par le chevalier Ant. de Bertin). *Londres (Paris, Didot)*, 1780, pet. in-8, mar. rouge, fil., dos orné, dent. int., tr. dor. (*Rel. anc.*).

> Édition originale.
> Exemplaire imprimé sur papier de Hollande.

31. BEZAE (Theodori) Vezelii poëmata varia. Sylvae, elegiae, épitaphia, épigramm., icones, etc., etc. — Accessit Jac. Lectii V. Cl. Jonah., seu poetica paraphrasis ad eum vatem. *Excudebat Jac. Stoer*, 1599, in-16, mar. noir, fil. à fr., dent. int., tr. dor. (*Trautz-Bauzonnet*).

> Édition très correcte et recherchée.
> Joli exemplaire de M. Yemeniz.

32. BOCCACIO. Il Decamerone di M. Giovan Boccaccio, alla sua intera perfettione ridotto, et con dichiarationi et avvertimenti illustrato, per Girolamo Ruscelli. Con un vocabolario generale nel fine del libro et con gli epiteti dell' autore. *In Venetia, appresso Vincenzo Valgrisi,* 1557, in-4, figures sur bois, mar. brun, comp. de fil. droits et courbes, genre xvie siècle, dos orné, dent. int., tr. dor.

Cette édition est ornée de jolies figures gravées sur bois.

33. BOCCACE. Le Decameron de maistre Jean Bocace, florentin. Traduict d'italien en françois par M. Antoine le Maçon, conseiller du Roy. *Paris, J. Langlois,* 1629, in-8, mar. rouge, fil. et fleurons, dos orné, tr. dor. (*Rel. anc.*).

Piqûres de vers et taches de rousseur.

34. BUCHANAN (G.). Psalmorum Davidis paraphrasis poetica, nunc primum edita, authore Georgio Buchanano, scoto, poetarum nostri saeculi facile principe. Ejusdem Davidis psalmii aliquot a Th. B. V versi. Psalmi aliquot in versus itē graecos nuper a diversis translati. *Apud H. Stephanum et ejus fratrem R. Stephanum, s. d.,* 2 part. en un vol. in-8 réglé, vélin à rec., fil. et milieu orné, tr. dor. (*Rel. anc.*).

35. CERVANTES. El ingenioso hidalgo Don Quixote de la Mancha. Compuesto por Miguel de Cervantes Saavedra. Dirigido al duque de Bejar, marques de Gibraleon, conde de Benalcaçar, etc. *En Brusselas, por Roger Velpius,* 1607, in-8, mar. rouge, fil., dos orné, tr. dor. (*Rel. anc.*).

C'est la première édition imprimée à Bruxelles. Rare.

36. CERVANTES. Novelas exemplares de Miguel de Cervantes Saavedra. Dirigido a Don Pedro Fernandez de Castro. *En Brusselas, por Roger Velpio y Huberto Antonio,* 1614, in-8, vél. à rec., fil., tr. dor. et ciselées (*Rel. anc.*).

Exemplaire de François de S. Victor, dont il porte le nom sur un plat et la devise « *A poinct: ou poinct:* » sur l'autre plat.

Édition peu commune, imprimée la même année que la seconde édition.

37. CHAPELLE et BACHAUMONT. Œuvres. *La Haye et Paris,* 1755, pet. in-12, mar. olive, fil. et fleurons, dos orné, dent. int., tr. dor. (*Rel. anc.*).

38. CHATEAUBRIAND. Atala. René, par Fr.-Aug. de Chateaubriand. *Paris, Le Normant,* 1805, pet. in-12, fig., veau rac., dent. dor., dos orné.

6 figures de *Garnier,* gravées par St *Aubin* et *Choffard.*
Première édition d'*Atala* et *René* réunis.

39. CHAULIEU. Œuvres de l'abbé de Chaulieu. Nouvelle édition, augmentée d'un grand nombre de pièces qui n'étaient point dans

les précédentes, et corrigée dans une infinité d'endroits sur des copies authentiques, par M. de Saint-Marc. *Amsterdam et Paris, David, Prault, Durand*, 1750, 2 tomes en un vol. pet. in-12, frontispices, mar. rouge, fil., dos orné, dent. int., tr. dor. (*Rel. anc.*).

> Exemplaire de lord Gosford.

40. CHÉNIER (Marie-Joseph). Poésies lyriques. *Paris, P. Didot, l'an V*, in-18, papier vélin, non rog.

> *Ce petit volume se rencontre rarement. Voir au bas de la dernière page la note autographe de Marie Chénier. — J.-M. de H.*
> La note de Chénier porte : *N° neuvième, sur deux « cents » (sic) cinquante.*
>
> M.-J. CHÉNIER.

41. CLAUDIANI Opera (In fine). *Impſsit Venetiis Joānes de Tridino, alias Tacuinus. Anno* 1495, in-4, lettres rondes, cart.

> Le titre du vol. est couvert de notes manuscrites.
> Sur le feuillet de garde, au crayon :
> « Brunet a raison de dire que cette édition de Thadœus Ugoletus est plus complète que la première, celle donnée à Vicence en 1482 ; mais il a tort quand il ajoute que la réimpression de Venise, chez Tacuinus de Tridino (celle-ci) est en caractères gothiques. »
>
> H. MONOD.

42. COLLECTION PRAULT (De la). *Paris, Prault*, 1744-1768, 32 vol. pet. in-12, portraits et titres ornés, mar. rouge, fil., dos orné, dent. int., tr. dor. (*Rel. anc.*).

> ARIOSTO (L.). Orlando furioso, 4 vol. — BOJARDO (Matteo-M.). Orlando innamorato, rifatto da Francesco Berni, 4 vol. — CARTEROMACO. Ricciardetto di Nicolo Carteromaco, 3 vol. — CORSINI (Bartolommeo). Il Torrachione desolato con alcune spiegazioni de l'aggiunta del suo anacreonte Toscano, 4 vol. — DANTE ALIGHIERI. La divina Commedia, 2 vol. — LIPPI (Lorenzo). Il malmantile racquistato. — MACHIAVELLI (Niccolo). Opere, coll'aggiunta delle inedite, 8 vol. — PULCI (Luigi). Il Morgante maggiore, 3 vol. — TASSO (Torquato). Aminta favola Boscareccia, vignettes de Cochin. La Gierusalemme liberata, poema eroïco, 2 vol. — TASSONI (A.). La Secchia rapita, arrichita di annotazioni. — VOCABOLARIO portatile per agevolare la lettura degli autori italiani ed in specie di Dante.
> Reliures uniformes, toutes très fraîches.

43. DANTE. L'Amoroso convivio di Dante, con la additione et molti suoi notandi, accuratamente revisto et emendato. *Vinegia, Marchio Sessa*, 1531, in-8 de 8 ff. prél. et 112 ff. chiff., mar. rouge, fil., dos orné, dent. int., tr. dor. (*Rel. anc.*).

> Le titre est entouré d'un encadrement gravé sur bois.
> Joli exemplaire.

44. DANTE. Con l'espositione di Christoforo Landino et di Alessandro Vellutello, sopra la sua Comedia dell' Inferno, del Purgatorio et del Paradiso. Con tavole, argomenti et allegorie et riformato,

riveduto et ridotto alla sua vera lettura, per Francesco Sansovino fiorentino. *In Venetia, appresso Giovambattista, Marchio Sessa et fratelli,* 1564, in-fol., fig. sur bois, vélin, tr. dor. (*Rel. anc.*).

> Sur le feuillet de garde :
> « Ce bel exemplaire de Dante de Sessa a appartenu à Nicolas Moreau, sr d'Auteuil, bibliophile du xvie siècle, qui était trésorier de France en la généralité de Paris. Le titre porte son ex-libris et un ex-dono de sa main « à Lami son cœur ». — Les bois sont fort beaux. »
>
> J.-M. DE HEREDIA.

45. DESPORTES. Les CL pseaumes de David, mis en vers françois par Philippes Desportes, abbé de Thiron. *Rouen, Raphaël du Petit-Val,* 1603, pet. in-12 de 2 ff. prél., 363 pp. et 8 ff. non chiff. pour les tables, titre gravé par L. Gaultier, vél. à rec., dos orné (*Rel. anc.*).

> A la suite : Prières et meditations chrestiennes. *Rouen, Raph. du Petit-Val,* 1604, 41 p., et Poesies chrestiennes. *Id.,* 1604, 32 pp. et 2 ff. p. la table.

46. DORAT. Les Baisers, précédés du mois de mai. *La Haye et Paris, Delalain,* 1770, pet. in-8, fig., veau rac., fil., dos orné, tr. dor. (*Rel. anc.*).

> Frontispice, vignettes, fleuron et culs-de-lampe d'*Eisen.*

47. ERCILLA y Çuñiga. Primera, segunda, y tercera partes de la Araucana, de don Alonso de Ercilla y çuñiga, cavallero de la orden de Santiago, gentil hombre de la camara de la Magestad del emperador. Dirigidas al rey don Felippe nuestro señor. *Anvers, P. Bellero,* 1597, 3 part. en 1 vol. pet. in-12, mar. citron, encad. et angles ornés et à froid, dos orné, dent. int., gardes de moire jaune, tr. dor.

48. FÉNELON. Les Avantures de Télémaque, fils d'Ulysse, par feu messire François de Salignac de la Motte Fénelon. Seconde édition, conforme au manuscrit original. *Paris, J. Estienne,* 1720, 2 vol. in-12, figures, mar. rouge, jans., dent. int., tr. dor. (*Rel. anc.*).

> Portrait de Fénelon par *Bailleul,* gravé par *Duflos* au tome I, frontispice au tome II, et 24 figures par *Bonnard,* gravés par *Giffart.*

49. GOETHE. Werther, traduit de l'allemand sur une nouvelle édition, augmentée, par l'auteur, de douze lettres et d'une partie historique entièrement neuve par C.-L. Sevelinges. *Paris, Demonville, an XII,* 1804, in-8, portr. par Boilly, veau fauve, dent. dor., dos orné, dent. int., tr. dor. (*Bozerian*).

> PAPIER VÉLIN.

50. GRAINVILLE (De). Le dernier homme, ouvrage posthume par M. de Grainville, homme de lettres. Seconde édition, publiée par Charles Nodier. *Paris, Ferra et Deterville,* 1811, 2 vol. in-12,

mar. gren., fil., dos orné, large dent. int., tr. dor. (*Petit-Simier*).

Première édition avec de nouveaux titres et une préface de Charles Nodier.

Cet exemplaire renferme quelques corrections manuscrites.

51. HORATII (Q.) Flacci opera. *Parmae, typis Bodonianis,* 1791, in-fol., veau jaspé, comp. de veau marbr., fil. dor. et rosaces, dos orné, dent. int., tr. dor. (*Rel. anc.*).

Édition remarquable par son exécution typographique.

52. HUGENII (Constantini) equit. Toparchae Zulichemii, etc., principi Auriaco a consil. et secretis, momenta desultoria, edente Caspare Barlaeo. *Lugd. Batavar., Bon. et Abr. Elzevirii,* 1644, in-12, front., mar- bleu à longs grains, encad. de fil. et dent. dor., dos orné et mosaïqué, fil. int., doublé de moire rose, tr. dor. (*Bozerian*).

53. HURTADO DE MENDOÇA (Juan). La Vida del Lazarillo de Tormes, y de sus fortunas y adversidades. La Vie de Lazarille de Tormes : et de ses fortunes et adversitez. Nouvelle traduction rapportée et conférée avec l'espagnol, par M. P.-B. P. *Paris, A. Tiffaine,* 1616, pet. in-12, vélin (*Rel. anc.*).

54. HYGINI (C. Julii) Augusti liberti, fabularum liber, ad omnium poetarum lectionem mire necessarius et nunc denuo excusus. Ejusdem poeticon astronomicon libri quatuor. Etc., etc. Index rerum sententiarum et fabularum, in his omnibus scitu dignarum, copiosissimus. *Parisiis, apud G. Julianum, sub amicitiae signo, ad collegium Cameracense,* 1578, in-8, veau olive, fil., dos orné, dent. int., tr. dor.

« Ce volume contient presque tous les mythographes anciens. »

J.-M. DE H.

Nombreuses figures gravées sur bois.

55. LA FONTAINE. Fables choisies, mises en vers par M. de La Fontaine, avec un nouveau commentaire par M. Coste. *Paris, Barbou,* 1757, 2 parties en 1 vol. (frontispice non signé). — Œuvres diverses. *Paris, Pissot,* 1758, 4 vol. — Ens. 5 vol. pet. in-12, mar. rouge, fil., dos orné, dent. int., tr. dor. (*Rel. anc.*).

Exemplaires reliés par DEROME.

56. LA MOTHE LE VAYER. Quatre (neuf) dialogues faits à l'imitation des anciens, par Orosius Tubero *Francfort, Jean Sarius,* 1506 (*pour* 1606), 2 tomes en 1 vol. in-4, portrait par J. Lubin, ajouté, mar. vert, fil., dos orné, tr. dor. (*Rel. anc.*).

Exemplaire bien relié d'une édition recherchée.

57. LASSO DE LA VEGA. Obras del excelente poeta Garci Lasso de la Vega. Con anotaciones y emiendas del maestro Francisco Sanchez cathedratico de retorica en Salamanca. *Salamanca, P.*

Lasso et Napoles, J.-B. Sotil, 1604, pet. in-12, chag. noir, fil., dos orné, dent. int., tr. dor.

58. LEGOUVÉ. Le Mérite des femmes et autres poésies, par Gabriel Legouvé. *Paris, Ant.-Aug. Renouard*, 1813, in-12, papier vélin, fig., mar. rouge, comp. de fil. et dent dor., ornem. à fr., dos orné doublé d'une large bande de mar. rouge couverte d'une large dent., milieu et gardes de moire bleue, tr. dor. (*Doll*).

> Frontispice et 2 figures par *Moreau le Jeune*, gravés par *Simonet et de Ghendt*.

59. LONGUS. Les Pastorales de Longus, ou Daphnis et Chloé, traduction de messire Jacques Amyot et son vivant évêque d'Auxerre et grand aumônier de France. Revue, corrigée, complétée, de nouveau refaite en grande partie par Paul-Louis Courier. *Paris, Al. Corréard*, in-8, dos et coins mar. bleu, fil., dos orné, tête dor., non rog.

> « Bel ex. avec les gravures au trait de Prud'hon et de Gérard. C'est l'édition qui porte à la dernière page la mention de la prison de Paul-Louis à Sainte-Pélagie. »
>
> J.-M. DE HEREDIA.

60. MACROBII (Aur. Theodosii). V. Cl. et inlustris opera. Accedunt notae integrae Isacii Pontani, J. Meursii, J. Gronovii. *Lugduni Batavorum, A. Doude et C. Driehuysen*, 1670, in-8, frontispice, veau fauve, encad. dor., dos orné, tr. dor. (*Bozerian*).

> Jolie reliure de BOZÉRIAN.

61. MAGII HIERONYMI variarum lectionum seu miscellaneorum libri III. In quibus multa auctorum loca emendantur, atque explicantur, et quae ad antiquitatem cognoscendam pertinent, non pauca afferuntur. Ad illust. et rever. Adamum Konarskium Posnaniae episc. et Poloniae regis oratorem. *Venetiis, ex officina J. Zileti*, 1564, pet. in-8, vélin, fil. dor., milieu orné, dos orné, tr. dor. (*Rel. anc.*).

> Au milieu des plats, dans un cartouche, chiffre composé de plusieurs lettres.

62. MALFILATRE. Narcisse dans l'isle de Vénus, poème en quatre chants. *Paris, an III*, 1795, in-12, mar. rouge à longs grains, comp. de fil., dos orné, fil. int., tr. dor. (*Bozerian*).

63. MANUEL (Don Juan). El Conde Lucanor, compuesto por don Juan Manuel, hijo del infante don Manuel... dirigido por Gonçalo de Argote y de Molina. *Sevilla, H. Diaz*, 1575, in-4, vélin à rec. (*Rel. anc.*).

> Sur le feuillet de garde :
> Édition originale de ce livre célèbre, chef-d'œuvre de la littérature espagnole au xive siècle. Elle est des plus rares. Les opuscules généalogiques et de linguistique qui encadrent « el Conde Lucanor » sont d'Argote de Molina. — J.-M. DE HEREDIA.

64. MARTIALIS (Marci Valerii) epigram. lib xiiij diligenter emen-

dati. Adnotationes aliquot nuperrime adjectae, in quibus multa verae lectioni restituuntur. *Lugduni, in aedibus Jacobi Myt, sumptu honesti bibliopolae Barth. Trot, anno* 1518, in-8, mar. La Vall. à longs grains, fil. dor., encad. à froid, dos orné, dent. int., tr. dor. (*Thouvenin*).

> Exemplaire de Renouard.
> Édition copiée sur celle des Alde de 1517.

65. MARTIALIS (M. Vel.) ex Museo Petri Scriverii. *Amstelodami, typis Ludovici Elzevirii, anno* 1650, très petit in-12, titre gravé, mar. rouge à longs grains, dent., dos orné, dent. int., tr. dor. (*Courteval*).

> Jolie reliure de Courteval, avec son étiquette.

66. MEURIER (Gabriel). Thresor de sentences dorées, proverbes et dicts communs, réduits selon l'ordre alphabétique. Avec le bouquet de philosophie morale, réduit par demandes et responses, par Gabriel Meurier. *Rouen, Nicolas Lescuyer*, 1579, in-16, veau marb. (*Rel. anc.*).

> « Ce petit vol. de « *Sentences dorées* » est fort rare et n'est pas sans valeur. »
>
> J.-M. de H.

67. MONCAEII (Francisci) Atrebatii sacra bucolica, sive cantici canticorum Salomonis, magni regis Israël, et Psalmi xliiij « Eructavit cor meum, etc. » poetica paraphrasis. *Parisiis, apud A. Sittard*, 1587, in-4 de 6 ff. non chiff. et 115 ff., vélin, fil. et milieu orné, dos orné (*Rel. anc.*),

> Jolis portraits de Jean d'Autriche et d'Alexandre Farnèse, gravés par *Thomas de Leu*.

68. MONTESQUIEU. Le Temple de Gnide, revu, corrigé et augmenté. *Londres, s. d. (Paris, Huart*, 1742), pet. in-8, figures, mar. rouge, fil. et fleurons, dos orné, tr. dor. (*Rel. anc.*).

> Titre gravé avec vignette, frontispice et 7 vignettes non signés.

69. MUSÉE. Le Avventure d'Ero e di Leandro di Museo grammatico, trasportate in verso italiano da Girolamo Pompei. *Parigi, A. Renouard, an IX*, 1801, pet. in-12, frontisp., mar. vert à longs grains, dent., dos orné, tr. dor.

> Papier vélin.
> Figure par *Harriet*, gravée par *Delvaux*.

70. OUDIN. Tesoro de las dos lenguas espanola y francesa de Caesar Oudin. Añadido conforme a las memorias del autor, con muchas frasis y dicciones; y con el vocabulario de Xerigonça, en su orden alfabetico. Nuevamente corregido y aumentado por Juan Monmarte. *Bruselas, Juan Monmarte*, 1660, in-4, mar. rouge, fil. dor., dos orné, dent. int., tr. dor. (*Rel. anc.*).

> Exemplaire relié par Boyet.

71. OVIDII (P.) Opera quae extant. *Londini, J. Brindley*, 1745, 5

vol. in-18, réglés, mar. rouge, fil. et coins ornés, dos orné, tr. dor. (*Rel. anc.*).

Les dos des volumes sont ornés d'une toison d'or, emblème d'un amateur anglais du xviiie siècle.

72. PARNY (Evariste). Poésies érotiques, par M. le chevalier de Parny. *A l'Isle de Bourbon*, 1778, in-12, mar. rouge, fil., dos orné, tr. dor. (*Rel. anc.*).

Exemplaire imprimé sur PAPIER DE HOLLANDE.

73. PARNY (Evariste). Opuscules de M. le Ch^er de Parny, troisième édition corrigée et augmentée. *Londres (Paris, Cazin)*, 1781, in-18, figures, veau rac., fil. dor., dos orné, tr. dor. (*Rel. anc.*).

Titre orné et 4 figures non signées.
Sur le titre, à l'encre : *j'appartiens à Joséphine d'Ayen.*

74. PLINII (C. Caecilii) Secundi epistolae et panegyricus. Editio nova. Marcus Zuerius Boxhornius recensuit et passim emendavit. *Lugd. Batav., apud Joan. et Danielem Elsevier*, 1653, pet. in-12, mar. noir, fil. dor., dos orné, dent. int., tr. dor. (*Rel. anc.*).

75. PRÉVOST (abbé A.-F.). Le Philosophe anglais, ou histoire de Monsieur Cleveland, fils naturel de Cromwell, écrite par lui-même et traduite de l'anglais par l'auteur des Mémoires d'un homme de qualité. *Amsterdam, J. Ryckhoff*, 1736-39, 8 tomes en 4 vol. in-12, veau marb., fil., dos orné (*Rel. anc.*).

Exemplaire aux armes de Mme DE POMPADOUR.

76. QUEVEDO. Obras y poësias de Don Francisco de Quevedo Villegas, cavallero de la orden de Santiago, senōr de la villa de la Torre de Juan-Abad dedicadas al excell^mo sēnor Don Luís de Benavides, carillo, y Toledo, etc., etc. *En Brusselas, Fr. Foppens*, 1661, 3 vol. in-4, frontispice et portrait, veau écaille, fil. dor., dos orné, dent. int., tr. dor. (*Rousselle*).

77. RACINE (Louis). La Religion, poème par Monsieur Racine. *Paris, Desaint et Saillant*, 1756, pet. in-12, mar. citron, fil. et fleurons, dos orné, dent. int., tr. dor. (*Rel. anc.*).

78. REGNARD. Les Œuvres de M. Regnard. *La Haye, A. Moetjens*, 1729, 2 part. en 1 vol. in-12, mar. vert, fil., dos orné, dent. int., tr. dor. (*Derome*).

79. REGNARD. Œuvres de M. Regnard. Nouvelle édition. *Paris, Ganeau*, 1750, 4 vol. pet. in-12, mar. rouge, fil., dos orné, tr. dor. (*Rel. anc.*).

80. RONSARD. Les œuvres de P. de Ronsard, gentilhomme vandomois. Reveues, corrigées et augmentées par l'autheur. *Paris, Gabriel Buon*, 1584, in-fol., portraits de Muret, Ronsard, Charles IX et de Henri III gravés sur bois, texte imprimé sur deux col., veau fauve,

coins et milieu ornés, tr. dor. (*Rel. du* xvi° *siècle dont le dos est refait*).

Édition importante, la dernière publiée du vivant de Ronsard.

81. RONSARD. Les œuvres de Pierre de Ronsard, gentilhomme vandosmois, prince des poètes françois. Reveues, augmentées et illustrées de commentaires et remarques. *Paris, Nicolas Buon, à l'enseigne S. Claude et de l'Homme sauvage,* 1623, 2 vol. in-fol. frontisp. et port., veau brun, fil., dos orné (*Rel. anc. fatiguée*).

Portraits de Muret, Henri II, Charles IX, Henri III, François duc d'Anjou, Henri, duc de Guyse (dans le premier vol.) et d'Anne duc de Joyeuse et François II, dans le second.

82. ROSA (S.). Satire di Salvator Rosa dedicate a Settano. *In Amsterdam, presso Sevo Prothomastix, s. d.* (vers 1664), pet. in-12 de 154 p., mar. vert, fil. à fr., dent. int., tr. dor.

Première édition.

83. SAINT-EVREMONT. Œuvres meslées de Mʳ de Saint-Evremont. Nouvelle impression, augmentée de plusieurs pièces curieuses. *Amsterdam, Pierre Mortier,* 1699, 5 tomes en 3 vol. pet. in-8, mar. rouge, jans., large dent. int., tr. dor. (*Rel. anc.*).

Une *table générale des matières contenues en ces cinq volumes* se trouve à la fin du dernier volume.

84. SAINT-PIERRE (Bernardin de). Paul et Virginie, avec figures. *Paris, imprimerie de Monsieur,* 1789. 4 figures par Moreau et Vernet, gravées par Girardet, Halbou et de Longueil. — La Chaumière indienne. *Ib. id.,* 1791. — Ens. 2 vol. in-18, veau éc., fil., dos ornés, tr. dor. (*Rel. anc.*).

Éditions originales.

85. SAINT-PIERRE (Bernardin de). Paul et Virginie, par Jacques-Bernardin Henri de Saint-Pierre (orné de quatre jolies gravures). *Paris, Deterville,* 1816, in-18, figures, veau rac., dent., dos orné, tr. dor. (*Rel. anc.*).

4 figures par *Moreau le jeune* et *Desenne* gravées par *Devilliers.*

86. SALUSTE (Guillaume de), seigneur du Bartas. Commentaires et annotations sur la sepmaine de la création du monde de Guillaume de Saluste, seigneur du Bartas. *Paris, Abel Langelier,* 1583, in-4, titre gravé, vélin à rec., milieu orné, dos orné, tr. dor. (*Rel anc.*).

La *Judith* et autres poésies de Du Bartas terminent le volume.

87. SANSOVINO. Delle cento novelle scelte da piu nobili scrittori della lingua volgare di M. Francesco Sansovino. Editione terza. Nelle quali piaceuoli et aspri casi d'amore et altri notabili auuenimenti si leggono. *In Venetia,* 1563, in-8, mar. rouge, dent. int., tr. dor.

La meilleure édition de ce recueil rare.

88. SAVARY (D.). Grammatica linguae arabicae vulgaris necnon litteralis, dialogos complectens, auctore D. Savary, Alcorani gallico interprete. Opus posthumum aliquot narratiunculis arabicis auxit editor. *Parisiis, e typographia imperiali,* 1813, in-4, mar. bleu, comp., de fil. et dent. dor., dos orné et mosaïque de mar. rouge, dent. int., gardes de moire rouge, tr. dor. (*Lefebvre*).

> Bel exemplaire imprimé sur PAPIER VÉLIN.
> Reliure très fraîche.

89. SCARRON. Roman comique de Scarron. *A Londres (Paris, Cazin),* 1785, 3 vol. pet. in-18, portrait et frontispice gravés par Chapuis, mar. rouge foncé, dent. int., tr. dor. (*Petit*).

90. SEVERI (P. Cornelii) Aetna, et quae supersunt fragmenta, cum notis et interpretatione Jos. Scaligeri, Fr. Lindenbruchii et Th. Goralli. Accessit Petri Bembi Aetna. *Amstelodami, apud H. Schelte,* 1703, in-12, planche, vélin blanc, dent. dor., dos orné, dent. int., tr. dor. (*Lefebvre*).

91. SOPHOCLE. L'Œdipe et l'Electre de Sophocle, tragédies grecques, traduites en françois avec des remarques. *Paris, Claude Barbin,* 1692, in-12, mar. rouge, fil., dos orné, dent. int., tr. dor. (*Rel. anc.*).

> « Édition originale de la traduction de Dacier. Les notes sont remarquables ». — J. M. de H.

92. TASSO. La Gierusalemme liberata, poema eroico di Torquato Tasso. *In Parigi, Prault,* 1744, 2 vol. pet. in-12, frontispice, le même pour les 2 vol. et titres gravés de Cochin, figures, mar. rouge, fil. dor., dos orné, tr. dor. (*Rel. anc.*).

> A la suite : Aminta, favola boscareccia. *Parigi, Praalt,* 1745 (titre gravé, 1 vignette à l'épître dédicatoire et 8 vignettes à mi-page par *Cochin,* gravées par *Aveline.*

93. TERENTIUS, a M. Antonio Mureto, locis prope innumerabilibus emendatus et argumentis in singulas fabulas illustratus. *Antuerpiae, ex officina, Ch. Plantini,* anno 1565, in-16, mar. fauve, fil. milieu orné, dos orné, tr. dorées et ciselées (*Rel. du* xvie *siècle*).

94. TERENTII (P.) Afri comoediae sex, cum interpretatione Donati et Calphurnii, et commentario perpetuo curavit Arn. Henr. Westerhovius. *Hagae-comitum, apud Isaacum van der Kloot,* 1732, 1 tom. en 2 vol. in-8, frontisp., mar. bleu à longs grains, fil. et encad. dor., dos orné, dent. int., tr. dor. (*Rel. anc.*).

> Bel exemplaire de J. J. de Bure.

95. THÉOPHILE. Les Œuvres de Théophile, divisées en trois parties. Dédiées aux beaux esprits de ce temps. *Paris, N. Pepingué,* 1662, pet. in-12, mar. rouge, fil. dor. et encad. à froid, dos orné, dent. int., tr. dor. (*Rel. anc.*).

96. VEGA (D. frey Lope Félix de). Las Comedias del famoso poeta

Lope de Vega Carpio. Recopiladas por Bernardo Grassa. Agora nuevamente impressas y emendadas. *Milan*, 1619, in-8 de 622 pages, mar. bleu, fil., dos orné. dent. int., tr. dor. (*Thibaron*).

> Bel exemplaire.

97. VIRGILE. Les Géorgiques de Virgile, traduction nouvelle en vers françois, enrichies de notes et de figures, par M. Delille. *Paris, C. Bleuet*, 1770, in-8, veau écaille, fil., dos orné, tr. dor. (*Rel. anc.*).

> 4 figures d'*Eisen*, gravées par de *Longueil*.

98. VIRGILE. Les Géorgiques de Virgile en vers françois par M. l'abbé de Lille. *Paris, Didot*, 1782, port. — LA FARRE. Poésies de Monsieur le marquis de La Farre. Nouvelle édition, considérablement augmentée. *Londres (Paris, Cazin)*, 1781, figure non signée. Ens. 2 vol. in-18, mar. rouge, fil., dos orné, tr. dor. (*Rel. anc.*).

99. VIRGILII (Publii) Maronis Bucolica, Georgica et Æneis. *Argentorati, typis Philippi Jacobi Dannbach*, 1789, gr. in-4, mar. rouge, fil., dos orné, dent. int., tr. dor. (*Rel. anc.*).

> Edition très bien imprimée, en gros caractères.

100. VIRGILII (P.) Maronis opera. Emendabat et notulis illustrabat G. Wakefield. *Londini, Kearsley*, 1796, 2 vol. in-12, mar. rouge à longs grains, fil., tr. dor. (*Rel. anc.*). — Virgilii bucolica, georgica et Aeneis, ex recensione Al. Cuningamii Scoti cujus emendationes subjiciuntur. *Edinburgi, Hamilton et Balfour*, 1743, pet. in-12, cuir de Russie, encad., dos orné, tr. dor. (*Rel. romant.*). — Claudiani (Cl) carmina. *Londini, typis Bulmerianis*, s. d., 2 vol. in-12, veau fauve, fil. — Ens. 5 vol.

101. VIRGILIUS (P.) Maro varietate lectionis et perpetua annotatione illustratus a Chr. Gottl. Heyne. Accedit index uberrimus. *Londini, typis excudit J.-F. Dove, veneunt apud Ricardum Priestley*, 1821, 4 vol. et un album in-8, fig., demi-rel. mar. rouge, tête dor., non rog. (*Weber*).

> Exemplaire imprimé sur PAPIER VÉLIN auquel on a ajouté 9 portraits de Virgile. — une suite de 17 figures par *Cochin*, gravées par *Duflos* et *Cochin*, in-12 remontées. — 30 figures par *Zocchi, Cochin, Bovinet, Duvivier, Moreau le Jeune, Le Barbier, Langlois, Monsiau*, etc. — 10 figures par *Gérard, Girodet, Johannot, Deveria*, etc. — 18 figures dessinées et gravées par *Cochin* et 10 figures par *Huet* et *Fragonard*.
>
> Sur le feuillet de garde du premier volume :
>
> *Au poète antique J.-M. de Heredia, ces vers d'un poète de l'antiquité en souvenir de l'affection et de la gratitude de son confrère et ami.*
>
> G. HANOTAUX.

102. VOLTAIRE. L'A-B-C, dialogue curieux, traduit de l'anglais de M. Huet. *Londres, R. Freemann*, 1762, in-8, mar. citron, fil., dos orné, dent. int., tr. dor. (*Rel. anc.*).

103. YVER. Le Printemps d'Yver, contenant cinq histoires, discou-

rues par cinq journées, en une noble compagnie, au chasteau du printemps, par Jaques Yver, seigneur de Plaisance et de la bigottrie, gentihõme poictevin. *Anvers, G. Silvius,* 1573, in-16, vélin à rec., ornements dorés sur les plats, tr. dor. et ciselées (*Rel. anc.*).

> Sur le feuillet de garde :
> *Ce charmant volume m'a été légué par mon vieil ami l'érudit et lettré collectionneur Edmond Bonnaffé.*
> 12 décembre 1903.
>
> J.-M. DE HEREDIA.

---

104. CONFESSIO fidei exhibita invictiss. imperatori Carolo V Caesari Aug. in comitiis Augustae, anno MDXXX, graece reddita a Paulo Dolscio Plavensi. *Basileae, per J. Oporinum, s. d.* — THEOGNIDIS Megarensis sententiae cum versione latina ... addita earum explicatione a Ph. Melan. *Lipsiae, J. Rhamba,* 1552. — SIBERUS (Ad.). Ludus litterarum apud cheminium nusniae, qua ratione administretur. *Lipsiae per haeredes Valentini papae,* 1565. — HESIODI Ascrei opera quae quidem extant, omnia graece, cum interpretatione latina eregione ut conferri a graecae linguae studiosis citra negocium possint. *Basileae, J. Oporinus, s. d.* — Ens. 4 ouvr. en 1 vol. in-8, peau de truie, plats entièrement couverts d'orn. à froid, milieux ornés dont l'un représente le baptême du Christ, l'autre l'Annonciation, dos orné, fermoirs (*Rel. anc.*).

> Reliure datée de 1565.

105. CORNELIUS NEPOS, de vita excellentium imperatorum, ex recognitione Steph. And. Philippe. *Lutetiae Parisiorum, David,* 1745, in-12, mar. rouge, fil., dos orné, tr. dor. (*Rel. anc.*). — FRONTINI (Sexti-Julii) strategematigωn libri tres, strategicωn liber unus. *Ibid., G. Debure,* 1763, in-12, mar. rouge, fil., dos orné, tr. dor. (*Rel. anc.*). — HORATIUS (Quintus) Flaccus. *Birmingh., Baskerville,* 1762, in-12, mar. rouge, fil. et fleurons, dos orné, tr. dor. (*Rel. anc.*). — MASENIUS. Sarcotis et Carolis imp. panegyris carmina, tum de heroica poesi tractatus. Adjecta est lamentationum Jeremiae paraphrasis, auctore D. Grenan. *Londini et Parisiis, Barbou,* 1771, in-12, mar. rouge, dent., dos orné, tr. dor. (*Rel. anc.*). — SARBREVII (Mathiae-Casimiri) e societate Jesu, carmina. *Parisiis, Barbou,* 1759, in-12, mar. rouge, fil., dos orné, tr. dor. (*Rel. anc.*). — Ens. 5 vol.

106. ELZEVIRS (Volumes imprimés par les), 4 vol. pet. in-12, mar. (*Rel. anc.*).

> BALZAC (S^r de). Lettres choisies. *Amsterdam,* 1678, mar. vert, fil., tr. dor. — FLORUS (L. Annaeus). Cl. Salmasius addidit Lucium Ampelium e cod. Ms. nunquam antehac editum. *Lugd.-Batav.,* 1638, mar.

rouge, fil., dos orné, tr. dor. — Novum Testamentum (gr.) ex regiis aliisque optimis editionibus cum cura expressum. *Amstelodami*, 1678, mar. rouge, dent., tr. dor. — Prudentii (Aurelii) Clementis quae exstant. Nicol. Heinsius Dan. fil. recensuit. *Amstelodami*, 1667, réglé, mar. rouge, fil. et fleurons, milieux ornés de colombes, dos orné, tr. dor.

107. HOLLANDE (Volumes imprimés en), 6 vol. in-12, mar. (*Rel. anc.*).

Bartholinus (Casp.) de Tibiis veterum. *Amstelodami, Wetstenius*, 1679, mar. vert, fil., tr. dor. — Buchanani (G.) Scoti poemata quae extant. *Id.*, 1687. mar. vert, fil. et fleurons, tr. dor. — Heinsii (D.) poematum. *Amstel., Janssonius*, anno 1649, mar. rouge, fil., tr. dor. — Savonarolae (Hiernonymi) triumphus crucis, sive de veritate fidei, libri IV. *Antuerpiae, H. Aertssens*, 1633, mar. rouge, comp. de fil. et fleurons, tr. dor. — Secundi (Johannis) opera, accurate recognita ex museo P. Scriverii. *Lugduni Batav.*, 1651, mar. rouge à longs grains, fil., tr. dor. (*Courteval*). — Virgilius (P.) Maro ex editione Nic. Heinsii et P. Burmanni. *Amstel., J. Wetstenius*, 1744, mar. rouge, fil., tr. dor.

108. SANNAZARII opera omnia. *Lugduni, apud. A. Gryphium*, 1569, in-16, vélin à rec., milieu et coins ornés, dos orné, tr. dor. — Silii Italici, poetae clarissimi, de bello punico libri septemdecim. *Ib., id.*, 1551, in-16, vélin, comp. de fil., milieu orné, dos orné, tr. dor. — Ens. 2 vol.

Reliures du xvi° siècle.

HISTOIRE

109. BOSSUET. Discours sur l'histoire universelle à Monseigneur le Dauphin, par messire Jacques-Benigne Bossuet, evesque de Meaux. *Suivant la copie imprimée à Paris, chez Sébastien Mabre-Cramoisy*, 1681, in-12, mar. vert, fil., dos orné, dent. int., tr. dor.

Copie, in-12, de l'édition originale, in-4, parue la même année.
Reliure de Mouillié, avec son étiquette.

110. BRUNETTO LATINI. Il Tesoro di M. Brunetto Latino Firentino, precettore del divino poeta Dante, nelqual si tratta di tutte le cose che a mortali se appartengono. *In Vinegia, Marchio Sessa*, 1533, in-8 de 8 ff. non chiff. et 251 ff. (le dernier côté 249), plus 1 f. blanc, mar. fauve, comp. de fil. et fleurons argentés, dos orné (*Rel. anc.*).

Rare, le titre est compris dans un encadrement gravé sur bois.
Reliure vénitienne bien conservée, avec armoiries.

111. BUSSY-RABUTIN. La Vie en abrégé de Madame de Chantal,

première mère et fondatrice de l'ordre de la Visitation de Sainte-Marie, *Annessi, J.-B. Burdet,* 1737, pet. in-8, vélin blanc, encad. et dos peints en rouge, milieu violet, plats entièrement dorés, tr. dor. (*Rel. anc.*).

> Sur le feuillet de garde :
> *Offert à mon confrère et ami, José Maria de Heredia.*
> 20 septembre 1900.
>
> Jules Lemaitre.

112. CARACCIOLI. L'Europe française, par M. le marquis Caraccioli. *Liège, A.-C. Bassompierre,* 1777, in-12, mar. rouge, fil., dos orné, dent. int., tr. dor. (*Rel. anc.*).

113. CELSIUS (O). I. N. J. Bibliothecae Upsaliensis historia, auctore Olauo. O. Celsio, vice-bibl. Ups. *Upsaliae,* 1745, in-8, mar. rouge à longs grains, fil. et dent. dor., dos orné, dent. int., tr. dor. (*Rel. anc.*).

114. CHALCONDYLE. L'Histoire de la décadence de l'empire grec et establissement de celuy des Turcs ; comprise en dix livres, par Nicolas Chalcondyle Athénien. De la traduction de Blaise de Vigenere. *Paris, Nicolas Chesneau,* 1577, in-4, vélin à rec.., milieu orné, dos orné, tr. dor. (*Rel. du XVIe siècle*).

115. COMMINES. Cronique et histoire composée par Philippe de Cōmines, chevalier, seigneur d'Argēton : contenant les choses advenues durant le règne du roy Loys unziesme et Charles huictième, son fils. Avec plusieurs notables mis en marge pour le sommaire de la dicte histoire. *Paris, J. Ruelle,* 1551, in-16, veau fauve, fil. noir et or, milieu orné, dos orné, tr. dor. (*Rel. du XVIe siècle*).

> Sur un plat du vol. les lettres N. P. O. I. C. A. M. poussées en or.
> Joli exemplaire.

116. DIODORI Siculi, historici clarissimi, bibliothecae, seu rerum antiquarum tum fabulosarum tum verarum historiae, priores libri sex, Poggio Florentino interprete. *Parisiis, apud Simonem Colinaeum,* 1531, in-8, mar. bleu, dent. int., tr. dor. (*Brany*).

117. ERIZZO (Sebast.) Discorso di M. Sebastiano Erizzo sopra le medaglie antiche, con la particolar dichiaratione di molti riversi. *In Venetia, nella Bottega Valgrisiana,* 1559, in-8 de 12 ff. prél. y compris le titre et 469 p., mar. rouge, fil. et milieu orné, dos orné, dent. int., tr. dor. (*Rel. anc.*).

> Nombreuses figures de médailles très bien gravées sur bois.

118. ESSO. Vita di Vittorio Alfieri da Asti, scritta da Esso. *Milano, G. Silvestri,* 1823, pet. in-12, port., veau vert, fil. dor. et dent à fr., dos orné, encad. int., tr. dor. (*Bibolet*).

119. EUTROPII breviarium historiae romanae cum metaphrasi

graeca Paeanii et notis diversis. Recensuit Sig. Havercampus. *Lugduni Batav., J.-A. Langerak*, 1729, in-8, vélin, fil. et fleurons
armoiries, dos orné (*Rel. anc.*).

Sur le feuillet de garde :
A José Maria de Heredia.
« *Mais cet ivoire souple et presque diaphane.* »
P. L. (Pierre Louÿs.)
4 mai 99.

120. GREGORII Turonici historiae Francorum libri decem, in quibus non solum francorum res gestae, sed etiam martyrum cum
infidelibus bella et Ecclesiae cum haereticis concertationes expo-
nuntur. Adonis viennensis chronica. *Parisiis, excudebat Guil. Mo-
relius*, 1561. — Georgii Florentis Gregorii episcopi Turonici de
gloria martyrum libri duo. Ejusdem Gregorii de gloria confesso-
rum. *Ib., id.*, 1563. — Adonis viennensis archiepiscopi, breviarium chronicorum ab origine mundi ad sua usque tempora, id est
ad regnum Ludovici Francorum regis cognomento simplicis, anno
Domini 880. *Ib., id.*, 1561. Ens. 3 ouvrages en 1 vol. in-8, mar.
rouge, comp. de fil., dos orné, tr dor. (*Rel. anc.*).

121. GUICCIARDINI (F.). La Historia d'Italia di M. Francesco Guicciardini, gentil'huomo fiorentino, divisa in venti libri. Riscontrata
con tutti gli altri historici et auttori, che dell'istesse cose habbiano
scritto, per Thomaso Porcacchi da Castiglione Arretino. Con un
Giudicio fatto dal medesimo per discoprir tutte le bellezze di
questa historia : et una Raccolta di tutte le sententie sparse per
l'opera... Aggiuntavi la vita dell' auttore, scritta da M. Remigio
Fiorentino. *In Vinegia, presso Giorgo Angolieri*, 1583, 4 livres en
un vol. in-4, mar. rouge, fil., dos orné, tr. dor. (*Rel. anc.*).

Exemplaire du cardinal de Bourbon, Charles X de la Ligue, dont les
armes et la devise se trouvent sur le dos de la reliure.

122. HERRERA. Decades de las Indias, ò descripcion de las Indias
occidentales de Antonio de Herrera, coronista de Castilla. *Madrid,
Nicolas Rodriguez Franco*, 1730, 8 tomes en 5 vol. in-fol., fig. et
cartes, vélin (*Rel. anc.*).

Exemplaire bien conservé de la meilleure édition de ce livre.

123. JOSEPHI (Flavii) operum primus et secundus tomi, decem posteriores antiquitatum Judaicarū libros, una cum Josephi vita per
ipsum cōscripta, cōplectētes. Sigismundo Gelenio interprete.
Lugduni, apud Seb. Gryphium, 1555, 2 vol. in-16, vél. à rec.,
plats et dos entièrement ornés, tr. dor. (*Rel. anc.*).

Jolies reliures en vélin doré, un peu fatiguées.

124. JOVII (Pauli) Novocomensis episcopi Nucerini historiarum sui
temporis tomi duo. *Lugduni, apud haered. Seb. Gryphii*, 1561, 2
vol. in-16, mar. vert, fil., dos orné, dent. int., tr. dor. (*Rel.
anc.*).

125. MAFFEII (Joan. Petri) Bergomatis, e societate Jesu, historiarum Indicarum libri XVI. Selectarum, item ex India epistolarum
libri IV. Accessit liber recentiorum epistolarum, a Joanne Hayo
Dalgattiensi scoto ex eadem societate nunc primum excusus, cum
indice accurato. Omnia ab auctore recognita et emendata ; in sin-
gula copiosus index. *Antuerpiae, ex officina Martini Nutii, ad insigne duarum Ciconiarum, anno* 1605, 2 part. en 1 vol. in-8, mar.
rouge, comp. de fil., dos orné, tr. dor. (*Rel. anc.*).

    Exemplaire bien relié.

126. MARTIO (Francesco). Historie Tiburtine del sig. Francesco
Martio, nobile Tiburtino. Libri tre. Nelli quali si narrano i suc-
cessi dall' origine di essa citta sino al parto felicissimo della ver-
gine. *Roma,* 1653, pet. in-8, vélin, fil. et ornements dorés, tr.
dor. (*Rel. anc. ital.*).

    Aux armes d'un prélat italien.

127. MONTESQUIEU. Considérations sur les causes de la grandeur
des Romains et de leur décadence, par Montesquieu. *Amsterdam,
J. Desbordes,* 1734, pet. in-8, veau fauve, dos orné, tr. rouges
(*Rel. anc.*).

    EDITION ORIGINALE, avec le feuillet d'*errata*.

128. PAUSANIAE veteris Graeciae descriptio. Romulus Amasaeus
vertit. Accessit rerum in hisce libris memorabilium locupletissimus
index. *L. Torrentinus ducalis typographus excudebat. Florentiae,*
1551, in-fol., veau fauve, fil., milieu orné, dos orné, tr. dor. (*Rel.
anc.*).

    Reliure du xvie siècle restaurée, le dos est orné de compartiments de
filets et de fers azurés d'une jolie exécution.
    Belle édition, avec le titre dans un encadrement gravé sur bois.

129. PHILOSTRATO. La Vita del gran philosopho Apollonio Tia-
neo, composta de Philostrato, scrittor graeco, et tradotta nella
lingua volgare da M. Lodovico Dolce. *In Vinegia, G. Giolito de
Ferrari,* 1549, in-8, mar. noir, comp. de fil. à froid, filets et fleurons argentés, dos orné, tr. dor. et cisel. (*Rel. anc.*).

    Reliure italienne du xvie siècle bien conservée.

130. POLYBII historiographi historiarum libri quinque, Nicolao
Perotto interprete. *Lugduni, apud Seb. Gryphium,* 1548, in-16
réglé, veau fauve, fil. à fr., angles et milieu dor., tr. dor. (*Rel. du
XVIe siècle*).

131. POSTELLUS (G.). De magistratibus Atheniensium liber, ad
intelligendam non solum Graecorum, sed et Romanorum politiam,
ac omnem veterum historiam, lectu utilissimus, postremō jam recognitus et amplius tertia parte auctus. Gulielmo Postello Barentonio
authore. Accessit locuples rerum et verborum memorabilium index.
Basileae, s. d. — (Caroli) Sigonii de rep. Atheniensium libri IIII.

Venetiis, V. Valgrisius, 1565. — Contareni (Casparis) patricii ve-
neti, de magistratibus et repub. Venetorum libri quinque. *Basileae, anno* 1544. Ens. 3 ouvrages en 1 vol. in-8, vélin, fil., milieu
orné, dos orné, tr. dor. (*Rel. anc.*).

Jolie reliure en vélin doré orné sur les plats d'un petit médaillon
renfermant un chiffre formé de plusieurs lettres.

132. RETZ (cardinal de). Mémoires de Monsieur le cardinal de Retz.
Amsterdam, J.-F. Bernard, 1717, 4 tomes en 5 vol. in-12, réglés,
port., veau marbr., fil., dos orné, dent. int., tr. dor. (*Rel. anc.*).

Joli exemplaire de LONGEPIERRE avec son emblème sur les plats et le
dos de la reliure. Cité par M. le baron R. Portalis, dans le *Baron de
Longepierre.*
Cette édition des *Mémoires* du Cardinal de Retz est complète en 5
vol. .

133. SALLUSTII (C. Crispi) de L. Sergii Catilinae conjuratione, ac
bello Jugurthino historiae. *Lugduni, apud Seb. Gryphium,* 1551,
in-16, peau de truie, plats entièrement couverts d'ornements et de
personnages à froid (*Rel. du XVIe siècle*).

134. SALUSTIO. La Conjuracion de Catilina y la guerra de Jugur-
tha por Cayo Salustio Crispo. *Madrid, Abarra,* 1772, in-fol., titre
orné par Monfort, carte et culs-de-lampe, mar. rouge, dent., dos
orné, dent. int., doublé de moire bleue, tr. dor. (*Rel. anc.*).

Cette traduction espagnole, faite par l'infant Don Gabriel, est un
chef-d'œuvre de typographie.
Bel exemplaire imprimé sur GRAND PAPIER.

135. SANDRAS DE COURTILZ. Mémoires de M. L. C. D. R. (le
comte de Rochefort) contenant ce qui s'est passé de plus particulier
sous le ministère du cardinal de Richelieu et du cardinal Mazarin,
avec plusieurs particularités remarquables du règne de Louis le
Grand (par Gatien Sandras de Courtilz). Cinquième édition, revue,
corrigée et augmentée d'une table des matières. *Amsterdam, Fr.
l'Honoré et fils,* 1742, in-12, mar. rouge, large dent. int., tr. dor.
(*Hardy-Mennil*).

136. SIXTI V, Fulmen brutum in Henricum sereniss. regem Navar-
rae et illustriss. Henricum Borbonium, principem olim Condaeum,
evibratum. Cujus multiplex nullitas ex protestatione patet. Cui,
praeter alia subjuncta est disputatio Roberti Bellarminii de primatu
episcopi roman. et ad eam responsio. Item Alciati, Cuiacii et
Hotomani conjecturae de falsitate inter claras et C. de Summ.
Trinit. Etc., etc. *S. l., anno* 1604, in-8, vélin (*Rel. anc.*).

Exemplaire aux armes de Nicolas Vincent, seigneur de la BAROL-
LIÈRE.

137. SOLIS (A. de). Histoire de la conquête du Mexique ou de la
Nouvelle Espagne, traduite de l'espagnol de Don Antoine de Solis

(par Bon-André, comte de Broé, seigneur de Citri et de la Guette).
Paris, J. Boudot, 1691, in-4, figures, mar. rouge, fil. et fleurons,
dos orné, dent, int., tr. dor. (*Rel. anc.*).

Bel exemplaire de la première édition.

138. XENOPHONTIS (viri armorū et litterarū laude celeberrimi)
quac extant opera. Annotationes Henrici Stephani, multum locu-
pletatae : quae varia ad lectionem Xenophontis longe utilissima
habent. *Anno* 1581, *excudebat Henricus Stephanus*, in-fol., vélin
souple, milieu orné, dos orné, tr. dor. (*Rel. anc.*).

Deuxième édition à laquelle est réunie la version latine, imprimée
également par H. Estienne.
Belle reliure en vélin.

LIVRES MODERNES

AUTEURS CONTEMPORAINS
En éditions originales.

OUVRAGES DE M. JOSÉ-MARIA DE HEREDIA

139. Les Trophées. *Paris, Lemerre,* 1893, in-8, broché (*Couvert.*).

ÉDITION ORIGINALE.
« Un des dix ex. tirés avec titre noir pour l'Académie française (Concours Archon), pour Leconte de Lisle, Taine, etc. Ces dix ex. ont été tirés un mois plus tôt que le reste de l'édition. Très rare. »
J.-M. DE HEREDIA.
Note au crayon sur le feuillet de garde.

140. Les Trophées, in-8, dos et coins de mar. citron, tête dor., non rogné (*Couvert.*).

ÉDITION ORIGINALE ; le mot *Trophées* du titre est imprimé en rouge. Sur le faux-titre, envoi de M. de Heredia.

141. Les Trophées. *Paris, Lemerre,* 1893, in-12, broché (*Couvert.*).

Édition in-12 parue la même année que l'édition originale.
Un des 25 exemplaires imprimés sur PAPIER DE CHINE (n° 1).

142. Les Trophées. *Paris, Lemerre,* 1895, pet. in-12, broché.

Un des 10 exemplaires imprimés sur PAPIER DU JAPON, avec le portrait de M. de Heredia, gravé par *Los Rios,* en deux états.

143. Les Trophées, même édition pet. in-12, br.

Un des 20 exemplaires imprimés sur PAPIER DE CHINE, avec le portrait en deux états.

143 *bis.* Les Trophées. *Exemplaire unique imprimé pour M. Paul Hebert (Paris, Lemerre,* 1898), in-4, en feuilles dans un carton.

Exemplaire d'ÉPREUVES imprimé sur papier Whatman pour l'auteur.

L'exemplaire de M. Paul Hébert a été enrichi d'aquarelles d'*Ernest Millard* suivant la mention qui se trouve sur un second titre, tiré en rouge et noir, et dont une épreuve accompagne le présent exemplaire de l'auteur.

144. Sonnets of José-Maria de Heredia, done into english by Edward Robeson Taylor. *San Francisco, William Doxey,* 1897, pet. in-4, cart., dos et coins vélin blanc, non rog.

Traduction imprimée avec soin sur beau papier de Hollande et tirée à petit nombre.
Sur le feuillet de garde :
This Copy for the Master José Maria de Heredia from his Apprentice.
EDWARD-ROBESON TAYLOR.
San Francisco, October 25, 1897.

145. Sonnets done into english by Edward-Robeson Taylor. *San Francisco,* 1898, pet. in-8, port. ajouté, cartonn. toile, non rogné.

Seconde édition de cette traduction, imprimée sur beau papier vélin.
Exemplaire contenant de nombreuses CORRECTIONS AUTOGRAPHES du traducteur. Envoi suivant sur le feuillet de garde :
A Monsieur de Heredia avec les compliments de
EDWARD-ROBESON TAYLOR.
San Francisco, april 27, 1900.

146. The Trophies, sonnets by José-Maria de Heredia, translated by Frank Sewall. *Boston, Small, Maynard et C°,* 1900, in-8 carré, cart. toile, non rog.

Jolie publication, sur papier de Hollande, ornée de grandes initiales en noir et d'encadrements en bistre.

147. The Conquerors, translated from « Les Trophées » of José-Maria de Heredia by Edward Robeson Taylor. *San Francisco, Taylor Company,* 1896, in-16, papier Whatman, broché (*Couvert.*).

This to M. José-Maria de Heredia with respectful compliments of
EDWARD-ROBESON TAYLOR.
Déc. 96.

148. Ernest Christophe. *Paris, Boussod, Valadon et C*ie, 1886, in-4, planches, dos et coins mar. vert, fil., tête dor., non rog.

Extrait du tome III de la Revue *Les Lettres et les Arts.*
5 planches hors texte et tirage à part, sur Japon, du portrait de M. Christophe.
On y a joint une lettre de M. Frédéric Masson à M. Christophe et une lettre de M. de Heredia relative à cette notice.

149. Discours de réception à l'Académie française, prononcé le 30 mai 1895. *Paris, Lemerre,* 1895, plaq. in-8, brochée (*Couvert.*).

Un des 10 exemplaires imprimés sur PAPIER DU JAPON.

150. Même discours, même édition, in-8, br. (*Couvert.*).

Un des 10 exemplaires imprimés sur PAPIER DE HOLLANDE.

151. Salut à l'Empereur. Stances héroïques dites par M. Paul Mounet de la Comédie-française à la cérémonie de la pose de la première pierre du pont Alexandre III devant Leurs Majestés Impériales de Russie, le 7 octobre 1896. *Paris, A. Lemerre*, 1896, in-4, cartonn., dos et coins toile bleue, non rog. (*Couvert.*).

Un des 25 exemplaires imprimés sur PAPIER DU JAPON.

152. Discours académiques. *Paris, Didot*, 1894-1903, 6 discours in-4, br.

Discours de M. de Heredia pour l'inauguration de la statue de Joachim du Bellay à Ancenis, le 2 septembre 1894. — Discours de réception de M. J.-M. de Heredia, le 30 mai 1895. — Allocution adressée à Leurs Majestés l'Empereur et l'Impératrice de Russie, le 7 octobre 1896. — Stances de M. J. M. de Heredia. — Discours de M. de Heredia à l'inauguration du monument élevé à la mémoire de M. Leconte de Lisle à Paris, le 10 juillet 1898. — Discours de réception de M. de Vogüé. — Réponse de M. de Heredia au discours de M. le marquis de Vogüé prononcé le 12 juin 1902.

---

153. BONNAFÉ (Emond). Le Meuble en France au XVIe siècle. Ouvrage orné de cent vingt dessins. *Paris, J. Rouam, et Londres, G. Wood*, 1887, in-4, broché (*Couvert. illustrée*).

Un des 25 exemplaires imprimés sur PAPIER DU JAPON.
En tête du volume : Sonnets à l'auteur, par M. J.-M. de Heredia (*Le Hucher de Nazareth et Le Lit*).

154. CENTAURE (le) rédigé par MM. Henri Albert, André Gide, A. Ferdinand Herold, André Lebey, Pierre Louÿs, Henri de Regnier, Jean de Tinan, P. V. Avec la collaboration artistique de MM. Albert Besnard, Henri Heran, Charles Leandre, Charles Maurin, Armand Point, Paul Ranson, Fantin-Latour, Félicien Rops, etc. Et un autographe de M. José-Maria de Heredia. *Paris*, 1896, 2 vol. pet. in-4, cartonn. toile verte, non rog.

Exemplaire imprimé sur PAPIER DU JAPON offert à M. J.-M. de Heredia, par les rédacteurs du *Centaure*.
Le fac-similé d'autographe : *le Salut à l'Empereur*, se trouve au commencement du second volume.

155. FETE DE JOACHIM DU BELLAY (La) à Ancenis, 2 septembre 1894. Discours prononcés à cette occasion par MM. José-Maria de Heredia, Ferdinand Brunetière et M. Armand Silvestre. Principaux articles de la presse parisienne et départementale. *Paris, Revue illustrée des provinces de l'Ouest*, 1894, in-4, figures, broché (*Couvert.*).

Forme le tome XIV de la *Revue illustrée des provinces de l'Ouest*.

Exemplaire imprimé sur papier du Japon.
Sur le faux-titre :

A mon cher confrère et ami José-Maria de Heredia,
Souvenir affectueux et reconnaissant du 2 septembre 1892.
Léon Séché.

156. LA VAULX (comte Henry de). Voyage en Patagonie. Ouvrage contenant quarante illustrations d'après les photographies de l'auteur, et une carte hors texte. *Paris, Hachette,* 1901, in-12, figures, broché (*Couvert. illustrée*).

> Préface de M. José-Maria de Heredia.
> 5 exemplaires.

157. LIVRE DES BALLADES (Le). soixante ballades choisies. *Paris, A. Lemerre,* 1876. — Le livre des Sonnets. Dix dizains de sonnets choisis. *Paris, A. Lemerre,* 1874. — Ens. 2 vol. pet. in-8, papier de Holl., cartonn. toile bleue, non rog. (*Couvert.*).

> Les sonnets suivants de M. J.-M. de Heredia : *Les Conquérants, Le Réveil d'un Dieu,* se trouvent dans le second volume.

158. L'OBOLE de la vie moderne aux inondés de Murcie. Poésies par V. Hugo, Th. de Banville, J.-M. de Heredia, F. Coppée, A. Silvestre. Dessins par Giacomelli, H. Scott, Rico, Madrazo, A. Marie, Courboin, Clairin, Fortuny. *S. l., n. d.,* in-4, fig., broché.

> Livre gravé et imprimé par Ch. Gillot à 100 exemplaires sur papier de Chine.
> La poésie de M. de Heredia a pour titre : *Rondondillas.*

159. POPELIN (Claudius). Les vieux arts du feu. *Paris, Lemerre,* 1869, in-8, broché (*Couvert.*).

> Édition originale. Papier de Hollande.
> Cette édition est précédée d'un sonnet de M. J.-M. de Heredia.

160. SAINT-JUIRS. Le Cabaret des Trois Vertus. Illustrations de Daniel Viérge, gravées par Clément Bellenger. *Paris, Tallandier, s. d.,* in-4, figures, broché (*Couvert. illustrée*).

> Exemplaire imprimé sur papier « Perfection ».
> Ce volume contient une notice sur Daniel Vierge, par M. J.-M. de Heredia.

161. SONNETS et EAUX-FORTES. MDCCCLXIX. *Paris, Lemerre,* gr. in-4, figures, broché (*Couvert.*).

> Dans ce volume le sonnet de M. de Heredia : *les Conquérants* a paru pour la première fois, il est accompagné d'une eau-forte de *Claudius Popelin.*

162 TOMBEAU (Le) de Théophile Gautier. *Paris, Lemerre,* 1873, petit. in-4, papier de Holl., front. à l'eau-forte, broché (*Couvert.*).

> La pièce *Monument* (pp. 84-85) est de M. J.-M. de Heredia.

163. ADAM (Paul). Les Princesses byzantines. *Paris, Firmin-Didot,*
1892, pet. in-8, carré, papier de Hollande, broché (*Couvert.*).

    ÉDITION ORIGINALE.
    Sur le feuillet de garde :
    A notre cher Maître José-Maria de Heredia, au créateur des Trophées.
Bien humblement et dévotement, cet essai de psychologie historique est pré-
senté.

PAUL ADAM.

164. ADAM (Paul). *Ollendorff et Librairie illustrée,* 10 vol. in-12,
brochés.

    Etre, *s. d.* — La Parade amoureuse, 1894. — Le Mystère des foules,
1895, 2 vol. — L'Année de Clarisse, 1897 (*Couvert. illustrée*). — La
Bataille d'Uhde. *Ollendorff,* 1897. — L'Enfant d'Austerlitz. *Id.,* 1902.
— Au Soleil de juillet (1829-1830), 1903. — La Ruse (1827-1828),
1903. — Le Serpent noir, 1905.
    ÉDITIONS ORIGINALES (sauf pour *Mystère des foules,* tome II).
    Envoi de l'auteur à chaque volume.

165. ADAM (PAUL). Le Temps et la Vie. L'Enfant d'Austerlitz,
Paris, Ollendorff, 1902. in-12, broché (*Couvert.*).

    ÉDITION ORIGINALE.
    Cet exemplaire, imprimé sur PAPIER DE HOLLANDE, contient une page
du manuscrit de l'auteur.
    Sur le feuillet de garde :
    A mon très cher maître José-Maria de Heredia avec toute mon admira-
tion fidèle.

PAUL ADAM.

166. AICARD (Jean). Au clair de la lune, comédie en un acte, en
vers. *Lemerre,* 1870. — Pygmalion, poème dramatique en un acte.
Lemerre, 1872 [Envoi de l'auteur]. — Mascarille, à-propos en vers
pour l'anniversaire de Molière, dit à la Comédie-Française, par
Coquelin aîné, le 15 janvier 1873. *Id.,* 1873. — Tata. *Flammarion,*
s. d. [Envoi de l'auteur]. — Ens. 4 vol. et broch. in-12, brochés
(*Couvert.*).

    ÉDITIONS ORIGINALES.

167. ADELSWARD-FERSEN (Baron Jacques d'). Poèmes de l'en-
fance. Chansons légères. Préfaces d'Edmond Rostand et Fernand
Gregh. Les images par Louis Morin. *Paris, L. Vanier,* 1901, port.
— Notre-Dame des mers mortes (Venise). *Sevin et Rey,* 1902, port.
Ens. 2 vol. in-12, brochés (*Couvert. illustrées par Louis Morin*).

    ÉDITIONS ORIGINALES.
    Sur le faux titre du second volume :
    A José-Maria de Heredia, à ses vers de soleil et de lumière, à ses
Trophées.

ADELSWARD FERSEN.

168. AIMÉ (Henri). Les Fragments de la vie radieuse, 1890-1900.
Ornés d'une eau-forte de V. Prouvé. *Paris, Mercure de France,*
1901, pet. in-8, broché (*Couvert.*).

    ÉDITION ORIGINALE.

Un des 12 exemplaires imprimés sur PAPIER DE HOLLANDE. Sur le faux-titre :

> *A M. J.-M. de Heredia, de l'Académie française. Hommage respec-tueux.*
>
> HENRI AIMÉ.

169. **ANNUNZIO (G. d').** Triomphe de la Mort. Traduit de l'italien, par G. Herelle. *Paris, Calmann Lévy, 1896*, in-12, broché (*Couvert.*).

> ÉDITION ORIGINALE.
> Sur le faux-titre :
> *A José-Maria de Heredia — poetæ maximo poeta minor.*
>
> GABRIEL D'ANNUNZIO.

170. **ANTHOLOGIE** des poètes français du XIXᵉ siècle, 1762-1866. *Paris, A. Lemerre, 1887-1888*, 4 vol. gr. in-8, demi-rel. vélin blanc, dos ornés d'une grande bande de mar. gren. couverte de petits fers dorés, tête dor., non rog.

171. **ARÈNE (Paul).** Poésies. Préface d'Armand Silvestre. *Paris, Lemerre, 1900*, in-12, portraits, broché (*Couvert.*).

> ÉDITION ORIGINALE.
> Exemplaire sur PAPIER DE CHINE, imprimé spécialement pour M. de Heredia.

172. **ASSELINEAU (Charles).** La ligne brisée. Histoire d'il y a trente ans. *Paris, Lemerre, 1872*, in-12, frontispice à l'eau-forte, broché (*Couvert.*).

> ÉDITION ORIGINALE.

173. **ASSELINEAU (Charles)**, 5 vol. in-12, rel. et brochés (*Couvert.*).

> Histoire du sonnet, pour servir à l'histoire de la poésie française. *Poulet-Malassis, 1857*, cart. —La double vie, nouvelles. *Poulet-Malassis, 1860* (ÉDIT. ORIG.). — L'Italie et Constantinople. Frontispice par Célestin Nanteuil. *Lemerre, 1869* (Envoi d'auteur. ÉDIT. ORIG.) — Charles Baudelaire. Sa vie et son œuvre. *Id., 1869*, port. (ÉDIT. ORIG. Envoi d'auteur). — André Boulle, ébéniste de Louis XIV. 3ᵉ édition, entièrement revue et complétée par de nouveaux documents. *Rouquette, 1872* (Envoi d'auteur).

174. **BALZAC (H. de).** Physiologie du mariage. *Charpentier, 1850*. in-12, br. (*Couvert.*). — Théorie de la démarche. *E. Didier, 1853*, in-18, br. (*Couvert.*). [ÉDITION ORIG.]. — Correspondance de H. de Balzac, 1819-1850. Avec un beau portrait gravé par Gustave Lévy. *Calmann Lévy, 1876*, 2 vol. in-12, port., cart. toile orange, non rog. — Ens. 4 vol.

175. **BANVILLE (Théodore de).** Les Cariatides. *Paris, Pilout, 1842*, in-12, cart. toile, non rog.

> ÉDITION ORIGINALE.

176. **BANVILLE (Théodore de).** Améthystes. Nouvelles odelettes

amoureuses composées sur des rythmes de Ronsard. *Paris, Poulet-Malassis*, 1862, pet. in-12, br. (*Couvert.*).

ÉDITION ORIGINALE.

177. BANVILLE (Théodore de). Les Exilés. *Paris, Lemerre*, 1867, in-12, br. (*Couvert.*).

ÉDITION ORIGINALE.
Un des 50 exemplaires imprimés sur PAPIER DE HOLLANDE.

178. BANVILLE (Théodore de). Nouvelles Odes funambulesques. *Paris, Lemerre*, 1869, in-12, front., br. (*Couvert.*).

ÉDITION ORIGINALE.
Un des quelques exemplaires imprimés sur PAPIER DE HOLLANDE.

179. BANVILLE (Théodore de). Poésies, 5 vol. in-12, brochés (*Couvert.*).

Idylles prussiennes. *Lemerre*, 1871. — Trente-six ballades joyeuses, précédées d'une histoire de la ballade par Ch. Asselineau. *Id.*, 1873. — Les Princesses. *Id.*, 1874. — Nous tous, décembre 1883-mars 1884. Avec un dessin de G. Rochegrosse. *Charpentier*, 1884. — Dans la fournaise. Dernières poésies. Avec un dessin de G. Rochegrosse. *Id.*, 1892.
ÉDITIONS ORIGINALES.
Envoi de l'auteur (sauf pour *Dans la fournaise*) à chaque volume.

180. BANVILLE (Théodore de). Comédies, 5 vol. in-12, br.

Le Cousin du Roi, comédie en un acte, en vers par Ph. Boyer et Th. de Banville. *Michel Lévy*, 1857. — Diane au bois, comédie héroïque en deux actes, en vers. *Id.*, 1864. — Florise, comédie. *Lemerre*, 1870. — Riquet à la houpe, comédie féerique. Avec un dessin de G. Rochegrosse, gravé par F. Méaulle. *Charpentier*, 1884 (Envoi de l'auteur). — Ésope, comédie en 3 actes. Avec un dessin de G. Rochegrosse. *Id.*, 1893.
ÉDITIONS ORIGINALES.

181. BARBEY D'AUREVILLY (J.). Du Dandysme et de G. Brummell. *Poulet-Malassis*, 1862, in-18. — Memoranda. Préface de Paul Bourget. *Rouveyre*, 1883, in-12. — Les vieilles Actrices, 1884, in-12. — Le Roman contemporain. *Lemerre*, 1902, in-12. — Ens. 4 vol., br. (*Couvert.*).

Au verso du titre des *Vieilles actrices*, à l'encre rouge :
A mon ami José-Maria de Heredia.
J.-BARBEY D'AUREVILLY.

182. BARBEY D'AUREVILLY (J.). Les quarante Médaillons de l'Académie. *Paris, E. Dentu*, 1864, in-12, br. (*Couvert.*).

ÉDITION ORIGINALE.
Sur le faux-titre, à l'encre rouge, l'envoi autographe suivant :
Au comte Roselly de Lorgues, à un homme d'esprit qui aime la gaîté, ce paquet de choses irrespectueuses.
JULES BARBEY D'AUREVILLY.

183. BARBEY D'AUREVILLY (J.). Romans. *Paris, A. Lemerre,* 1873-1883, 7 vol., pet. in-12, cart. toile rose, non rog. (*Couvert.*).
Le Chevalier des Touches. — Les Diaboliques. — L'Ensorcelée. — Un Prêtre marié, 2 vol. — Une vieille maîtresse, 2 vol.

184. BARBIER (Auguste). Iambes, par Auguste Barbier. *Paris, U. Canel et A. Guyot, 1832,* in-8, demi-rel. mar. rouge, tr. dor. (*Burnier*).

ÉDITION ORIGINALE.

185. BARBIER (Auguste). Iambes et poèmes. *Dentu,* 1872, dos et coins mar. rouge, tête dor., non rog. — BOUILHET (Louis). Poésies. Festons et astragales. *Bourdilliat,* 1859, demi-rel. mar. rouge, tr. marb. (ÉDITION ORIG.). — BRIZEUX (Auguste). Œuvres complètes, précédées d'une notice par Saint-René Taillandier. *Michel Lévy,* 1860, 2 vol., demi-rel. mar. vert, tête dor., non rog. — Ens. 4 vol. in-12 rel.

186. BARRÈS (Maurice). Sous l'œil des Barbares. *Lemerre,* 1888. — Un Homme libre. *Perrin,* 1889. — Le Jardin de Bérénice. *Id.,* 1891. — Examen des trois idéologies. *Id.,* 1892. — Ens. 4 vol. in-12, br. (*Couvert.*).

ÉDITIONS ORIGINALES.
Envoi de l'auteur à chaque volume.

187. BARRÈS (Maurice). Trois stations de psychothérapie. *Paris, Perrin,* 1891. — Toute licence, sauf contre l'amour. *Id.,* 1892. — Ens. 2 vol. in-32, br. (*Couvert.*).

ÉDITIONS ORIGINALES.
Envoi de l'auteur à chaque volume.

188. BARRÈS (Maurice). Amori et dolori sacrum. La mort de Venise. *Paris, F. Juven, s. d.,* in-12, br. (*Couvert.*).

ÉDITION ORIGINALE.
Un des 20 exemplaires imprimés sur PAPIER DU JAPON.
Sur le faux-titre :
Au maître José Maria de Heredia, hommage de son admirateur et ami.
MAURICE BARRÈS.

189. BARRÈS (Maurice). L'Ennemi des lois. *Perrin,* 1893. — Du Sang, de la Volupté et de la Mort. *Charpentier,* 1894. — Amori et dolori sacrum. La Mort de Venise. *Juven, s. d.* — Les Amitiés françaises. *Id., s. d.* — Ens. 4 vol. in-12, br. (*Couvert.*).

ÉDITIONS ORIGINALES (sauf *Du Sang...*).
Envoi de l'auteur à chaque volume.

190. BARRÈS (Maurice). Leurs figures. *Juven, s. d.* — Une Journée parlementaire, comédie de mœurs en trois actes. *Charpentier,* 1894, in-8. — Scènes et doctrines du nationalisme. *Juven, s. d.* — Ens. 3 vol. in-12 et in-8, br. (*Couvert.*).

ÉDITIONS ORIGINALES.
Envoi de l'auteur à chaque volume.

191. BATAILLE (Henry). Le beau Voyage. Poésies. *Paris, Charpentier,* 1904, in-12, br. *(Couvert.).*

    ÉDITION ORIGINALE.
    Sur le feuillet de garde :
    A J.-Maria de Heredia, fervent souvenir.

                         HENRY BATAILLE.

192. BAUDELAIRE (Charles). Histoires extraordinaires d'Edgar Poe, traduction de Ch. Baudelaire. *Michel Lévy,* 1856 *(Édition originale).* — Nouvelles histoires extraordinaires, traduction Ch. Baudelaire. *Id.,* 1859. — Aventures d'Arthur Gordon-Pym, traduction de Ch. Baudelaire. *Id.,* 1862. — Contes inédits, traduits de l'anglais par William L. Hughes. *Hetzel, s. d.* — Ens. 4 vol. in-12, demi-rel. mar. orange, tr. marb. *(Burnier).*

    On y a joint : Charles Baudelaire. Les Paradis artificiels. Opium et haschisch. *Poulet-Malassis,* 1861, in-12, même rel.

193. BAUDELAIRE (Charles). Les Fleurs du Mal. Seconde édition. *Paris, Poulet-Malassis et de Broise,* 1861, in-12, dos et coins mar. vert, fil., tête dor., non rog.

    On y a ajouté un portrait de Baudelaire, gravé par *Bracquemond* et une lettre autographe de Baudelaire à Poulet-Malassis.

194. BAUDELAIRE (Charles). Les Épaves. *Bruxelles, chez tous les libraires,* 1866, in-12, cartonn. toile rouge, non rogné *(Couvert.).*

    ÉDITION ORIGINALE ; sans le frontispice.

195. BAUDELAIRE (Charles). Théophile Gautier, par Charles Baudelaire. Notice littéraire précédée d'une lettre de Victor Hugo ; in-12, portrait, frontispice par E. Thérond, cartonn., non rog. *(Couvert.).*

    ÉDITION ORIGINALE.
    On y a ajouté la copie, faite par Baudelaire, de la longue lettre de Victor Hugo qui sert de préface au volume.

196. BAUDELAIRE (Charles). L'Art romantique. — Curiosités esthétiques. — Les Fleurs du mal, précédées d'une notice par Th. Gautier, port. par Nargeot. — Petits poèmes en prose. Les Paradis artificiels. *Paris, Michel Lévy,* 1868-69, 4 vol. in-12, cartonn. toile rouge, non rog.

197. BAUDELAIRE (Charles). Œuvres complètes. *Paris, Michel Lévy,* 1868-70, 7 vol. in-12, port., dos et coins mar. rouge, ébarbés.

    Les Fleurs du mal, précédées d'une notice par Théophile Gautier (portrait par Nargeot). — Curiosités esthétiques. — L'Art romantique. — Petits poèmes en prose. Les Paradis artificiels. — Histoires extraordinaires, par Edgar Poe. — Nouvelles histoires extraordinaires. — Aventures d'Arthur Gordon Pym. Eureka.
    PREMIÈRE ÉDITION COLLECTIVE.

198. BAUDELAIRE (Charles). Correspondance, souvenirs. 5 vol. in-8 et in-12 et in-16, cartonn. toile rouge, non rog. et broché.

    Charles Baudelaire, par MM. A. de La Fizelière et G. Decaux. *Aca-*

démie des Bibliophiles, 1868, pet. in-12, broché. — Charles Baudelaire, sa vie et son œuvre, par Ch. Asselineau. *A. Lemerre*, 1869, port. — Ch. Baudelaire. Souvenirs, Correspondances. Bibliographie, suivie de pièces inédites. *Pincebourde*, 1872, pet. in-8. — A. de Vigny et Charles Baudelaire, candidats à l'Académie française. Étude par E. Charavay. *Charavay*, 1879, in-16, port. — Ch. Baudelaire. Œuvres posthumes et correspondances inédites, précédées d'une étude biographique par E. Crépet. Portrait et fac-similé de Ch. Baudelaire, *Quantin*, 1887, in-8, port.

199. BAZIN (René). Récits de la Plaine et de la Montagne-Donatienne. — Les Oberlé. — L'Isolée. — *Paris, Calmann Lévy, s. d.*, 4 vol. in-12, brochés (*Couvert.*).

    Éditions originales.
    Envoi de l'auteur sur le faux-titre de chaque volume.

200. BERGERAT (Emile). Poésies. 5 vol. in-12, brochés (*Couvert.*).

    Le Maître d'école, poésie dite par M. Coquelin, au Théâtre-Français, le 27 novembre 1870. *Lemerre*, 1870 (Édit. orig.). — Les Cuirassiers de Reichshoffen, strophes dites par M. Coquelin, à la Comédie-Française, le 25 octobre 1870. *Id.*, 1870 (Édit. orig.). — Poèmes de la guerre 1870-1871. *Id.*, 1871. — La Lyre comique. *Id.*, 1889 (Édit. orig.). — La Lyre brisée, vers et poèmes. *Ollendorff*, 1903, in-16 (Édit. orig.).
    A trois volumes, envoi de l'auteur à M. J.-M. de Heredia.

201. BERGERAT (Émile). Romans, nouvelles, etc., 5 vol. in-12 et in-8, brochés (*Couvert.*).

    Le Livre de Caliban. Préface d'Alexandre Dumas. *Lemerre*, 1887. — Figarismes de Caliban. *Id.*, 1888. — Les Drames de l'honneur. La Vierge, roman. *Ollendorff*, 1894. — Les Soirées de Calibangrève. Illustrées par M. de Lambert. *Flammarion, s. d.*, figures (*Couvert. illustr.*). — Mémoires d'un grand homme. Le cruel Vatenguerre. *Ollendorff*, 1898, in-8 (*Couvert. illustr.*).
    Éditions originales.
    Envoi de l'auteur à chaque volume. Sur le feuillet de garde des *Figarismes de Caliban* se trouve un huitain fantaisiste de l'auteur.

202. BERGERAT (Emile). Théophile Gautier. Entretiens, souvenirs et correspondance. Avec une préface d'Edmond de Goncourt et une eau-forte de Félix Bracquemond. *Paris, Charpentier*, 1879, in-12, cartonn. toile grise, non rog.

    Édition originale ; port. sur Chine, ajouté.
    Sur le feuillet de garde :
      A mon bon camarade et excellent poète lyrique José-Maria de Heredia, son dévoué,

                    Émile Bergerat.

203. BERGERAT (Émile). Théâtre en vers (1884-1887). *Charpentier*, 1891. — La Nuit bergamasque, tragi-comédie en trois actes. *Lemerre*, 1887. — Théâtre d'Emile Bergerat. Tomes II et III. *Ollendorff*, 1900, 2 vol. — Ens. 4 vol. in-12, brochés (*Couvert.*).
    Envoi de l'auteur à chaque volume.

204. BERNARD (Tristan). Contes de Pandruche et d'ailleurs. Illustrations de Valloton. *Juven, 1897*, figures (*Couvert. illustrée*). — Mémoires d'un jeune homme rangé, roman. *Revue blanche, 1899*. — Un Mari pacifique. *Id.*, 1901. — Amants et voleurs. *Charpentier, 1905*. — Ens. 4 vol. in-12, brochés (*Couvert.*).

> Éditions originales.
> Envoi de l'auteur, à chaque volume. Sur *Un Mari pacifique* :
>> *A José-Maria de Heredia, en attendant le volume de vers pour lequel il m'a promis une préface. — Mais, les vers, ça ne se fait pas comme çà ! Bien cordialement.*
>>
>> TRISTAN BERNARD.

205. BERTHEROY (Jean). (Mme Roy de Clotte). Herille. Roman. *Paris, Ollendorff, 1901*, in-12, broché (*Couvert.*).

> Édition originale.
> Un des 5 exemplaires imprimés sur PAPIER DE HOLLANDE ; sur le faux-titre, l'envoi suivant :
>> *Au maître très aimé, au grand poète, au noble ami, j'offre ce volume en toute gratitude.*
>>
>> JEAN BERTHEROY.

206. BERTHEROY (Jean). La Danseuse de Pompéi. Illustrations de P. Gusman. *Ollendorff, 1899*, figures (*Couvert. illustr.*). — Les Vierges de Syracuse. Illustrations de Manuel Orazi. *Id.*, 1902, figures (*Couvert. illustr.*) [ÉDIT. ORIG.]. — Le Mirage, roman. *Id.*, 1902 (ÉDIT. ORIG.). — Ens. 3 vol. in-12, brochés.

> Envoi de l'auteur à chaque volume.

207. BERTRAND (Louis). Gaspard de la nuit, fantaisies à la manière de Rembrandt et de Callot par Louis Bertrand, précédé d'une notice par M. Sainte-Beuve. *Angers, V. Pavie et Paris, Labitte, 1842*, in-8, demi-rel. mar. rouge, non rog. (*Burnier*).

> Édition originale.

208. BERTRAND (Louis). Le Sang des races. *Paris, Ollendorff, 1899*, in-12, broché (*Couvert.*).

> Édition originale. PAPIER DE HOLLANDE.
> Sur le feuillet de garde :
>> *A Monsieur José-Maria de Heredia en témoignage de profonde admiration.*
>>
>> LOUIS BERTRAND.
>> Mustapha, 20 mars 1899.

209. BERTRAND (Louis). Le Rival de Don Juan. Roman. *Paris, Ollendorff, 1903*, in-12, broché (*Couvert.*).

> Édition originale.
> Un des 15 exemplaires imprimés sur PAPIER DE HOLLANDE.
> Sur le faux-titre :
>> *A mon maître José-Maria de Heredia.*
>>
>> LOUIS BERTRAND.

210. BIDA (A.). Aucassin et Nicolette, chantefable du XIIe siècle, traduite par A. Bida. Revision du texte original et préface par

Gaston Paris. *Paris, Hachette*, 1878, in-8, portrait sur papier du Japon, dos et coins mar. rouge, fil., tête dor., non rog. (*Amand*).

> Sur le feuillet de garde :
> *A Ernest Christophe, son vieil ami,*
>
> Bida.

> On y a joint 2 lettres autographes de Bida à M. Christophe.

211. BIDA (A). Passe-temps. *Paris, Hachette*, 1879, pet. in-4, broché (*Couvert.*).

> Édition originale, tirée à 50 exemplaires sur papier Whatman.

212. BLÉMONT (Emile). Poèmes d'Italie. *Paris, Lemerre*, 1870, in-12, broché (*Couvert.*).

> Édition originale.
> Sur le feuillet de garde :
> *A. M. J.-M. de Heredia, hommage de bien cordiale confraternité.*
>
> E. Blémont.

213. BLEMONT (Emile). Poèmes de Chine. Préface par Paul Arène. *Lemerre*, 1887. — Les Pommiers en fleur. Idylles de France et de Normandie. *Charpentier*, 1891. — Théâtre moliéresque et cornélien. Avec une étude et une lettre sur Molière par Jules Claretie. *Lemerre*, 1898. — Ens. 3 vol. in-12, brochés (*Couvert.*).

> Éditions originales.
> Envoi de l'auteur à chaque volume.

214. BLÉMONT (Émile), 8 vol. et broch. in-12 et in-8, brochés (*Couvert.*).

> Visite à Corneille, poème dit au Théâtre-Français par Mlle J. Bartet, le 6 juin 1886, à l'occasion du 280e anniversaire de la naissance de Pierre Corneille. *Lemerre*, 1886. — Le Chant du siècle, à-propos en un acte, en vers. *Tresse et Stock*, 1889. — La Soubrette de Molière, à-propos en vers. *Lemerre*, 1897, broch. — A Watteau, poème. *Id.*, 1897. — Mariage pour rire. *La Plume*, 1898, figures (*Couvert. illustrée*). — Gavarni, prologue. *Lemerre*, 1903. — La Fête des roses, comédie historique en un acte. Illustrations par MM. L. Comerre, E. Rocher, J. van Driesten. *Id.*, 1904, gr. in-8. — Le Béguin Jeanne, poème. *Id.*, 1905.
>
> Éditions originales.
> Envoi de l'auteur à chaque volume.

215. BLOY (Léon). Les dernières Colonnes de l'Église. *Paris, Mercure de France*, 1903, in-12 broché.

> Édition originale.
> Sur le faux-titre : *A José-Maria de Heredia.*
>
> Léon Bloy.

216. BOIS (Jules). Il ne faut pas mourir, dialogue. *L'Art indépendant*, 1891, pet. in-12. — Les Noces de Sathan, drame ésotérique, avec un dessin de M. Henry Colas. *Chamuel*, 1892, in-12. — La Porte héroïque du ciel. *L'Art indépendant*, 1894, pet. in-fol. format agenda. — Les petites religions de Paris. *Chailley*, 1894, pet.

in-12. — Visions de l'Inde. *Ollendorff,* 1903, in-12. — Ens. 5 vol., brochés (*Couvert.*).

> EDITIONS ORIGINALES.
> Envoi de l'auteur à chaque volume.

217. BOISSIÈRE (Albert). Les trois Fleurons de la Couronne. *Paris, Charpentier,* 1900, in-12, broché (*Couvert.*).

> EDITION ORIGINALE.
> Exemplaire imprimé sur PAPIER DE HOLLANDE d'un livre dédié à M. de Heredia. Sur le faux-titre :
> *Par de là l'hommage public à mon Maître, au-dessus de ce livre, ma reconnaissance et mon admiration.*
>
> ALBERT BOISSIÈRE.

218. BONNETAIN (Paul). Amours nomades. *Charpentier,* 1888. — Après le divorce, pièce en un acte, en prose. *Lemerre,* 1890. — Ens. 2 vol. in-12, brochés (*Couvert.*).

> EDITIONS ORIGINALES.
> Envoi de l'auteur à chaque volume.

219. BONNIÈRES (Robert de). Les Monach, roman parisien. *Paris, Ollendorff,* 1885, in-12, broché (*Couvert.*).

> EDITION ORIGINALE. PAPIER DE HOLLANDE.
> Sur le faux-titre :
> *A José-Maria de Heredia, son ami.*
>
> ROBERT DE BONNIÈRES.

220. BONNIÈRES (Robert de). Le Baiser de Maïna. *Paris, Ollendorff,* 1886, in-12, broché (*Couvert.*).

> EDITION ORIGINALE.
> Un des 25 exemplaires imprimés sur PAPIER DE HOLLANDE, avec l'envoi suivant sur le faux-titre :
> *A José-Maria de Heredia. Bien affectueusement.*
>
> ROBERT DE BONNIÈRES.

221. BONNIÈRES (Robert de). Contes à la Reine. Contes en vers, divisés en trois livres. *Paris, Ollendorff,* 1892, in-12, broché (*Couvert.*).

> EDITION ORIGINALE.
> Un des cinq exemplaires imprimés sur PAPIER WHATMAN. Sur le feuillet de garde :
> *A José Maria de Heredia, son ami.*
>
> ROBERT DE BONNIÈRES.

222. BORNIER (Vte Henri de). France... d'abord ! drame en quatre actes, en vers. *Paris, Fayard, s. d.,* in-8, broché (*Couvert.*).

> EDITION ORIGINALE.
> Sur le faux titre : *à J. M. de Heredia, son affectionné confrère.*
>
> HENRI DE BORNIER.

223. BOUCHOR (Maurice). L'Aurore. *Charpentier,* 1884. — Les Symboles. *Id.,* 1888. — Ens. 2 vol. in-12, brochés (*Couvert.*).

> EDITIONS ORIGINALES.
> Envoi de l'auteur à chaque volume.

224. BOUCHOR (Maurice). Dieu le veut, drame en vers, en cinq actes et six tableaux. *Paris, Fischbacher,* 1888, pet. in-4, broché (*Couvert.*).

> ÉDITION ORIGINALE.
> Sur le feuillet de garde :
> *A J-M. de Heredia, hommage cordial.*
>
> MAURICE BOUCHOR.

225. BOUCHOR (Maurice). Israël en Égypte. Étude sur un oratorio de G.-F. Haendel. *Fischbacher,* 1888. — Tobie, légende biblique en vers, en cinq tableaux. *Kolb,* 1889. — Ens. 2 vol. in-12, brochés (*Couvert.*).

> ÉDITIONS ORIGINALES.
> Envoi de l'auteur au second volume.

226. BOUCHOR (Maurice). Les Chansons de Shakespeare, mises en vers français, par Maurice Bouchor. *Paris, Léon Chailley, s. d.,* pet. in-4, texte encadré, broché (*Couvert.*).

> Sur le feuillet de garde ;
> *A J.-M. de Heredia affectueuse admiration..*
>
> M. BOUCHOR.

227. BOURGET (Paul). La Vie inquiète. Au bord de la mer. Jeanne de Courtisols. George Ancelys. La vie inquiète. *Lemerre,* 1875. — Edel, poème. *Id.,* 1878. — Les Aveux, poésies. *Id.,* 1882. — Ens. 3 vol. in 12, brochés (*Couvert.*).

> ÉDITIONS ORIGINALES.
> Envoi de l'auteur à chaque volume.

228. BOURGET (Paul). Romans. 6 vol. in-12, cart., non rognés.

> Essais de psychologie contemporaine, 1883 (*Couvert.*). — L'Irréparable. Deuxième amour. Profils perdus, 1884. — Cruelle énigme, 1885 (*Couvert.*). — Un Crime d'amour, 1886 (*Couvert.*). — Nouveaux essais de psychologie contemporaine, 1886 (*Couvert.*). — Mensonges, 1887.
> ÉDITIONS ORIGINALES.
> Tous ces volumes ont, sur le faux-titre, un envoi de l'auteur à M. de Heredia (*A J.-M. de Heredia, amicus amico. — Son admirateur et ami. — Au Prince du sonnet. —* etc.).

229. BOURGET (Paul). Romans. *Lemerre,* 1889-98, 12 vol. in-12, brochés (*Couvert.*).

> Études et portraits, 1889, 2 vol. in-12. — Pastels (dix portraits de femmes), 1889. — Le Disciple, 1889. — Un Cœur de femme, 1890. — Nouveaux pastels (dix portraits d'hommes). — Sensations d'Italie (Toscane, Ombrie, Grande-Grèce), 1891. — Physiologie de l'amour moderne, 1891. — La Terre promise, 1892. — Voyageuses, 1897. — Recommencements, 1897. — La Duchesse bleue, 1898.
> ÉDITIONS ORIGINALES.
> Envoi de l'auteur à chaque volume.

230. BOURGET (Paul). (Édition du Figaro). Cosmopolis. Roman

illustré d'aquarelles par Duez, Jeanniot et Myrbach. *Paris, Lemerre,*
1893, in-8, figures en noir et couleurs, broché (*Couvert.*).

> Sur le faux-titre :
> *A José Maria de Heredia, son ami.*
>
> PAUL BOURGET.

231. BRANDENBURG (Albert J.). Euphorion. *Marseille,* 1897. —
Invocation. Le Salut de Gyptis. *Id.,* 1899, in-4. — Odes et poèmes.
Mercure de France, 1899. — Le Cœur errant. *Id.,* 1900. — Ens. 4
vol. in-4, in-12 et in-8, brochés (*Couvert.*).

> ÉDITIONS ORIGINALES.
> A chaque volume, envoi de l'auteur.

232. BRETON (Jules). Savarette. *Paris, Lemerre,* 1898, in-12, broché (*Couvert.*).

> ÉDITION ORIGINALE. ·
> Un des 5 exemplaires imprimés sur PAPIER DE HOLLANDE. Sur le
> faux-titre :
> *A J.-M. de Heredia, son fidèle*
>
> JULES BRETON.

233. BRETON (Jules). Romans. Critique. *Lemerre,* 1895-1902, 4
vol. in-12, brochés (*Couvert.*).

> La Vie d'un artiste, 1890. — Un Peintre paysan. Souvenirs et impres-
> sions, 1896. — Savarette, 1898. — Delphine Bernard. La femme et
> l'artiste, 1902.
> ÉDITIONS ORIGINALES.
> A trois volumes, envoi de l'auteur.

234. BROGLIE (Duc de). Le dernier bienfait de la monarchie. *Calm.
Lévy, s. d.,* in-8 (ÉDIT. ORIG.). — La Journée de Fontenoy. *Cham-
pion,* 1891, in-12 (ÉDIT. ORIG.). — Saint Ambroise (340-397).
Lecoffre,* 1899, in-12. — Ens. 3 vol. brochés (*Couvert.*).

235. BRUNETIÈRE (Ferdinand). 6 vol. in-12 et in-8, brochés.

> L'Évolution de la poésie lyrique en France au dix-neuvième siècle.
> *Hachette,* 1894, 2 vol. — Manuel de l'histoire de la littérature française.
> *Delagrave,* 1898, in-8. — Histoire de la littérature française classique,
> 1515-1830. De Marot à Montaigne. I. Le Mouvement de la Renaissance.
> II. La Pléiade. *Id., s. d.,* 2 vol. in-8. — Variétés littéraires. *Calmann
> Lévy, s. d.*
> A chaque volume, envoi de l'auteur.

236. BRUNETIÈRE (Ferdinand). 6 vol. in-12, brochés.

> La Science et la Religion. « Réponse à quelques objections ».
> *F. Didot,* 1895. — Après le procès. *Perrin,* 1898. — Les Ennemis de
> l'âme française. Conférence de F. Brunetière prononcée à Lille le 15
> mars 1899. *Hetzel,* 1899. — Discours de combat. *Perrin,* 1900. — Cinq
> lettres sur Ernest Renan. *Perrin,* 1904. — Sur les chemins de la
> croyance. Première étape. L'utilisation du positivisme. *Perrin,* 1905.
> Éditions originales, sauf *Cinq lettres sur Renan.*
> Envoi de l'auteur à chaque volume.

237. BURTY (Philippe). Pas de lendemain. *A Paris, chez l'auteur,* 1869, in-8 carré, broché (*Couvert.*).

> Tiré à petit nombre pour les amis de l'auteur.
> *Exemplaire de mon excellent ami, le poète don José-Maria de Heredia.*
>
> Ph. B.

238. BURTY (Philippe). Pas de lendemain. Même édition, in-8° carré, frontispice, cart. toile orange, non rog. (*Couvert.*).

> Imprimé à très petit nombre pour les amis de l'auteur.
> *Exemplaire de mon ami, le statuaire Christophe.*
>
> Ph. B.
> *Janvier 1873.*

239. CALLON (P.-J. Édouard). Visions et raisons. *Paris, Ollendorff,* 1895, in-12, broché (*Couvert.*).

> Édition originale.
> Exemplaire imprimé sur papier de Hollande, d'un livre dédié à M. de Heredia.
> Sur le feuillet de garde :
> *A José Maria de Heredia, de l'Académie française. Témoignage de confraternelle amitié.*
>
> *7 juin 95.*
> Édouard Callon.
>
> « *J'ai vu l'Aigle Antillane, enserrant des Trophées,*
> *Dans l'air Français gagner du ciel sur nos oiseaux.* »
> *La Nature. Sonnet XXXIX.*
> E. C.

240. CALLON (P.-J. Édouard). Les deux Rêves. — Le Cœur, la Nature et les Temps. *Paris, Ollendorff,* 1895-1896, 2 vol. in-12, brochés (*Couvert.*).

> Éditions originales.
> Papier de Hollande.
> Envoi de l'auteur sur le feuillet de garde de chaque volume.

241. CALLON (P.-J. Édouard). Le Cœur, la Nature et les Temps. *Paris, Ollendorff,* 1896, in-12, br. (*Couvert.*).

> Édition originale.
> Exemplaire imprimé sur papier du Japon, avec l'envoi suivant sur le feuillet de garde :
> *A son très cher Confrère et ami José-Maria de Heredia.*
> *L'Auteur :*
>
> P.-J.-E. Callon.

242. CALLON (P.-J.-Édouard). Hercule vainqueur de la mort, suivant l'Alceste d'Euripide par interprétation intégrale, tragédie en quatre parties, dont un dialogue. *Paris, Mercure de France,* 1899, pet. in-4, br. (*Couvert.*).

> Édition originale.
> Un des 20 exemplaires imprimés sur papier de Hollande.
> Sur le feuillet de garde :
> *A José-Maria de Heredia.*
> *Témoignage de constante et sincère affection.*
> 25 février 99.
>
> P.-J.-Édouard Callon.

243. CAMUSET (Dʳ Georges). Les Sonnets du Docteur. *Paris, chez la plupart des libraires (Dijon, Imprimerie Darantière)*, 1884, in-16, texte encadré d'un filet rouge, 2 eaux-fortes et un fac-sim., br. (*Couvert.*).

> ÉDITION ORIGINALE.

244. CAZALIS (Henri). Melancholia. *Lemerre*, 1868. — L'Illusion. *Id.*, 1875. — [LAHOR (Jean), pseudonyme de H. Cazalis.] Poésies complètes. L'Illusion. *Id.*, 1888. — Ens. 3 vol. in-12, br. (*Couvert.*).

> ÉDITIONS ORIGINALES pour les 2 premiers volumes.
> Envoi de l'auteur à chaque volume.
> L'*Illusion* (Jean Lahor) contient les vers suivants, manuscrits :

> > Cher José de Heredia,
> > Esprit ardent qu'incendia
> > Le torride azur du tropique.
> > Je suis un humble et ne me pique,
> > O maître, fier Conquistador,
> > D'avoir jamais vos rimes d'or.
> > Mais je vous aime et vous admire,
> > Et le boudhiste souriant,
> > En ces vers, vous offre la myrrhe
> > Et l'encens pur de l'Orient.

245. CAZALIS (Henri). Henri Regnault, sa vie et son œuvre. *Paris, Lemerre*, 1872, in-12, br. (*Couvert.*).

> PAPIER DE HOLLANDE.

246. CAZALIS (Henri) sous le pseudonyme de LAHOR (Jean), 5 vol. in-12 et in-8, br. (*Couvert.*).

> Le Cantique des cantiques, traduction en vers d'après la version de M. Reuss. *Lemerre*, 1885. — Histoire de la littérature hindoue. Les grands poèmes religieux et philosophiques. *Charpentier*, 1888. — L'Enchantement de Siva. *Les deux Revues*, 1891, in-8. PAPIER DU JAPON. — Les quatrains d'Al-Ghazali. *Lemerre*, 1896. Papier de Holl. — La gloire du Néant. *Id.*, 1896. Papier de Holl.
> ÉDITIONS ORIGINALES.
> Envoi de l'auteur à chaque volume.

247. CHAMPION (Edouard). Le Tombeau de Louis Ménard. Monument du souvenir, élevé par Mᵐᵉ Juliette Adam, MM. L. Barracand, M. Barrès, M. Berthelot, G. Boissier, P. Bourget, etc., etc. *Paris, H. Champion*, 1902, in-8, port., br. (*Couvert.*).

> Exemplaire sur PAPIER DE HOLLANDE.
> Sur le faux-titre :
> *A Monsieur José-Maria de Heredia, en reconnaissance de sa collaboration précieuse à ce petit manuel de piété ménardienne.*
> *Un adolescent respectueux.*
> > ÉDOUARD CHAMPION.

248. CHATEAUBRIAND. Itinéraire de Paris et de Jérusalem à Paris ; suivi des voyages en Italie, en Auvergne et au Mont-Blanc. *Paris, Lefèvre et Ledentu*, 1838, in-8, figures, veau bleu, comp.

de fil. et fleurons dor., dos orné, dent. int., tr. dor. *(Rel. de l'époque)*.

> Frontispice par *Rouargue* et 4 figures par *A. Johannot, Nyon* et *Schrœder.*

249. CHENEVIÈRE (Adolphe). Le Roman d'un inquiet. *Paris, Lemerre,* 1900, in-12, br. *(Couvert.).*

> Exemplaire, imprimé sur PAPIER DE HOLLANDE, d'un livre dédié à M. de Heredia.
> Sur le faux-titre :
> *A José-Maria de Heredia, témoignage de respectueuse affection.*
> ADOLPHE CHENEVIÈRE.

250. CHÉNIER (André). Poésies. Édition critique. Étude sur la vie et les œuvres d'André Chénier, variantes, notes et commentaires, lexique et index par L. Becq de Fouquières. Édition ornée d'un portrait d'André Chénier. *Paris, Charpentier,* 1862, 2 vol. gr. in-8, port., mar. vert, comp. de fil. à fr. et fleurons dor., dos orné, large dent. int., tête dor., non rog. *(Smeers).*

> Exemplaire imprimé sur PAPIER DE HOLLANDE.

251. CHÉNIER (André). Poésies publiées avec une introduction nouvelle par L. Becq de Fouquières et enrichies de quinze compositions de Bida, gravées à l'eau-forte par Courtry, Champollion, Monziès et des portraits de Marie Cosway et de Fanny gravés par F. Desmoulins d'après Richard Cosway et David. *Paris, G. Charpentier,* 1888, in-4, broché *(Couvert.).*

> Exemplaire non mis dans le commerce, imprimé sur PAPIER WHATMAN, contenant une double suite des eaux-fortes sur Japon et Hollande.
> On y a joint 2 pages (in-8) autographes de André Chénier. *L'Amérique,* fragment IV.

252. CHENNEVIÈRES (marquis de). Contes normands, par Jean de Falaise. Traduits librement par l'ami Job. 1838-1842. *Caen, de l'Imp. de A. Hardel,* 1842, in-16, lithog., broché *(Couvert.).*

> ÉDITION ORIGINALE, non mise dans le commerce.

253. CLADEL (Léon). Mes paysans. La Fête votive de Saint-Bartholomée Porte-Glaive. Avec un premier-paris de M. Louis Veuillot. *Lemerre,* 1872. — Bonshommes. *Charpentier,* 1879. — Ens. 2 vol. in-12, brochés *(Couvert.).*

> ÉDITIONS ORIGINALES.
> Envoi de l'auteur à chaque volume.

254. COLLECTION D'AUTEURS ÉTRANGERS. *Mercure de France,* 1901-1904, 8 vol. in-12, brochés *(Couvert.).*

> CLIFFORD. Lettres d'amour d'une femme du monde, roman traduit par Henry-D. Davray, 1902. — HARRIS (Frank). Montès le Matador. Profits et pertes. Sonia, traduits par Henry-D. Davray, 1902. — Lettres d'amour d'une anglaise, traduites par Henry-D. Davray, 1902. — RUSKIN. La Bible d'Amiens. Traduction, notes et préface

par Marcel Proust, 1904. — STEVENSON (R.-L.). La Flèche noire, roman, traduit de l'anglais par E. La Chesnais, 1901. — WELLS (H.-G.). L'Amour et M. Lecvisham, Histoire d'un très jeune couple traduit par H.-D. Davray et B. Kosakiewicz. La Découverte de l'avenir, traduit par H.-D. Davray. Anticipations, ou de l'influence du progrès mécanique et scientifique sur la vie et la pensée humaines, traduit par H.-D. Davray et B. Kosakiewicz, 1903-1904, 3 vol.

ÉDITIONS ORIGINALES.

Envoi du traducteur à chaque volume.

255. COPPÉE (François). Le Reliquaire, par François Coppée. Eau-forte de Léopold Flameng. *Paris, A. Lemerre,* 1866, in-12, frontispice, demi-rel. mar. orange, non rog.

ÉDITION ORIGINALE.

Sur le faux-titre :

A mon ami José-Maria de Heredia, hommage de sympathie littéraire et de sincère amitié.

FRANÇOIS COPPÉE.

et sur le feuillet de garde un sonnet de Coppée : *la Novice.* On a joint au volume un autre sonnet, tous deux autographes et extraits du *Reliquaire.*

256. COPPÉE (François). Intimités. *Paris, Lemerre,* 1868, in-12, broché (*Couvert.*).

ÉDITION ORIGINALE.

Un des 10 exemplaires imprimés sur PAPIER DE HOLLANDE. Sur le faux-titre :

A José-Maria de Heredia, à l'excellent ami, à l'excellent poète.

FRANÇOIS COPPÉE.

257. COPPÉE (François). Poèmes modernes. *Paris, Lemerre,* 1869, in-12, broché (*Couvert.*).

ÉDITION ORIGINALE.

Un des 37 exemplaires imprimés sur PAPIER DE HOLLANDE. Sur le feuillet de garde :

Au cher poète José-Maria de Heredia. Souvenir de son sincère ami.

FRANÇOIS COPPÉE.

258. COPPÉE (François). Poésies, *Lemerre,* 1869-1901, 9 vol. et plaquettes, in-4, in-8 et in-12, brochés (*Couvert.*).

Poèmes modernes, 1869. — Plus de sang, avril 1871. — Les Humbles, 1872. — Le Cahier rouge, poésies, 1874. — L'Exilée, 1877, in-4. — Olivier, poème, 1876. — Les Récits et les Élégies, 1878. — Contes en vers et poésies diverses, 1881. — Les Paroles sincères, 1891. — Dans la prière et dans la lutte, poésies, 1901. — On y a joint le Discours de réception à l'Académie française, 1884.

ÉDITIONS ORIGINALES (sauf *Plus de sang*).

Envois de l'auteur à chaque volume (sauf *Poèmes modernes* et *Plus de sang*).

259. COPPÉE (François). Severo Torelli, drame en cinq actes, en vers, représenté pour la première fois sur le théâtre national de l'Odéon, le 21 novembre 1883. *Paris, A. Lemerre,* 1884, in-4, broché (*Couvert.*).

260. COPPÉE (François). Théâtre. *Lemerre*, 1869-1895, 13 vol. bro·
chés, in-12 (*Couvert.*).

> Le Passant, comédie en un acte, en vers, 1869. — Deux douleurs,
> drame en un acte, en vers, 1870 (ÉDIT. ORIG.). — Fais ce que dois,
> épisode dramatique, 1871. — L'Abandonnée, drame, 1871 (ÉDIT. ORIG.).
> — Les Bijoux de la délivrance, scène en vers, 1872 (ÉDIT. ORIG.). — Le
> Rendez-vous, comédie en un acte, en vers, 1872. — Le Luthier de
> Crémone, comédie en un acte, en vers, 1876, broch. — La Guerre de
> Cent Ans, drame en cinq actes, par F. Coppée et M. d'Artois, 1878 (ÉDIT.
> ORIG.). — Le Trésor, comédie, 1880 (ÉDIT. ORIG.). — Madame de
> Maintenon, drame en cinq actes avec prologue, en vers, 1881 (ÉDIT.
> ORIG.). — Severo Torelli, drame, 1883 (ÉDIT. ORIG.). — Les Jacobites,
> drame, 1885. — Le Pater, drame en un acte, en vers, 1890. — Pour
> la Couronne, drame en cinq actes, en vers.
> Envoi de l'auteur à 11 volumes.

261. COPPÉE (François). Contes et nouvelles, *Lemerre,* 1874-1903,
9 vol. in-12, brochés (*Couvert.*).

> Une Idylle pendant le siège, 1874. — Contes en prose, 1882. — Vingt
> contes nouveaux, 1883. — Henriette, 1889. — Contes rapides, 1889. —
> Toute une jeunesse, 1890. — Les vrais riches, 1892 (*Couvert. illustr.*).
> — Longues et brèves, nouvelles, 1893. — Contes pour les jours de
> fête, 1903.
> ÉDITIONS ORIGINALES.
> Envoi de l'auteur à chaque volume,

262. COPPÉE (François). *Lemerre,* 1894-99, 7 vol. in-12, brochés
(*Couvert.*).

> Mon franc parler, 1894-1896, 4 vol. — Le Coupable, 1897. — La
> bonne souffrance, 1898. — A voix haute, discours et allocutions, 1899.
> ÉDITIONS ORIGINALES. 6 volumes sont imprimés sur papier *Alfa.*
> Envoi de l'auteur à chaque volume.

263. COQUIOT (Gustave). Dimanches d'été. *Paris, Librairie de l'Art,
s. d.,* pet. in-4, broché (*Couvert.*).

> Sur le feuillet de garde :
> *A monsieur José-Maria de Heredia, avec les sentiments de la plus pro-
> fonde et de la plus respectueuse admiration.*
>
> GUSTAVE COQUIOT.

264. COQUIOT (Gustave). La Seine. *Paris, Librairie de l'Art, s. d.,*
pet. in-4, pap. de Holl., frontisp. de Fourreau gravé sur bois, broché (*Couvert.*).

> Sur le feuillet de garde :
> *A monsieur José-Maria de Heredia, avec mes hommages d'admiration et
> de respect.*
>
> GUSTAVE COQUIOT.

265. COULLET (Antonine). Poésies d'une enfant. Préface de François Coppée. *Lemerre,* 1903, in-8, portrait, broché (*Couvert.*).

> Un des 15 exemplaires imprimés sur PAPIER DU JAPON.

266. COURTELINE (Georges). La Vie de caserne. Compositions
originales de Henri Dupray. *Paris, E. Testard,* 1896, in-8, figures.

— La Paix chez soi, comédie en un acte. *Flammarion*, 1903. — La Conversion d'Alceste, comédie en un acte, en vers. *Id.*, 1905. Ens. 3 vol. in-12 et in-8, brochés (*Couvert.*).

ÉDITIONS ORIGINALES.
Envoi de l'auteur à chaque volume.

267. CROS (Charles). Le Coffret de santal. *Paris, A. Lemerre et Nice, J. Gay*, 1873, pet. in-12, papier vergé, cartonn. toile, non rog.

ÉDITION ORIGINALE.
Sur le feuillet de garde :
A mon ami José-Maria de Heredia.

CHARLES CROS.

268. CROS (Charles). La Vision du grand canal royal des deux mers. *Paris, Lemerre*, 1888, in-8, carré de 8 ff., broché (*Couvert.*).

ÉDITION ORIGINALE.
Plaquette imprimée en rouge et bleu ; chaque page est encadrée de filets rouges.

269. DANTE. L'Enfer, mis en vieux langage françois et en vers, accompagné du texte italien et contenant des notes et un glossaire par E. Littré. *Paris, Hachette*, 1879, pet. in-8, demi-rel. vélin blanc, tête dor., ébarbé.

Un des 90 exemplaires imprimés sur PAPIER DE HOLLANDE.
Sur le titre :
A M. J-M. de Heredia, qui veut bien que Dante lui parle en vieux langage françois.

E. LITTRÉ.

270. DARZENS (Rodolphe). La Nuit. Premières poésies, 1882-1884. *Paris, Lebas*, 1885, in-16. — Strophes artificielles. *Lemerre*, 1888, pet. in-12. — Le Psautier de l'amie. *S. l., n. d.*, in-8. — Ens. 3 vol. brochés (*Couvert.*).

ÉDITIONS ORIGINALES.
Envoi de l'auteur à chaque volume.

271. DAUDET (Alphonse). La double Conversion, conte en vers. *Paris, Poulet-Malassis et De Broise*, 1861, in-16, frontispice, broché (*Couvert.*).

ÉDITION ORIGINALE.

272. DAUDET (Alphonse). Le Roman du Chaperon-rouge. Scènes et fantaisies, par Alphonse Daudet. *Paris, Michel Lévy*, 1862, in-12, cartonn. toile bleue, non rog.

ÉDITION ORIGINALE.
Sur le titre :
A José-Maria de Heredia. Souvenirs affectueux.

ALPH. DAUDET.

273. DAUDET (Alphonse). Lettres à un absent. Paris, 1870-1871. *Paris, A. Lemerre*, 1871, in-12, cartonn. toile bleue, non rog.

ÉDITION ORIGINALE.

274. DAUDET (Alphonse). Aventures prodigieuses de Tartarin de Tarascon. *Paris, Dentu*, 1872, in-12, cartonn. toile bleue, ébarbé.
ÉDITION ORIGINALE.

275. DAUDET (Alphonse). Contes du lundi. *Paris, Lemerre*, 1873, in-12, cartonn. toile bleue, ébarbé.
ÉDITION ORIGINALE.

276. DAUDET (Alphonse). Numa Roumestan. *Paris, Charpentier*, 1881, in-12, broché (*Couvert.*).
ÉDITION ORIGINALE.
PAPIER DE HOLLANDE.

277. DAUDET (Alphonse). L'Évangéliste, roman parisien. *Paris, Dentu*, 1883, in-12, broché (*Couvert.*).
ÉDITION ORIGINALE.
Sur le faux-titre : *Au poète Heredia, son ami.*

ALPH. DAUDET.

278. DAUDET (Alphonse). Tartarin sur les Alpes. Nouveaux exploits du héros tarasconnais. Illustré d'aquarelles par Aranda, de Beaumont, Montenard, de Myrbach, Rossi. Gravure de Guillaume frères (Édition du Figaro). *Paris, Calmann Lévy*, 1885, in-8, figures, demi-rel. vélin blanc, tête dor., non rog. (*Couvert. illust.*).
Sur le feuillet de garde :
A José-Maria de Heredia, de cœur, offert.

ALPH. DAUDET.

279. DAUDET (Alphonse). L'Immortel. Mœurs parisiennes. *Paris, A. Lemerre*, 1888, in-12, cartonn. toile bleue, non rog. (*Couvert.*).
ÉDITION ORIGINALE.
Sur le faux-titre : *A mon cher José-Maria.*

ALPHONSE.

280. DAUDET (Alphonse). Romans. *Collection Guillaume et Charpentier*, 1887-1897, 6 vol. in-12 et in-8, figures (*Couvert. illust.*).
Sapho, illust. de Rossi, Myrbach, etc., 1887. — Trente ans de Paris, illustré par Bieler, Montégut, Myrbach, Picard et Rossi, 1888. — Femmes d'artistes. Compositions de Bieler, Myrbach et Rossi, 1889. — Rose et Ninette. Frontispice de Marold, *s. d.* —- Port-Tarascon. Dessins de Bieler, Conconi, Montégut, Montenard, Myrbach et Rossi (édition du Figaro), 1890, gr. in-8.— Le Trésor d'Arlatan. Illustrations de H. Laurent-Desrousseaux. *Charpentier*, 1897.
Envoi de l'auteur à chaque volume.

281. DAUDET (Alphonse). 3 vol. in-12, brochés (*Couvert.*).
La petite paroisse, mœurs conjugales. *Lemerre*, 1895 (envoi de l'auteur). — Soutien de famille, mœurs contemporaines. *Charpentier*, 1898. — Notes sur la vie. *Id.*, 1899.
ÉDITIONS ORIGINALES.

282. DAUDET (Madame Alphonse). 8 vol. in-12 et in-16, brochés. (*Couvert.*).
Impressions de nature et d'art. *Charpentier*, 1879. — Enfants et

mères. *Lemerre*, 1889. — Poésies. *Id.*, 1895. — Notes sur Londres. *Fasquelle*, 1897, in-16. — Journées de femme. Alinéas. *Charpentier*, 1898. — Reflets sur le sable et sur l'eau. Poésies. *Lemerre*, 1903. — Miroirs et mirages. *Charpentier*, 1905. — Fragments d'un livre inédit. *Charavay, s. d.*

ÉDITIONS ORIGINALES.

Envoi d'auteur à chaque volume.

283. DAUDET (Léon A.). Romans et critique. *Paris, Charpentier*, 1891-1900, 9 vol. in-12, brochés (*Couvert.*).

Germe et poussière. Trois causeries. — L'Astre noir, roman. — Les Morticoles. — Le Voyage de Shakespeare, roman d'histoire et d'aventures. — Les Idées en marche. — Suzanne, roman contemporain. — La Flamme et l'Ombre, roman contemporain. — Alphonse Daudet. La romance du temps présent.

ÉDITIONS ORIGINALES.

Envoi de l'auteur à chaque volume.

284. DELARUE-MARDRUS (Lucie). Occident. *Revue blanche*, 1901. — Ferveur. *Ib.*, 1902. — Horizons. *Charpentier*, 1905, in-12. — Ens. 3 vol. in-12 et in-8, brochés (*Couvert.*).

ÉDITIONS ORIGINALES.

Envoi de l'auteur à deux volumes.

285. DELVAU (Alfred). Dictionnaire de la langue verte. Deuxième édition entièrement refondue et considérablement augmentée. *Paris, Dentu*, in-12, cart., dos et coins mar. brun, ébarbé (*Couvert.*).

PAPIER VERGÉ.

286. DESBORDES-VALMORE (Madame). Les Pleurs, poésies nouvelles, avec une préface par M. Alexandre Dumas. *Paris, Charpentier*, 1833, in-8, frontispice par Alfred Johannot, cart., dos et coins mar. bleu, tête dor., non rog. (*Couvert.*).

ÉDITION ORIGINALE.

« Bel ex. relié sur brochure de ce rare et beau livre. »

J.-M. DE HEREDIA.

287. DESTRÉE (Olivier-Georges). Poèmes sans rimes. *Londres, imprimé pour l'auteur*, 1894, in-8, cart., non rog.

Sur le feuillet de garde :

A Monsieur José Maria de Heredia, au poète des « Trophées » ce respectueux hommage.

OLIVIER-GEORGES DESTRÉE.

288. DIAZ (Leopoldo). Las Sombras de Hellas. — Les Ombres d'Hellas. Avec la traduction en vers français par F. Raisin. Préface de Rémy de Gourmont. *Genève, Eggimann et Paris, Floury*, 1902, in-8, broché (*Couvert.*).

Un des 20 exemplaires imprimés sur PAPIER DU JAPON, portant les signatures autographes de Diaz et Raisin.

Avec cette dédicace imprimée :

Au maître qui, d'un burin merveilleux, cisela dans l'airain sacré les immortels Trophées.

A José Maria de Heredia, l'honneur et la gloire des lettres françaises, ces humbles vers sont dédiés.

4

289. DIERX (Léon). Aspirations, poésies. *Paris, Dentu*, 1858, in-12, broché (*Couvert.*).

ÉDITION ORIGINALE.

290. DIERX (Léon). Poèmes et poésies. *Paris, Sausset*, 1864, in-12, demi-rel. mar. orange, tête dor., ébarbé.

ÉDITION ORIGINALE.
Sur le faux-titre :
A M. J.-M. de Heredia, souvenir amical.

LÉON DIERX.

291. DIERX (Léon). Les Lèvres closes. *Paris, Lemerre*, 1867, in-12, br. (*Couvert.*).

ÉDITION ORIGINALE.
Exemplaire imprimé SUR PAPIER DE HOLLANDE, avec cet envoi sur le faux-titre :
A mon très cher ami, J.-M. de Heredia.

LÉON DIERX.
Sur un feuillet de garde une pièce, de vingt vers, autographe, de Dierx intitulée *la Soif.*

292. DIERX (Léon). Les Amants. Poésies. *Paris, Lemerre*, 1879, in-12, br. (*Couvert.*).

ÉDITION ORIGINALE.
Sur le feuillet de garde :
Au très cher poète José-Maria de Heredia, son vieil ami et admirateur.
LÉON DIERX.

293. DIERX (Léon). *Lemerre*, 1871-90, 5 vol. et broch. in-12 br. (*Couvert.*).

Les Paroles du vaincu, 1871. (ÉDIT. ORIG.). — Poésies (1864-1872), 1872. — La Rencontre, scène dramatique, en vers, 1875. (ÉDIT. ORIG.). — Poésies complètes. I. Poèmes et poésies. Les lèvres closes. II. Les Paroles du vaincu. La Rencontre. Les Amants, 1889-90, 2 vol. (portrait ajouté).
A chaque volume, envoi de l'auteur.

294. DORCHAIN (Auguste). La Jeunesse pensive. Poésies. Préface de Sully Prudhomme. *Paris, Lemerre*, 1881, in-12, broché (*Couvert.*).

ÉDITION ORIGINALE.
Sur le faux-titre :
Au poète J.-M. de Heredia
Témoignage de respectueuse confraternité.

AUG. DORCHAIN.

295. DORCHAIN (Auguste). Conte d'Avril, comédie en quatre actes et six tableaux, en vers. *Paris, Lemerre, s. d.* (1891), in-16, br. (*Couvert.*).

ÉDITION ORIGINALE.
Exemplaire imprimé SUR PAPIER DE HOLLANDE. Sur le faux-titre :
A J.-M. de Heredia, admiration et affection profondes.
AUGUSTE DORCHAIN.

296. DORCHAIN (Auguste). Vers la Lumière. Poésies. *Paris, Lemerre*, 1894, in-12, br. (*Couvert.*).

> ÉDITION ORIGINALE.
> Exemplaire imprimé sur PAPIER DE HOLLANDE. Sur le faux-titre :
> *A mon ami et Maître José-Maria de Heredia, avec mon affection et mon admiration profondes.*
>> AUGUSTE DORCHAIN.

297. DORCHAIN (Auguste). Poésies et théâtre, 7 vol. et brochures in-12 br. (*Couvert.*).

> A Racine, poésie dite au Théâtre-Français, le 21 décembre 1887, par Mme Segond-Weber, à l'occasion du 248e anniversaire de la naissance de Racine. *Lemerre*, 1888. — La Jeunesse pensive, poésies. Préface de Sully Prudhomme. *Lemerre*, 1893. Pap. de Holl. — Rose d'automne, comédie en un acte, en prose. *Id.*, 1895 (ÉDIT. ORIG.). — Stances à Sainte-Beuve. *Id.*, 1898 (ÉDIT. ORIG.). — Ode à Michelet. *Id.*, 1898 (ÉDIT. ORIG.). — Chant pour Léo Delibes. *Id.*, 1899 (ÉDIT. ORIG.). — Pour l'amour, drame en 4 actes, en vers. *Id.*, 1901 (ÉDIT. ORIG.). — Envoi de l'auteur à chaque volume.

298. DU CAMP (Maxime). Paris, ses organes, ses fonctions et sa vie dans la seconde moitié du xix° siècle. *Paris, Hachette*, 1869-1875, 6 vol. in-8, dos et coins mar. brun, tête dor., non rog. (*Amand*).

> Sur le faux-titre :
> *A Ernest Christophe, son vieil ami.*
>> MAXIME DU CAMP.
> On y a joint une lettre de ce dernier à M. Christophe.

299. DU CAMP (Maxime). Les Convulsions de Paris. *Paris, Hachette*, 1878-1880, 4 vol. in-8, cart. toile grise, non rog.

> Sur le faux-titre du premier volume :
> *A Ernest Christophe, son vieil ami.*
>> MAXIME DU CAMP.

300. DU CAMP (Maxime). Souvenirs littéraires. *Paris, Hachette*, 1882-1883, 2 vol. in-8, dos et coins mar. rouge, fil., dos orné, tête dor., non rog. (*Domange*).

> ÉDITION ORIGINALE.
> Sur le faux-titre :
> *A Ernest Christophe, son tout dévoué.*
>> MAXIME DU CAMP.
> On y a joint 2 lettres autographes de M. Du Camp à M. Christophe.

301. DUJARDIN (Edouard). Les lauriers sont coupés. Avec un portrait de l'auteur, gravé à l'eau-forte par Jacques E. Blanche. *Revue indépendante*, 1888. (ÉDIT. ORIG.). — Antonia, légende dramatique en trois parties. *Mercure de France*, 1899. — Le Délassement du guerrier. *Id.*, 1904 (ÉDIT. ORIG.). — Ens. 3 vol. in-12, brochés (*Couvert.*).

> Envoi de l'auteur à chaque volume.

302. DUJARDIN (Edouard). Antonia, tragédie moderne. *L. Vanier*, 1891. — La Comédie des amours. *Id.*, 1891. — Le Chevalier du

passé, tragédie moderne, 2° partie de la légende d'Antonia. *Id.*,
1892.— La fin d'Antonia, tragédie moderne, 3ᵉ partie de la légende
d'Antonia. *Id.*, 1893. — Ens. 4 vol. in-12, brochés (*Couvert.*).

ÉDITIONS ORIGINALES.
Envoi de l'auteur à chaque volume.

303. DUMUR (Louis). La Néva. *St-Pétersbourg et Paris, Savine,*
1890, in-8. — Lassitudes. *Perrin,* 1891, in-12. — Ens. 2 vol., brochés (*Couvert.*).

ÉDITIONS ORIGINALES.
Envoi de l'auteur à chaque volume.

304. EICHTAL (Eugène d'). 5 vol. in-12 et in-8, brochés (*Couvert.*).
Du Rythme dans la versification française. *Lemerre,* 1892, in-12. —
A la musique, sonnets (*Chartres*), 1894. — Iphigénie en Tauride,
drame de Gœthe traduit en vers français. *Lemerre,* 1900, in-12. —
Enfants. Poésies intimes (1880-1898) (*Chartres*), 1901. — In memo-
riam. Poésies de souvenir intime (*Id.*), 1905.
ÉDITIONS ORIGINALES.
Envoi de l'auteur à chaque volume.

305. L'ESTOILLE (comte A. de). Les Mois. Douze eaux-fortes de
L. Le Rat d'après les compositions de Fraipont, A. A. Hirsch,
Mucha, N. Sicard et T. Tollet. *Paris, Lemerre,* 1896, pet. in-8,
broché (*Couvert.*).

Jolie publication imprimée sur papier vélin à la forme.
Sur le faux-titre :
A Monsieur de Heredia en souvenir de celui qui fut Louis de Lyvron.
COMTE DE L'ESTOILLE.

306. EVIAN (Paul). Monomanie monorimique. *Paris, A. Wolff,*
1902, in-16, broché (*Couvert.*).

Sur le faux-titre :
A monsieur de Heredia, hommage respectueux de l'auteur.
PAUL EVIAN.
Et pièce de vers autographe de l'auteur au recto de la première page.

307. FABRE (Ferdinand). Mon oncle Célestin, mœurs cléricales.
Paris, Charpentier, 1881, in-12 broché (*Couvert.*).

ÉDITION ORIGINALE. PAPIER DE HOLLANDE.
Sur le faux-titre :
A José-Maria de Heredia, au poète et à l'ami.
FERDINAND FABRE.

308. FABRE (Ferdinand). Julien Savignac. *Hachette,* 1863, cartonné
(Envoi d'auteur). — Lucifer. *Charpentier,* 1884. — Taillevent.
Id., 1897. (Envoi d'auteur). — Ens. 3 vol. in-12, cart. et brochés
(*Couvert.*).

ÉDITIONS ORIGINALES.

309. FAGUET (Emile). Le Libéralisme. *Lecène, Oudin,* 1902. — La
Politique comparée de Montesquieu, Rousseau et Voltaire. *Id.,*
1902. — Propos de théâtre. 1ʳᵉ et 2ᵉ séries. *Id.,* 1903-1905, 2 vol.

— Propos littéraires 1re, 2e, 3e séries. *Id.*, 1902-1905, 3 vol.
— En lisant Nietzche. *Id.*, 1904. — Ens. 8 vol. in-12, brochés (*Couvert.*).

ÉDITIONS ORIGINALES.
Envoi de l'auteur à chaque volume.

310. FAURE (Lucie Félix). Méditerranée. L'Egypte. La Terre-Sainte. L'Italie. *Juven, s. d.* — Newman, sa vie et ses œuvres. *Perrin et Cie*, 1901, port. — La Vie nuancée. France. Italie. Grèce. *Plon*, 1905. — Ens. 3 vol. in-12, brochés (*Couvert.*).

ÉDITIONS ORIGINALES.
Envoi de l'auteur à chaque volume.

311. FERRIÈRE (Th. de). Il Vivere, par Samuel Bach, libraire. *Paris*, 1836, in-8, demi-rel. mar. bleu, dos orné, tête dor., non rog. (*Couvert.*).

EDITION ORIGINALE.
Sur le feuillet de garde, au crayon :
« Bel ex. relié sur brochure. L'auteur de ce romantique aussi remarquable que rare est le Cte Th. de Ferrière-le-Vayer. On a aussi de lui « les Romans et le Mariage », 2 vol. in-8 et le récit de son « Ambassade « en Chine ». — J.-M. DE HEREDIA.
Exemplaire Arnauldet.

312. FERRIÈRES (Gauthier). La belle Matinée. *Paris, Lemerre*, 1904, in-16, broché (*Couvert.*).

EDITION ORIGINALE.
Exemplaire imprimé sur PAPIER DE HOLLANDE. Sur le faux-titre :
A mon très cher Maître José-Maria de Heredia, hommage de grande admiration et de respectueuse reconnaissance.
GAUTHIER FERRIÈRES.
Mai 1904.

313. FLAUBERT (Gustave). Salammbô. *Paris, Michel Lévy*, 1863, in-8, demi-rel. mar. rouge, tr. marbr. (*Burnier*).

EDITION ORIGINALE.

314. FLAUBERT (Gustave). Madame Bovary, mœurs de province. *Paris, A. Lemerre*, 1874, 2 vol. (frontispice et 5 figures par Boilvin, ajoutés). — Salammbô. *Ib., id.*, 1879, 2 vol. — Ens. 4 vol. pet. in-12, cartonn. toile, non rog. (*Couvert.*).

315. FLAUBERT (Gustave). La Tentation de Saint Antoine, par Gustave Flaubert. *Paris, Charpentier*, 1874, in-8, cartonn. toile rouge, non rog. (*Couvert.*).

EDITION ORIGINALE.

316. FLAUBERT (Gustave). Le Candidat, comédie en quatre actes. *Paris, Charpentier*, 1874, in-16, broché.

EDITION ORIGINALE ; le premier plat de la couverture manque.
Sur le feuillet de garde :
A Leconte Delisle, son vieil ami.
G. FLAUBERT.

317. FLAUBERT (Gustave). Trois Contes. *Paris, Charpentier, 1877*, in-12, cartonn. toile rouge, non rogné.

> ÉDITION ORIGINALE.

318. FLAUBERT (Gustave). Bouvard et Pécuchet, œuvre posthume. *Paris, Lemerre, 1881*, in-12, cartonn. demi-rel. mar. rouge, tête dorée, non rogné.

> ÉDITION ORIGINALE.
> PAPIER DE HOLLANDE.

319. FONTAINAS (André). Le Sang des fleurs. *Bruxelles, veuve Monnom, 1889*, pet. in-4, broché (*Couvert.*).

> Tiré à petit nombre, sur PAPIER DE HOLLANDE, et non mis dans le commerce.
> Sur le faux-titre ;
>> *Au divin Maître du sonnet français, à José-Maria de Heredia, respectueusement.*
>>
>> A. FONTAINAS.

320. FONTAINAS (André). Nuits d'épiphanies. *Mercure de France, 1894*, in-8 carré, broché (*Couvert.*).

> ÉDITION ORIGINALE. Un des 12 exempl. imprimés sur PAPIER DE CHINE.
> Sur le feuillet de garde, un sonnet d'André Fontainas écrit au crayon bleu.

321. FONTAINAS (André). Les Estuaires d'ombre. *Au Réveil, 1895*, in-8, broché (*Couvert.*).

> Non mis dans le commerce.
> Sur le faux-titre ;
>> *A José-Maria de Heredia sont, en toute ferveur amicale et respectueuse, offerts ces quelques petits Trophées.*
>>
>> ANDRÉ FONTAINAS.

322. FONTAINAS (André). L'Indécis, roman. *Paris, Mercure de France, 1903*, in-12, broché (*Couvert.*).

> ÉDITION ORIGINALE.
> Sur le faux-titre :
>> *A José-Maria de Heredia, son ami respectueux et fidèle.*
>>
>> ANDRÉ FONTAINAS.

323. FONTAINAS (André). Crépuscules. *Mercure de France, 1897.* — Le Jardin des îles claires. Poèmes. *Id., 1901.* — Le Frisson des Iles. *Edition de la Libre Esthétique, 1902.* — Ens. 3 vol. in-12, brochés (*Couvert.*).

> ÉDITIONS ORIGINALES.
> Envoi de l'auteur à chaque volume.

324. FORMONT (Maxime). Triomphe de la Rose. Avec une lettre de José-Maria de Heredia, de l'Académie française. *Paris, Lemerre, 1896*, in-12, broché (*Couvert.*).

> ÉDITION ORIGINALE.
> Exemplaire imprimé sur PAPIER DE HOLLANDE. Sur le faux-titre :

*Au Maître José-Maria de Heredia, humble remerciement d'une grâce
insigne, et faible témoignage de la plus affectueuse admiration.*
MAXIME FORMONT.

325. FORT (Paul). Ballades françaises. Préface de Pierre Louÿs. *Paris,
Mercure de France*, 1897 — Ballades françaises (V^c série).
L'Amour marin. *Ib., id.*, 1900. — Ens. 2 vol. in-12, brochés
(*Couvert.*).

ÉDITIONS ORIGINALES.
Sur chaque faux-titre, envoi de l'auteur.

326. FOUQUET (Fernand). Quelques-uns, contes et profils. *Paris,
Lemerre*, 1900, in-12, broché (*Couvert.*).

ÉDITION ORIGINALE.
PAPIER DE HOLLANDE.
Sur le faux-titre :
A mon cher Maître M. J.-M. de Heredia son très affectionné.
FERNAND FOUQUET.

327. FRANCE (Anatole). Alfred de Vigny. Etude. Eau-forte par G.
Staal. *Paris, Bachelin-Deflorenne*, 1868, pet. in-18, port., cartonn.
toile, non rog.

ÉDITION ORIGINALE.

328. FRANCE (Anatole). Les Poèmes dorés. *Paris, Lemerre*, 1873,
in-12, broché (*Couvert.*).

ÉDITION ORIGINALE.
Sur le feuillet de garde :
A José-Maria de Heredia, son confrère et ami.
ANATOLE FRANCE.

329. FRANCE (Anatole). Les Noces corinthiennes. *Paris, Lemerre*,
1876, in-12, broché (*Couvert.*).

ÉDITION ORIGINALE.
Sur le feuillet de garde :
Au cher et excellent poète José-Maria de Heredia, son ami.
ANATOLE FRANCE.

330. FRANCE (Anatole). Lucile de Chateaubriand. Ses contes, ses
poèmes, ses lettres, précédés d'une étude sur sa vie par Anatole
France. *Paris, Charavay*, 1879, in-16, pap. vergé, broché (*Couvert. illustr.*).

Sur le feuillet de garde :
Au cher et excellent poète José-Maria de Heredia, son ami.
ANATOLE FRANCE.

331. FRANCE (Anatole). Jocaste et le Chat maigre. *Paris, Calmann
Lévy*, 1879, in-12, cartonné toile verte, non rogné.

ÉDITION ORIGINALE.

332. FRANCE (Anatole). Le Crime de Sylvestre Bonnard, membre
de l'Institut. *Paris, Calmann Lévy*, 1881, in-12, dos et coins
chag. bleu poli, tête dorée, ébarbé.

ÉDITION ORIGINALE.

333. FRANCE (Anatole). Histoire d'Henriette d'Angleterre, .par Madame de La Fayette, avec une introduction par Anatole France. *Paris, Charavay*, 1882, in-16, portrait, cartonn. toile brune, non rogné.

> Papier de Hollande.
> Sur le faux-titre :
> *A Ernest Christophe, son admirateur*
>
> Anatole France.

334. FRANCE (Anatole). Les Désirs de Jean Servien. *Paris, Lemerre*, 1882, in-12, broché (*Couvert.*).

> Édition originale.
> Sur le faux-titre :
> *A José-Maria de Heredia, son ami.*
>
> Anatole France.

335. FRANCE (Anatole). Le Livre de mon ami. *Paris, Calmann Lévy*, 1885, in-12, cart. toile bleue, ébarbé.

> Édition originale.
> Sur le faux-titre :
> *A l'excellent poète José-Maria de Heredia, son admirateur et ami.*
>
> Anatole France.

336. FRANCE (Anatole). La Vie littéraire. Première série. Deuxième série. Troisième série. *Paris, Calmann Lévy*, 1888-1891, 3 vol. in-12, brochés (*Couvert.*).

> Éditions originales.
> Sur le faux-titre :
> *A José-Maria de Heredia, admirante amitié.*
>
> Anatole France.

337. FRANCE (Anatole). Balthasar. *Paris, Calmann Lévy*, 1889, in-12, broché (*Couvert.*).

> Édition originale.
> Sur le faux-titre :
> *A mon ami José-Maria de Heredia.*
>
> Anatole France.

338. FRANCE (Anatole). Le Jardin d'Epicure. *Paris, Calmann Lévy*, 1895, in-12, broché (*Couvert.*).

> Édition originale.
> Sur le faux-titre :
> *A José-Maria de Heredia, son admirateur et ami.*
>
> Anatole France.

339. FRANCE (Anatole). Le Puits de Sainte-Claire. *Paris, Calmann Lévy*, 1895, in-12, broché (*Couvert.*).

> Édition originale.
> Sur le faux-titre :
> *A José-Maria de Heredia, son admirateur et ami.*
>
> Anatole France.

340. FRANCE (Anatole). L'Orme du Mail. *Paris, Calmann Lévy,* 1897, in-12, broché (*Couvert.*).

> ÉDITION ORIGINALE.
> Sur le faux-titre :
> *A José-Maria de Heredia, son confrère et ami.*
>
> ANATOLE FRANCE.

341. FRANCE (Anatole). Monsieur Bergeret à Paris. *Paris, Calmann Lévy, s. d.,* in-12, br. (*Couvert.*).

> ÉDITION ORIGINALE.

342. FRANCE (Anatole). Le Mannequin d'osier. *Paris, Calmann Lévy,* 1897, in-12, br. (*Couvert.*).

> ÉDITION ORIGINALE.
> Sur le faux-titre :
> *A José-Maria de Heredia, son admirateur et ami.*
>
> ANATOLE FRANCE.

343. FRANCE (Anatole). L'Anneau d'améthyste. *Paris, Calmann Lévy,* 1899, in-12, br. (*Couvert.*).

> ÉDITION ORIGINALE.
> Sur le faux-titre :
> *A José-Maria de Heredia, son admirateur et ami.*
>
> ANATOLE FRANCE.

344. FRANCE (Anatole). Pierre Nozière. *Paris, Lemerre,* 1899, in-12, br. (*Couvert.*).

> ÉDITION ORIGINALE.
> Exemplaire imprimé sur PAPIER ALFA, avec l'envoi suivant sur le faux-titre :
> *A José-Maria de Heredia, son admirateur et ami.*
>
> ANATOLE FRANCE.

345. FRANCE (Anatole). Crainquebille, Putois, Riquet et plusieurs autres récits profitables. *Paris, Calmann Lévy, s. d.,* in-12, br. (*Couvert.*).

> ÉDITION ORIGINALE.

346. FRANCE (Anatole). Histoire comique. *Paris, Calmann Lévy, s. d.,* in-12, br. (*Couvert.*).

> ÉDITION ORIGINALE.
> Sur le faux-titre :
> *A José-Maria de Heredia, son admirateur et ami.*
>
> ANATOLE FRANCE.

347. FRANCE (Anatole). Discours prononcé à l'inauguration de la statue d'Ernest Renan, à Tréguier. *Paris, Calmann Lévy, s. d.,* in-12, br. (*Couvert.*).

> ÉDITION ORIGINALE.

348. FRANCE (Anatole). Sur la pierre blanche. *Paris, Calmann Lévy, s. d.,* in-12, br. (*Couvert.*).

> ÉDITION ORIGINALE.

349. FRANC-NOHAIN. Les Chansons des trains et des gares. *Revue blanche*, 1899, in-8. — La nouvelle cuisinière bourgeoise. Plaisirs de la table et Soucis du ménage. *Id.*, 1900, in-8. — Le Pays de l'Instar. *Id.*, 1901. — Ens. 3 vol. in-12 et in-8, brochés (*Couvert.*).

> ÉDITIONS ORIGINALES.
> Envoi de l'auteur à chaque volume.

350. FROMENTIN (Eugène). Un Été dans le Sahara. *Paris, Michel-Lévy*, 1857, in-12, br. (*Couvert.*).

> ÉDITION ORIGINALE.

351. FROMENTIN (Eugène). Dominique. *Paris, Hachette et Cie*, 1863, in-12, broché (*Couvert.*).

> ÉDITION ORIGINALE, in-12.

352. FROMENTIN (Eugène). Un Été dans le Sahara. — Un Été dans le Sahel. — *Paris, A. Lemerre*, 1874, 2 vol. in-8, dos et coins mar. brun, tête dor., non rog. (*Amand*).

> Un des 100 exemplaires imprimés sur PAPIER VERGÉ.
> Sur le feuillet de garde :
> *A mon ami E. Christophe, souvenir de bien sincère attachement.*
> EUGÈNE FROMENTIN.
>
> *Juillet 1874.*

353. FROMENTIN (Eugène). Les Maîtres d'autrefois. Belgique. Hollande. *Paris, Plon et Cie*, 1876, in-8, broché (*Couvert.*).

> ÉDITION ORIGINALE.
> Sur le faux-titre, envoi de l'auteur à M. E. Christophe.

354. FROMENTIN (Eugène). Les Maîtres d'autrefois. Même édition, in-8, dos et coins mar. rouge, fil., tête dor., non rog. (*Amand*).

> ÉDITION ORIGINALE.
> Sur le feuillet de garde :
> *A mon ami E. Christophe, très affectueux souvenir.*
>
> EUGÈNE FROMENTIN.
>
> *Juin 1876.*
> On y a ajouté une page autographe et un portrait de Fromentin.

355. GAUTIER (Judith). Romans, 12 vol. in-12, rel. et brochés.

> Le Dragon impérial (ÉDIT. ORIG.). *Lemerre*, 1869, cart. toile, non rog. — Iskender, histoire persane. *Frinzine*, 1886, cart. toile, non rog. (ÉDIT. ORIG.). — L'Usurpateur. *S. l., n. d.*, 2 vol., cart. toile, non rog. (ÉDIT. ORIG.). — Isoline et la fleur serpent. Illustrations de A. Constantin et F. Régamey. *Charavay*, 1882 (ÉDIT. ORIG.). — La Conquête du paradis. *Colin*, 1890 (ÉDIT. ORIG.). — Iskender, histoire persane. Avec un sonnet liminaire de Leconte de Lisle. *Id.*, 1894. — Khou-n-atonou (Fragments d'un papyrus). *Id.*, 1898 (ÉDIT. ORIG.). — Fleurs d'Orient. *Id., s. d.* (ÉDIT. ORIG.). — Les Princesses d'amour (courtisanes japonaises), roman. *Ollendorff*, 1900 (ÉDIT. ORIG.). — Le Collier des jours. Souvenirs de ma vie. *Juven, s. d.* — Le second rang du collier. Souvenirs littéraires. *Id., s. d.* (ÉDIT. ORIG.).
> Envoi de l'auteur à chaque volume.

356. GAUTIER (Judith). Parsifal, poème de Richard Wagner, traduction. *Colin*, 1893 (Édit. orig.). — Le Livre de Jade, poésies traduites du chinois. Nouvelle édition considérablement augmentée
et ornée de vignettes et de gravures hors texte, d'après les artistes
chinois. *Juven, s. d.*, figures. — Les Charmes. *Charpentier*, 1904,
in-12. — Ens., 3 vol. in-8 et in-12, brochés (*Couvert.*).

> Envoi de l'auteur à chaque volume.

357. GAUTIER (Judith). Le Paravent de soie et d'or. Ouvrage orné
de nombreuses illustrations en couleurs. *Paris, Charpentier et
Fasquelle*, 1904, in-8, broché (*Couvert. illust.*).

> Un des 15 exemplaires imprimés sur PAPIER DU JAPON.
> Sur le faux-titre:
> *A José-Maria de Heredia, admiration fidèle.*
>
> JUDITH GAUTIER.

358. GAUTIER (Théophile). Les Jeunes-France, romans goguenards. Frontispice dessiné et gravé par Félicien Rops. *Sur l'imprimé de Paris, 1833, Amsterdam, à l'enseigne du Coq*, 1866,
in-12, frontisp., cart. papier japonais, tête dor., non rog.

> Sur le feuillet de garde, au crayon :
> « Bel exemplaire de Poulet-Malassis, avec son ex-libris. Grand
> papier vergé de Hollande. Eau-forte de F. Rops. »
>
> J.-M. DE HEREDIA.

359. GAUTIER (Théophile). La Comédie de la mort, par Théophile
Gautier. *Paris, Desessart*, 1838, in-8, frontisp., cart. toile verte.

> ÉDITION ORIGINALE.

360. GAUTIER (Théophile) Les Beaux-Arts en Europe. 1855. *Michel
Lévy*, 1855-56, 2 vol. — Fusains et eaux-fortes. *Charpentier*, 1880.
— Ens. 3 vol. in-12, brochés (*Couvert.*).

> ÉDITIONS ORIGINALES.

361. GAUTIER (Th.). Emaux et Camées. Seconde édition augmentée. *Paris, Poulet-Malassis et De Broise*, 1858, in-12 dos et coins
mar. bleu, tête dor., non rog. (*Couvert.*).

362. GAUTIER (Théophile). Honoré de Balzac. Edition revue et
augmentée, avec un portrait gravé à l'eau-forte par E. Hédouin.
Poulet-Malassis, 1859, in-12, portrait et fac-similé, cart., non rog.

363. GAUTIER (Théophile). Voyage en Russie. *Charpentier*, 1866,
2 vol. — L'Orient. *Id.*, 1877, 2 vol. — Ens. 4 vol. in-12, brochés
(*Couvert.*).

> ÉDITIONS ORIGINALES.

364. GAUTIER (Théophile). Œuvres diverses. *Charpentier et Lemerre*,
1845-1880, 10 vol. in-12 et pet. in-12, brochés (*Couvert.*).

> Poésies complètes, 1845. — Théâtre de poche. *Librairie nouvelle*,
> 1855, pet. in-12. — Spirite, nouvelle fantastique, 1866. — Ménagerie
> intime. *Lemerre*, 1869. — Le Roman de la momie, 1870. — Tableaux

de siège (Paris, 1870-1871), 1871. — Théâtre. Mystères, comédies à ballets, 1872. — Les Jeunes-France, romans goguenards, suivis de contes humoristiques, 1873. — Histoire du romantisme suivie de notices romantiques et d'une étude sur la poésie française, 1830-1868, avec un index alphabétique, 1874. — Mademoiselle de Maupin. 1880.

Spirite, la *Ménagerie* et *Tableaux de siège* sont en ÉDITIONS ORIGINALES.

365. GAUTIER (Théophile). Critique, voyage, nouvelles, poésies, 7 vol. in-12, dont 5 vol. demi-rel. mar. rouge, tr. marb. et 2 v. dos et coins mar. bleu, tête dor., non rog.

Caprices et Zigzags, 1856. — Constantinople, 1857. — Les Grotesques, 1856. — Nouvelles, 1858. — Poésies complètes, 1877, 2 vol. dos et coins mar. bleu. — Voyage en Espagne, 1858.

366. GAYDA (Joseph). Kallisto, comédie héroïque en un acte, en vers, composition de Léon Glaize. *Paris, G. Richard et Cie*, 1886, in-4, texte encad., broché (*Couvert.*).

Sur le feuillet de garde :
Exemplaire de mon très cher maître et ami José-Maria de Heredia.
JOSEPH GAYDA.

367. GIDE (André). Le Traité du Narcisse (Théorie du symbole). *L'Art indépendant*, 1891, in-8, papier de Holl. — Paludes (Traité de la contingence). *Id.*, 1895, in-4 (un des 12 exempl. sur papier vélin). — Ens. 2 vol. brochés (*Couvert.*).

ÉDITIONS ORIGINALES.
Envoi de l'auteur à chaque volume.

368. GIDE (André). — Le Voyage d'Urien. *L'Art indépendant*, 1893, pet. in-4, figures, broché (*Couvert. illust.*).

Lithographies à plusieurs teintes.

369. GIDE (André). Le Voyage d'Urien, suivi de Paludes. *Mercure de France*, 1896. — Les Nourritures terrestres. *Id.*, 1897. — Ens. 2 vol. in-12, brochés (*Couvert.*).

Envoi de l'auteur à chaque volume.

370. GIDE (André). Philoctète. Le Traité du Narcisse. La Tentative amoureuse. El Hadj. *Paris, Mercure de France*, 1899, in-16, broché (*Couvert.*).

Sur le faux-titre :
A M. José-Maria de Heredia, en hommage cordial,
ANDRÉ GIDE.

371. GILKIN (Iwan). La Damnation de l'artiste. *Bruxelles, E. Deman*, 1890, pet. in-4, frontispice, broché (*Couvert.*).

Un des 40 exemplaires imprimés sur PAPIER DE HOLLANDE, non mis dans le commerce.
Sur le faux-titre :
A Monsieur J.-M. de Heredia.
IWAN GILKIN.

372. GILKIN (Iwan). Ténèbres. *Bruxelles, E. Deman,* 1892, pet. in-8, frontispice, broché (*Couvert.*).

> Un des 40 exemplaires sur PAPIER DE HOLLANDE, non mis dans le commerce.
> Sur le faux-titre :
>> A Monsieur J.-M. de Heredia, respectueux hommage.
>>> IWAN GILKIN.

373. GILLE (Valère). Les Tombeaux. *Bruxelles,* 1900, pet. in-4, papier de Holl., broché (*Couvert.*).

> ÉDITION ORIGINALE.
> Sur le feuillet de garde :
>> Au Maître aimé et admiré, à M. José-Maria de Heredia, hommage respectueux.
>>> VALÈRE GILLE.

374. GLATIGNY (Albert). Les Vignes folles, poésies. Avec un frontispice de Charles Voillemot, gravé à l'eau-forte par Bracquemond. *Paris, Librairie nouvelle,* 1860, in-8, frontispice, demi-rel. mar. rouge, tête dor., non rog.

> ÉDITION ORIGINALE.
> Sur le faux-titre :
>> Celui-là, fût-il grand de Castille, fût-il
>> Plus fûté que Huvin cet homme très subtil
>> S'il n'achète des vers et n'en fait, quand bien même
>> Vénus dirait de lui : voilà l'homme qui m'aime
>> N'est qu'un gueux qu'Apollon en chœur répudia
>> Et qu'il faut mépriser, mon fils, Heredia.
>>> ALBERT GLATIGNY.

375. GLATIGNY (Albert). Les Flèches d'or. Poésies. *Paris, F. Henry,* 1864, in-12, demi-rel. chag. rouge, tête dor., non rog.

> ÉDITION ORIGINALE.

376. GLATIGNY (Albert). Poésies et prose. *Paris, Lemerre,* 1870-1872, 7 vol. in-12 et pet. in-12, brochés (*Couvert.*).

> Poésies, 1870. — Le Jour de l'An d'un vagabond. Eau-forte de A. Gill, 1870. — Vers les Saules, comédie, 1870. — Le Compliment à Molière, à-propos en un acte, 1872. — Les Folies-Marigny, prologue, 1872. — La Presse nouvelle, 1872. — Gilles et Pasquins, 1872.
> ÉDITIONS ORIGINALES, sauf pour le dernier volume.

377. GONCOURT (Edmond de). La fille Elisa. *Charpentier,* 1877. — Les Frères Zemganno. *Id.,* 1879. — La Faustin. *Id.,* 1882. — Chérie. *Id.,* 1884. — Ens. 4 vol. in-12, brochés (*Couvert.*).

> ÉDITIONS ORIGINALES.
> Envoi de l'auteur à deux volumes.

378. GONCOURT (Ed. et J. de). Salon de 1852. Peinture. Dessins. Sculpture. Gravure. Lithographie. *Paris, Michel Lévy,* 1852, in-12, demi-rel. chag. vert (*Couvert.*).

> ÉDITION ORIGINALE.

379. GONCOURT (Ed. et J. de). Idées et sensations. *Paris, Librairie internationale,* 1866, gr. in-8, broché (*Couvert.*).

Edition originale.

380. GONCOURT (Ed. et J. de). Madame Gervaisais. *Paris, Librairie internationale,* 1869, in-8, broché (*Couvert.*).

Edition originale.

381. GONCOURT (Edm. et J. de). Sophie Arnould, d'après sa correspondance et ses mémoires inédits. *Paris, E. Dentu,* 1877, pet. in-4, texte encadré, portrait, broché (*Couvert.*).

Imprimé à petit nombre.
Sur le feuillet de garde :
A J.-M. de Heredia souvenir bien amical.

Edmond de Goncourt.

382. GONCOURT (Ed. et J. de). Gavarni, l'homme et l'œuvre. *Charpentier,* 1879. — La Maison d'un artiste. *Id.,* 1881, 2 vol. — Outamaro, le peintre des maisons vertes. *Id.,* 1891. — Ens. 4 vol. in-12, brochés (*Couvert.*).

Editions originales.
Envoi de l'auteur à deux volumes.

383. GONCOURT (Ed. et J. de). Journal des Goncourt, mémoires de la vie littéraire, 1851-1895. *Charpentier,* 1887-1896, 9 vol. in-12, brochés (*Couvert.*).

Edition originale.
Envoi d'Edmond de Goncourt à chaque volume.

384. GONCOURT (Ed. et J. de). 5 vol. in-12, brochés (*Couvert.*).

En 18... Avec une préface d'Edmond de Goncourt et un portrait des auteurs, gravé par A. Descaves. *Bruxelles, Kistemaeckers,* 1851-1884. — Pages retrouvées, préface de Gustave Geffroy. *Charpentier,* 1886. — Préfaces et manifestes littéraires. *Id.,* 1888. — L'Italie d'hier. Notes de voyages, 1855-1856, entremêlées des croquis de Jules de Goncourt jetés sur le carnet de voyage. *Id.,* 1894 (*Couvert. illustr.*). — On y a joint : Les Goncourt, par Alidor Delzant. *Id.,* 1889.
Editions originales (sauf le premier ouvrage).
Envoi de l'auteur à chaque volume.

385. GONCOURT (Ed. et J. de). Portraits et études, 4 vol. in-12, cart. et brochés (*Couvert.*).

Sophie Arnould. *Poulet-Malassis,* 1859, cart. — L'Amour au xviiie siècle. *Dentu,* 1875, frontispice de Boilvin. — La Saint-Huberti, par Edmond de Goncourt. *Dentu,* 1882, frontisp. par Lalauze (imprimé à petit nombre). — La Guimard, par Edmond de Goncourt. *Charpentier,* 1893.
Editions originales.
Envoi d'E. de Goncourt à deux volumes.

386. GONCOURT (Ed. et J. de). Portraits et études. *Charpentier,* 1878-80, 5 vol. in-12, brochés (*Couvert.*).

Madame de Pompadour, 1878. —La du Barry, 1878. — Portraits intimes du xviiie siècle. Etudes nouvelles d'après les lettres autographes et les documents inédits, 1878. — La duchesse de Châteauroux et ses sœurs, 1879. — Histoire de la Société française pendant la Révolution, 1880.

Envoi d'Edmond de Goncourt à chaque volume.

387. GORTON-BUSSET. Les Bonnets verts, mœurs rastaquouères. *Paris, Ollendorff*, 1901, in-12, broché (*Couvert.*).

EDITION ORIGINALE. Un des 5 exemplaires sur PAPIER DE HOLLANDE. Sur la couverture :

A Monsieur J.-M. de Heredia, en témoignage de sincère et profonde admiration et en remerciement de l'inlassable bienveillance du Maître, hommage respectueux de l'auteur.

GORTON-BUSSET.

388. GOUDEAU (Emile). Fleurs de bitume, petits poèmes parisiens. *Paris, Lemerre*, 1878, in-12, broché (*Couvert.*).

EDITION ORIGINALE.

389. GOURMONT (Remy de). *Mercure de France*, 1897-1905, 9 vol. in-12, brochés (*Couvert.*).

Le vieux roy, tragédie nouvelle par Remy de Gourmont, 1897. — Esthétique de la langue française, 1899. — Lilith, 1901. — Le Chemin de velours. Nouvelles dissociations d'idées, 1902. — Epilogues. Réflexions sur la vie (1895-1898), 1903. — Epilogues. Réflexions sur la vie, 2e série (1899-1901), 1904. — Physique de l'amour. Esssai sur l'instinct sexuel, 1903. — Promenades littéraires, 1904. — Promenades philosophiques, 1905.

EDITIONS ORIGINALES.
Envoi de l'auteur à chaque volume.

390. GRANDMOUGIN (Charles). Les Siestes. *Lemerre*, 1874. — A pleines voiles, poésies. *Id.*, 1888. — Pour la patrie ! poésies. *Chapelot*, 1902. — Le Serment du soldat. *Id.*, 1903. — Ens. 4 vol et broch. in-12, brochés (*Couvert.*).

EDITIONS ORIGINALES.
Envoi de l'auteur à chaque volume.

391. GREGH (Fernand). La Maison de l'enfance. *Calmann Lévy*, 1897. — La Beauté de vivre. *Calmann Lévy*, 1900. — Les Clartés humaines, poésies. *Charpentier*, 1904. — L'Or des minutes, poésies. *Id.*, 1905. — Ens. 4 vol. in-12, brochés (*Couvert.*).

EDITIONS ORIGINALES.
Envoi de l'auteur à chaque volume.

392. GREGH (Fernand). La Fenêtre ouverte. Pages sur V. Hugo, Verlaine, Rodenbach, H. de Régnier, A. France, Zola, d'Annunzio, etc., etc. *Charpentier*, 1901. — Etude sur Victor Hugo, suivie de pages sur Verlaine, l'humanisme, Schumann, Massenet, etc. *Id.*, 1905. — Ens. 2 vol. in-12, brochés (*Couvert.*).

EDITIONS ORIGINALES.
Envoi de l'auteur à chaque volume.

393. GUÉRIN (Charles). L'Art parure. *Munich,* 1894, plaquette in-4, format agenda, broché (*Couvert.*).

    ÉDITION ORIGINALE, tirée à 30 exemplaires.
    Sur le faux titre :
    A J.-M. de Heredia en hommage.

CHARLES GUÉRIN.

394. GUÉRIN (Charles) (Heirclas Rügen). L'Agonie du soleil « Joies grises ». Préface de Georges Rodenbach. *Ollendorff,* 1894, in-8 carré. — Le Sang des crépuscules. Prélude musical de Percy Pitt. *Mercure de France,* 1895, in-8 carré. — Sonnets et un poème. *Mercure,* 1897, in-16. — Ens. 3 vol. brochés (*Couvert.*).

    ÉDITIONS ORIGINALES.
    Envoi de l'auteur à chaque volume.

395. GUÉRIN (Charles). Le Cœur solitaire. *Mercure de France,* 1898, in-8 (ÉDIT. ORIG.). — L'Eros funèbre, suivi de trois autres poèmes. *Ermitage,* 1900 (ÉDIT. ORIG.). — Le Semeur de cendres, 1898-1900. *Mercure de France,* 1903. — Le Cœur solitaire. Edition refondue et augmentée de plusieurs poèmes. *Id.,* 1904. PAPIER DE HOLLANDE. — Ens. 4 vol. in-12 et in-8, brochés (*Couvert.*).

    Envoi de l'auteur à chaque volume.

396. GUÉRIN (Charles). Le Semeur de Cendres, 1898-1900. *Paris, Société du Mercure de France,* 1901, in-12, broché (*Couvert.*).

    ÉDITION ORIGINALE, dédiée à M. de Heredia.
    Exemplaire tiré spécialement SUR PAPIER DU JAPON pour M. J.-M. de Heredia ; sur le faux-titre :
    A José-Maria de Heredia, avec l'affectueuse reconnaissance de son dévoué et respectueux.

CHARLES GUÉRIN.

397. GUÉRIN (Charles). L'Homme intérieur, 1901-1905. *Paris, Mercure de France,* 1905, in-12, broché (*Couvert.*).

    ÉDITION ORIGINALE. Un des 12 exemplaires imprimés SUR PAPIER DE HOLLANDE. Sur le faux-titre :
    Au Poète souverain des Trophées, José-Maria de Heredia, hommage de respect et d'affection.

CHARLES GUÉRIN.

398. GUERNE (vicomte de). Les Siècles morts. I. L'Orient antique. II. L'Orient grec. III. L'Orient chrétien. *Paris, A. Lemerre,* 1890-97, 3 vol. in-8, brochés (*Couvert.*).

    ÉDITIONS ORIGINALES.
    Exemplaires imprimés SUR PAPIER WHATMAN. Envois sur les faux-titres :
    A son très cher ami J.-M. de Heredia, en témoignage de ma vieille et profonde amitié.

GUERNE.

399. GUERNE (vicomte de). Le Bois sacré. — Les Flûtes alternées. *Paris, Lemerre,* 1898-1900, 2 vol. in-8, brochés (*Couvert.*).

    Un des 10 exemplaires imprimés SUR PAPIER WHATMAN.

Sur les faux-titres :
A José-Maria de Heredia, au poète, à l'ami. — A J.-M. de Heredia, avec toute ma vieille amitié.

GUERNE.

400. HALÉVY (Ludovic). Madame et Monsieur Cardinal. 12 vignettes par E. Morin. *Michel Lévy*, 1872, figures, br. — L'abbé Constantin. *Calmann Lévy*, 1882, br. — La Famille Cardinal. *Id.*, 1883, dos et coins mar. gren., fil., tête dor., non rog. — Ens. 3 vol. in-12.

ÉDITIONS ORIGINALES pour les deux premiers volumes.

401. HANOTAUX (Gabriel). Histoire du cardinal de Richelieu. — I. La jeunesse de Richelieu (1585-1614). La France en 1614. — II. Le chemin du pouvoir. Le premier ministère (1614-1617). Richelieu rebelle. La crise européenne de 1621. Richelieu cardinal et premier ministre (1617-1624). *Paris, Firmin Didot*, 2 tomes en 3 vol. in-8, portraits et plans, brochés (*Couvert.*).

Sur le faux-titre du premier volume :
A mon cher confrère, à l'illustre Heredia, bien cordial hommage.

G. HANOTAUX.

On y a ajouté un portrait de l'auteur, gravé à l'eau-forte par Piguet, avec la signature autographe de M. Hanotaux.

402. HANOTAUX (Gabriel). La Seine et les quais. Promenades d'un bibliophile. Frontispice à l'eau-forte par A. Robida. *Paris, H. Daragon*, 1901, in-12, frontisp., broché (*Couvert.*).

Sur le faux-titre :
A mon cher ami J.-M. de Heredia, de cœur.

G. HANOTAUX.

403. HANOTAUX (Gabriel). L'Énergie française. *Paris, Flammarion, s. d.*, in-12, broché (*Couvert.*).

Un des 20 exemplaires imprimés sur PAPIER DE HOLLANDE.
Sur le feuillet de garde :
A mon cher ami et confrère, à mon maître, à mon guide José-Maria de Heredia, de cœur.

G. HANOTAUX.

404. HANOTAUX (Gabriel). Du choix d'une carrière. *Paris, Tallandier et Flammarion, s. d.* (1902), in-12, broché (*Couvert.*).

ÉDITION ORIGINALE : PAPIER DE HOLLANDE.
Sur le feuillet de garde :
A mon cher ami J.-M. de Heredia, bien cordialement.

G. HANOTAUX.

405. HANOTAUX (Gabriel). La Paix latine. *Paris, Furne*, 1903, in-12, broché (*Couvert.*).

ÉDITION ORIGINALE.
Sur le feuillet de garde :

A mon cher poète de cœur.

G. HANOTAUX.

406. HANOTAUX (Gabriel). Tableau de la France en 1614. La

France et la royauté avant Richelieu. *Paris, Didot, s. d.,* in-12, broché (*Couvert.*).

ÉDITION ORIGINALE.

Exemplaire imprimé sur PAPIER DE HOLLANDE. Envoi suivant sur le feuillet de garde :

A J.-M. de Heredia, mon confrère de l'École des Chartes et de l'Académie française, bien cordialement.

G. HANOTAUX.

407. HANOTAUX (Gabriel). Histoire de la France contemporaine 1871-1900). I. Le Gouvernement de M. Thiers. II. La Présidence du maréchal de Mac-Mahon. L'Echec de la Monarchie. *Paris, Combet et Cie, s. d.,* 2 vol. in-8 (9 portraits), brochés (*Couvert.*).

Sur le feuillet de garde :

A mon cher ami J.-M. de Heredia, au poète des Trophées, au flaneur d'Apremont, ce livre qu'il a vu naître et que sa bonne amitié a encouragé.

G. HANOTAUX.

408. HARAUCOURT (Edmond) [Le Sire de Chambley]. La Légende des sexes, poèmes hystériques, 1882. *Imprimés à Bruxelles pour l'auteur,* in-8, broché (*Couvert.*).

ÉDITION ORIGINALE.

Au verso du titre :

A J.-M. de Heredia, hommage peu sérieux d'une sérieuse affection artistique.

Priez pour qu'on me pardonne !

EDMOND HARAUCOURT.

409. HARAUCOURT (Edmond). Légende des sexes, poèmes hystériques. Même édition, in-8, cart. toile, non rog.

Envoi de l'auteur à M. Christophe.

410. HARAUCOURT (Edmond). Poésies et Romans. *Charpentier, Librairie universelle,* 1885-1903, 4 vol. in-12, brochés (*Couvert.*).

L'Ame nue, poésies, 1885. — Amis, 1887. — Les Naufragés, 1902. — Les Benoit, roman, 1903.

ÉDITIONS ORIGINALES.

Envoi de l'auteur, à chaque volume.

411. HARAUCOURT (Edmond). La Passion, mystère en deux chants et six parties. *Charpentier,* 1890. — Héro et Léandre, poème dramatique en trois actes. *Id.,* 1893. — Don Juan de Manara, drame en 5 actes, en vers. Romance et musique de scène de Paul Vidal. *Id.,* 1898. — Ens. 3 vol. in-12, brochés (*Couvert.*).

ÉDITIONS ORIGINALES.

Envoi de l'auteur à chaque volume.

412. HARRY (Myriam). La Conquête de Jérusalem, roman moderne. *Paris, Calmann Lévy, s. d.,* in-12, broché (*Couvert.*).

Un des 10 exemplaires imprimés sur PAPIER DE HOLLANDE.

Sur le faux-titre :

A José-Maria de Heredia, au triomphant poète des Conquistadors, cette histoire d'un conquérant vaincu, en hommage de

MYRIAM HARRY.

— 67 —

413. HAUSSONVILLE (comte d'). 6 vol. in-12 et in-8, brochés
(*Couvert.*).

La duchesse de Bourgogne et l'alliance savoyarde sous Louis XIV.
Calmann Lévy, 1901-1903, 2 vol. — Mon journal pendant la guerre
(1870-1871), publié par son fils. *Id., s. d.* — Varia. *Id., s. d.,* in-12.
— Souvenirs sur Madame de Maintenon publiés par le comte d'Haus-
sonville et G. Hanotaux. II. Les cahiers de Mlle d'Aumale, avec une
introduction par G. Hanotaux. III. Madame de Maintenon à Saint-
Cyr. Dernières lettres à Madame de Caylus. Avec une introduction par
le comte d'Haussonville. *Id., s. d.,* 2 vol.
EDITIONS ORIGINALES.
Envoi de l'auteur à chaque ouvrage.

414. HEINE (H.). Intermezzo, poème traduit de Henri Heine, par
Albert Merat et Léon Valade. *Paris, Lemerre,* 1868, in-12, broché
(*Couvert.*).

EDITION ORIGINALE.
Sur le feuillet de garde :
A José-Maria de Heredia, Souvenir amical et bien sympathique.
ALBERT MERAT.   LÉON VALADE.

415. HEINE (Henri). Œuvres complètes. *Paris, Michel Lévy,* 1864-
1885, 14 vol. in-12, dos et coins mar. brun, tête dor., non rog.

Allemands et Français. — De l'Allemagne, 2 vol. — De l'Angleterre. — Correspondance inédite, 2 vol. — Drames et fantaisies. —
De la France. — Lutèce. Lettres sur la vie politique, artistique et
sociale de la France. — Poèmes et légendes. — Poésies. — Reisebilder,
2 vol. — De tout un peu.

416. HENNIQUE (Léon). Pœuf. *Paris, Tresse et Stock,* 1887, in-16,
broché (*Couvert.*).

EDITION ORIGINALE.
Sur le faux-titre :
A José-Maria de Heredia, Hommage de son bien dévoué.
LÉON HENNIQUE.

417. HERMANT (Abel). Les Mépris. *Paris, Ollendorff,* 1883, in-12,
broché (*Couvert.*).

EDITION ORIGINALE.
Sur le faux-titre :
*A M. J.-M. de Heredia, ce très humble volume de début, avec toute ma
respectueuse admiration.*
ABEL HERMANT.

Février 1889.

418. HERMANT (Abel). Les Confidences d'une aïeule (1788-1863).
Ollendorff, 1893, in-12, broché (*Couvert.*).

Un des 5 exemplaires de l'ÉDITION ORIGINALE imprimés sur PAPIER DU
JAPON.
Sur le feuillet de garde :
*Au souverain évocateur et poète, José-Maria de Heredia, ces humbles
proses.*
ABEL HERMANT.

419. HERMANT (Abel). Théâtre, romans dialogués. *Ollendorff et Flammarion,* 1896, 8 vol. in-12, brochés (*Couvert.*).

> La Carrière, 1894. — Le Sceptre, 1896. — La Meute, pièce en 4 actes, 1896. — Les Transatlantiques, 1897. — Le Faubourg, comédie en 4 actes, 1900. — Le Char de l'État, 1900. — Sylvie, ou la curieuse d'amour, 1901 (*Couvert. illust.*). — L'Esbroufe, 1904, port. (*Couvert. illustr.*).
>
> ÉDITIONS ORIGINALES.
> Envoi de l'auteur à chaque volume.

420. HERMANT (Abel). Souvenirs du Vte de Courpière par un témoin. *Ollendorff,* 1901. — Discours (1902-1903). *Id.,* 1903, in-8. — Cœurs privilégiés. *Id.,* 1903. — Confession d'un homme d'aujourd'hui. *Id.,* 1904. — Ens. 4 vol. in-12 et in-8, brochés (*Couvert.*).

> ÉDITIONS ORIGINALES.
> Envoi de l'auteur à chaque volume.

421. HEROLD (A.-Ferdinand). L'Exil de Harini. Poème dramatique en cinq actes. *Paris, Dalou,* 1888, gr. in-8, broché (*Couvert.*).

> ÉDITION ORIGINALE.
> Sur le feuillet de garde :
> *A l'impeccable poète José-Maria de Heredia, cette vieille légende de l'Inde.*
>
> A.-F. HEROLD.

422. HEROLD (A.-Ferdinand). La Légende de sainte Liberata, poème. *Paris, G. Chamerot,* 1889, très gr. in-8, br. (*Couvert.*).

> Un des 10 exemplaires imprimés sur PAPIER DU JAPON, portant cet envoi autographe :
> *Au poète excellent José-Maria de Heredia, avec la plus sincère admiration.*
>
> A.-F. HEROLD.

423. HEROLD (A.-Ferdinand). Les Pæans et les Thrènes. *Paris, Lemerre,* 1890, in-12, br. (*Couvert.*).

> ÉDITION ORIGINALE.
> Exemplaire imprimé sur PAPIER DU JAPON d'un livre dédié à M. J.-M. de Heredia.
> Sur le feuillet de garde :
> *Au parfait poète José-Maria de Heredia, avec la plus affectueuse reconnaissance.*
>
> A.-F. HEROLD.

424. HEROLD (A.-Ferdinand). La Joie de Maguelonne. *Paris, Librairie de l'Art indépendant,* 1891, in-16, br. (*Couvert.*).

> ÉDITION ORIGINALE.
> Exemplaire imprimé sur PAPIER DE HOLLANDE. Sur le faux-titre :
> *A José-Maria de Heredia, en marque d'affection et de respect.*
> A.-F. HEROLD.

425. HEROLD (A.-Ferdinand). Chevaleries sentimentales. Frontis-

pice d'Odilon Redon. *Paris, Librairie de l'Art indépendant*, 1893, pet. in-4, br. (*Couvert.*).

ÉDITION ORIGINALE.

Un des 25 exemplaires imprimés sur PAPIER DE HOLLANDE, avec le frontispice en deux états.

Sur le feuillet de garde :

A José-Maria de Heredia, en marque d'admirative amitié.

A.-F. HEROLD.

426. HEROLD (A.-Ferdinand). Le Livre de la naissance, de la vie et de la mort de la bienheureuse vierge Marie. Légende de A.-Ferdinand Herold. Lettres ornées de Paul Ranson. *Paris, Mercure de France*, 1895, in-4, br. (*Couvert.*).

Un des 20 exemplaires sur PAPIER DE HOLLANDE.

Sur le feuillet de garde :

A José-Maria de Heredia, avec respect et affection.

A. HEROLD.

427. HEROLD (A.-Ferdinand). Paphnutius. Comédie de Herotsvitha. Traduite du latin par A.-Ferdinand Herold, ornée par Paul Ranson, K.-X. Roussel, Alfonse Herold. *Paris, Mercure de France*, 1895, in-8, fig., br.

Un des 25 exemplaires de l'ÉDITION ORIGINALE imprimés sur PAPIER DU JAPON.

Sur le faux-titre :

Poetae excellenti qui heroibus superba aedificavit Tropaea José-Maria de Heredia hoc exemplar amicitiae venerationisque humile monumentum dicavit translator.

A.-F. HEROLD.

428. HEROLD (A.-Ferdinand). Le Victorieux, drame. *Paris, l'Art indépendant*, 1895, gr. in-8, br. (*Couvert.*).

ÉDITION ORIGINALE. Un des 10 ex. imprimés sur VÉLIN D'ARCHES.

A José-Maria de Heredia, hommage amical et respectueux de :

A.-F. HEROLD.

429. HEROLD (A.-Ferdinand). L'Anneau de Çakimtala, comédie héroïque de Kalidâsa. *Paris, Mercure de France*, 1896, in-12, br. (*Couvert.*).

ÉDITION ORIGINALE.

Un des 15 exemplaires imprimés sur PAPIER DU JAPON. Sur le feuillet de garde :

A José-Maria de Heredia, avec respect et affection.

A.-F. HEROLD.

430. HEROLD (A.-Ferdinand). Intermède pastoral. *Édition du Centaure*, 1896, pet. in-4, br. (*Couvert.*).

ÉDITION ORIGINALE. Un des 15 ex. sur PAPIER WHATMAN.

Sur le feuillet de garde :

A José-Maria de Heredia, ces trophées du pauvre, hommage amical et respectueux.

A.-F. HEROLD.

431. HEROLD (A. Ferdinand). Floriane et Persigant, drame. *Art indépendant,* 1894, in-8, pap. de Holl. — Images tendres et merveilleuses. *Mercure de France,* 1897, in-12. — Sâvitri, comédie héroïque en deux actes, en vers. *Id.,* 1899, in-12, pap. de Holl. — Ens. 3 vol. brochés (*Couvert.*).

> ÉDITIONS ORIGINALES.
> Envoi de l'auteur à chaque volume.

432. HEROLD (A. Ferdinand). Romans, théâtre, etc. 5 vol. brochés (*Couvert.*).

> La Légende de Ste-Liberata, *Mercure,* 1894, in-8 carré, pap. vergé. — L'Upanishad du grand Aranyaka. Traduite pour la première fois du sanskrit en français. *Art indépendant,* 1894, in-8. — Les Perses, tragédie d'Eschyle, traduite et mise à la scène par A.-F. Hérold. Musique de Xavier Leroux. *Charpentier,* 1896, in-12. — Les Contes du Vampire. L'Amour d'Urvaci. L'Ascension des Pandavas. Le fruit d'immortalité. La lépreuse et le mulet. *Mercure de France,* 1902, in-12. — L'Abbaye de Sainte-Aphrodise, roman. *Id.,* 1904, in-32.
> ÉDITIONS ORIGINALES.
> Envoi de l'auteur à chaque volume.

433. HEROLD (A. Ferdinand). Au Hasard des chemins. Poèmes. *Paris, Mercure de France,* 1900, in-16, broché (*Couvert.*).

> ÉDITION ORIGINALE.
> Un des 10 exemplaires imprimés sur PAPIER DE HOLLANDE. Sur le feuillet de garde.
> *A José-Maria de Heredia, hommage amical de*
> A.-F. HÉROLD.

434. HERVIEU (Paul). Diogène le chien. Avec quatre compositions de Tofani. *Charavay,* 1882. — La Bêtise parisienne. *Id.,* 1884 (Envoi d'auteur). — Ens. 2 vol. in-12, brochés (*Couvert.*).

> ÉDITIONS ORIGINALES.

435. HERVIEU (Paul). Flirt. *Paris, Lemerre,* 1890, in-12 broché (*Couvert.*).

> ÉDITION ORIGINALE.
> Un des 25 exemplaires imprimés sur PAPIER DE HOLLANDE.
> Sur le faux-titre :
> *A José-Maria de Heredia son admirateur et son ami.*
> PAUL HERVIEU.

436. HERVIEU (Paul). *Lemerre, Laurent,* 1886-1896, 7 vol. in-12, brochés (*Couvert.*).

> Les yeux verts et les yeux bleus, 1886. — L'Alpe homicide. *Laurent,* 1886. — Deux plaisanteries, 1888. — L'Exorcisée. Notes sur la société, 1891. — Peints par eux-mêmes, roman, 1893. — L'Armature, 1895. — Le petit Duc. Figures falotes et figures sombres, 1896.
> ÉDITIONS ORIGINALES. Les 2 derniers volumes sont imprimés sur papier *Alfa.*
> Envoi de l'auteur à chaque volume.

437. HERVIEU (Paul). Théâtre. *Lemerre,* 1893-1903, 5 vol. in-12, brochés (*Couvert.*).

> Les Paroles restent, comédie dramatique, 1893. — Les Tenailles, pièce en 3 actes, 1896. — Théroigne de Méricourt, pièce en 6 actes, en prose. — La Course du Flambeau, pièce en 4 actes, 1901. — Le Dédale, pièce en 5 actes, en prose, 1903.
>
> ÉDITIONS ORIGINALES. Les 4 derniers volumes sont imprimés sur papier *Alfa.*
>
> Envoi de l'auteur à chaque volume.

438. HERVILLY (Ernest d'). Au bout du Monde. Les Vacances de M. Talmouse. Dessins de Zier, Myrbach et Reychan. *Paris, Lemerre, s. d.,* in-8, figures, broché (*Couvert.*).

> ÉDITION ORIGINALE.
>
> On y a joint une AQUARELLE de l'auteur, avec l'envoi.
>
> *A José-Maria de Heredia, son admirateur, Ernest d'Hervilly, vieil artisan à Champigny,* accompagné de neuf vers autographes.

439. HERVILLY (Ernest d'), 5 vol. et brochures pet. in-12 et in-12 brochés (*Couvert.*).

> Midi à quatorze heures. *Westhausser, s. d.* — Les Baisers. *Lemerre,* 1872. — Le Harem. *Id.,* 1874. — Midas. comédie en un acte, en vers. *Id.,* 1892. — L'Hommage de Flipote, à-propos en vers, 274ᵉ anniversaire de Molière, à la Comédie-Française, 15 janvier 1896. *Id.,* 1896.
>
> ÉDITIONS ORIGINALES.
>
> Envoi de l'auteur à quatre volumes.

440. HIRSCH (Paul-Armand). Sonnets et Chansons (1893-1894). — *Art indépendant, s. d.,* in-16. — Priscilla, poème. *Mercure de France,* 1895, in-16. — Yvelaine, *Id.,* 1897, pet. in-12. — Ens. 3 vol. brochés (*Couvert.*).

> ÉDITIONS ORIGINALES.
>
> Envoi de l'auteur à chaque volume.

441. HOUSSAYE (Henry). Athènes, Rome, Paris, l'histoire et les mœurs. *Calm. Lévy,* 1879, in-12. — Histoire d'Apelles. *Paris, Didier,* 1868. — Les Hommes et les idées. *Calm. Lévy,* 1886. — Ens. 3 vol. in-12, br. (*Couvert.*).

> Chaque volume porte un envoi autographe de l'auteur à M. J.-M. de Heredia :
>
> Au premier ouvrage :
>
> *A mon ami José-Maria de Heredia, le Cellini du sonnet, simple carte de visite au nouveau légionnaire.*
>
> Au second :
>
> *A José-Maria de Heredia, au hardi conquérant qui grave sur l'airain des sonnets impeccables avec la pointe de sa dague.*

442. HOUSSAYE (Henry). Aspasie, Cléopâtre, Theodora. *Paris, Calm. Lévy,* 1890, in-12, br. (*Couvert.*).

> ÉDITION ORIGINALE.
>
> Sur le faux-titre :
>
> *A José-Maria de Heredia, qui en trois beaux sonnets dirait plus et dirait mieux.*
>
> .Son ami
>
> HENRY HOUSSAYE.

443. HOUSSAYE (Henry). La Charge, tableau de bataille. Dessin d'Édouard Detaille. *Paris, Perrin et Cie*, 1894, in-12, br. (*Couvert.*).

> ÉDITION ORIGINALE.
> Sur le feuillet de garde :
> *A mon ami José-Maria de Heredia, in votis.*
>
> HENRY HOUSSAYE.
>
> 1er *février* 1894.
> On y a joint : *La Réforme militaire.* Paris, 1902, in-12, broché (Envoi).

444. HOUSSAYE (Henry). Napoléon le Grand, par Victor Hugo. *Paris, Henri Leclerc*, 1902, pet. in-4 de 10 p., br. (*Couvert.*).

> Plaquette tirée à petit nombre.
> Sur le feuillet de garde :
> *A José-Maria de Heredia.*
>
> *Son ami*
>
> H.

445. HOUSSAYE (Henry). Napoléon, homme de guerre. Eau-forte et dessins par Charles Morel. *Paris, Daragon*, 1904, in-16, pap. vélin, br. (*Couvert.*).

> Sur le faux-titre :
> *A José-Maria de Heredia, son ami.*
>
> HENRY HOUSSAYE.

446. HOUSSAYE (Henri). 1814. Deuxième édition. *Paris, Perrin et Cie*, 1888, 1 vol. — 1815. La première Restauration. *Paris, Perrin et Cie*, 1893. — 1815. Waterloo. *Id.*, 1898. — 1815. La Seconde abdication. *Id.*, 1905, port. — Ens. 4 vol. in-8, br. (*Couvert.*).

> ÉDITIONS ORIGINALES pour 1815.
> Envoi de l'auteur à chaque volume. Sur le faux-titre de Waterloo :
> *A mon bien cher ami José-Maria de Heredia, ce trophée en simple prose.*
>
> HENRY HOUSSAYE.

447. HUGNY (Ernest). Sonnets rustiques. *Paris, Borel*, 1903, in-16 allongé, br. (*Couvert.*).

> ÉDITION ORIGINALE.
> Exemplaire imprimé sur PAPIER DU JAPON d'un livre dédié à M. J.-M. de Heredia.
> Sur le feuillet de garde :
> *A mon cher Maître, José-Maria de Heredia, j'ai dédié ces quelques vers, comme un bien faible témoignage de ma profonde admiration.*
>
> HUGNY.

448. HUGO (Victor). Hernani, ou l'honneur castillan, drame, représenté sur le théâtre français, le 25 février 1830. *Paris, Mame et Delaunay-Vallée*, 1830, in-8, cart., non rog.

> ÉDITION ORIGINALE.
> Exemplaire sans le catalogue Mame et Delaunay-Vallée, 12 pp. indépendantes du vol.

449. HUGO (Victor). Poésie. *Paris, Hachette, Calm. Lévy, Hetzel,* 1863-79, 9 vol. in-12, dos et coins mar. gren., dos orné, tête dor., non rog.

> Odes et ballades. — Les Orientales. — Les Feuilles d'automne. Les Chants du Crépuscule. — Les Voix intérieures. — Les Rayons et les Ombres. — Les Châtiments. — Les Contemplations, 2 vol. — La Légende des siècles, 1re série, 1 vol. — Nouvelle série, 2 vol.

450. HUGO (Victor). La Légende des siècles. Nouvelle série. *Paris, Calm. Lévy,* 1877, 2 vol. in-8, br. (*Couvert.*).

> Edition originale.
> Un des 40 exemplaires imprimés sur papier de Hollande.

451. HUGO (Victor). **Poésie.** L'Année terrible. *Michel Lévy,* 1872 (Edition originale). — L'Art d'être grand-père. *Id.,* 1877 (Edition originale). — Toute la lyre. *Hetzel et Quantin,* 1878. — La Légende des siècles. Nouvelle série. *Michel Lévy,* 1877, 2 vol. (Edition originale). La Légende des siècles. Tome V et dernier. *Id.,* 1883. — Les quatre vents de l'esprit. *Hetzel et Quantin,* 1881, 2 vol. (Edition originale). — La fin de Satan. *Id.,* 1886 (Edition originale). — Dieu. *Id.,* 1891 (Edition originale). — La dernière gerbe. *Calman Lévy,* 1902 (Edition originale). — **Drame.** Torquemada, drame. *Id.,* 1882 (Edition originale). — **Prose.** Histoire d'un crime, déposition d'un témoin. *Calmann Lévy,* 1877-78, 2 vol. — Choses vues. *Hetzel et Quantin,* 1887 (Edition originale). — Ens. 16 vol. in-8, brochés (*Couvert.*).

452. HUGO (Victor). **Poésies :** 15 vol. — **Théâtre :** 4 vol. — **Roman.** Notre-Dame de Paris, 2 vol. (port.). *Paris, A. Lemerre,* 1875-1888, 23 vol. pet. in-12, brochés.

> Exemplaires imprimés sur papier de Chine.

453. HUGO (Victor). L'Année terrible. *Michel Lévy,* 1872, in-8, dos et coins mar. rouge, tête dor., non rog. — L'Art d'être grand-père. *Id.,* 1877, in-8, dos et coins mar. bleu, fil., tête dor., non rog. — La Fin de Satan. *Id.,* 1886, in-8, dos et coins mar. rouge, fil., tête dor., non rog. — Ens. 3 vol.

> Editions originales.

454. HUYSMANS (J.-K.). A rebours. *Charpentier,* 1884. — La Cathédrale. *P.-V. Stock,* 1898. — Ens. 2 vol. in-12, brochés (*Couvert.*).

> Editions originales.

455. JAMMES (Francis). De l'angelus de l'aube à l'angelus du soir, 1888-1897. *Mercure de France,* 1898. — Almaïde d'Étremont, ou l'histoire d'une jeune fille passionnée. *Id.,* 1901, in-16. — Le Triomphe de la vie, 1900-1901. Jean de Noarrieu. Existences. *Id.,* 1902. — Ens. 3 vol. in-12 et in-16, brochés (*Couvert.*).

> Editions originales.
> Envoi de l'auteur à chaque volume.

456. JAMMES (Francis). Vers. *Ollendorff*, 1894. — La jeune fille nue, poésie. *L'Ermitage*, 1899 (imprimé à 145 ex.). (Envoi de l'auteur à M. J.-M. de Heredia). — Ens. 2 vol. in-8 carré, brochés (*Couvert.*).

> Éditions originales.

457. JONCIÈRES (Léonce de). Tanagra. *Paris, Edition du Mercure de France*, 1900, in-12, broché (*Couvert.*).

> Édition originale.
> Un des 7 exemplaires imprimés sur papier de Hollande.
> Sur le faux-titre :
> *Au très illustre Maître José-Maria de Heredia, j'offre modestement ces* « Tanagra ».
>
> Léonce de Joncières.
>
> Mars 1900.

458. KAHN (Gustave). Domaine de fée. *Paris-Bruxelles, Société Nouvelle*, 1895, plaquette in-8 carré, broché (*Couvert.*).

> Sur le faux-titre :
> *Exemplaire de José-Maria de Heredia, au fastueux poète de décor et du triomphe, en toute sympathie.*
>
> Gustave Kahn.

459. KHAYYAM (Omar). Les Quatrains, traduits du persan sur le manuscrit conservé à la Bodleian Library d'Oxford, publiés avec une introduction et des notes par Charles Grolleau. *Paris, Carrington*, 1902, pet. in-4, broché (*Couvert.*).

> Exemplaire, non mis dans le commerce, destiné à M. de Heredia. Envoi et lettre autographes du traducteur.

460. LAFENESTRE (Georges). Les Espérances. *Tardieu*, 1864, dos et coins mar. vert, tête dor., non rog. — Idylles et chansons (1863-1870). *Lemerre*, 1874. — Idylles et chansons (1860-1874). *Ollendorff*, 1883. — Images fuyantes. *Lemerre*, 1902. — Ens. 4 vol. in-12, rel. et brochés.

> Éditions originales.
> A chaque volume, envoi de l'auteur : *Aux Images fuyantes :*
> *A José-Maria de Heredia qui fit imprimer mes vers d'adolescent, cette récolte tardive d'un vieillard au crépuscule, offerte du même cœur, après quarante années d'admiration et d'amitié.*
>
> G. Lafenestre.

461. LAFORGUE (Jules). Les Complaintes. *Paris, Vanier*, 1885, in-12, broché (*Couvert.*).

> Édition originale.

462. LAFORGUE (Jules). L'Imitation de Notre-Dame la Lune selon Jules Laforgue. *Paris, Vanier*, 1886, in-12, broché (*Couvert.*).

> Édition originale.

463. LAFORGUE (Jules). Moralités légendaires. Avec un portrait de l'auteur gravé à l'eau-forte par Emile Laforgue. *Paris, Revue indépendante*, 1887, in-16, broché (*Couvert.*).

> Édition originale.

464. LA HIRE (Jean de). Héro et Léandre. Amours antiques. *Revue phocéenne*, 1900, in-16. — Le Régiment d'Irma, roman. *Edition moderne, s. d.*, in-12. — Ens. 2 vol., brochés (*Couvert.*).

>Éditions originales.
>Envoi de l'auteur à chaque volume.

465. LAMARTINE. Œuvres d'Alphonse de Lamartine : I. Méditations poétiques. La Mort de Socrate. Épîtres et poésies diverses. II. Nouvelles méditations poétiques. Le Dernier chant du pèlerinage d'Harold. Le Chant du Sacre. *Paris, J. Boquet,* 1826, 2 vol. in-8, figures, dos et coins mar. bleu, tête dor., non rog. (*Amand*).

>Tome I. Portrait de Lamartine gravé par *Ch. Pye* et 2 planches hors texte gravées par *W. Greatbach* et *Ed. Porbury* d'après *Desenne*. Tome II. 3 planches hors texte gravées par *J.-H. Wah, J.-H. Robinson* et *Th. Rolls* d'après *Desenne*.
>Ces planches sont sur Chine collé.

466. LAMARTINE. Œuvres complètes de M. A. de Lamartine, de l'Académie française. Edition nouvelle publiée pour la première fois par l'auteur. *Paris, Ch. Gosselin et Furne,* 1834, 4 vol. in-8, figures, demi-rel. veau rouge, dos orné or et à froid, tr. dor.

>Portrait et 6 figures par *Regnier, Tony Johannot, Rouargue.*

467. LAPRADE (Victor de). Odes et poèmes. *Paris, J. Labitte,* 1843 (Edition originale). — Psyché. Odes et poèmes. *Michel-Lévy,* 1857. — Idylles héroïques. *Id.,* 1858 (Edition originale). — Ens. 3 vol. in-12, brochés (*Couvert.*).

468. LAVEDAN (Henri). 8 vol. in-12 et in-16, brochés (*Couvert.*).

>Inconsables. *Lib. illust., s. d.,* in-16. — Lydie. *Librairie moderne,* 1887. — Mam'zelle Vertu. *Id.,* 1887. — Sire, *Id.,* 1889. — Les Marionnettes. *Calm. Lévy,* 1895. — Les petites visites. *Id.,* 1896. — Leurs Sœurs. Illustrations de Robaudi. *Testard,* 1896 (*Couvert. illust.*). — Les Jeunes, ou l'espoir de la France. *Calm. Lévy,* 1897. — Les beaux dimanches. *Id.,* 1898.
>Éditions originales.
>Envoi de l'auteur à chaque volume.

469. LAVEDAN (Henri). Le marquis de Priola, pièce en trois actes, en prose. *Flammarion,* 1902, in-12. — Les deux noblesses, comédie en trois actes. *Calmann Lévy,* 1897, in-8. — Ens. 2 vol. brochés (*Couvert.*).

>Éditions originales.
>A chaque volume, envoi de l'auteur.

470. LAZARE (Bernard). Le Miroir des légendes. *Paris, Lemerre,* 1892, in-12, broché (*Couvert.*).

>Édition originale. Papier de Hollande.
>Sur le faux-titre :
>*A José-Maria de Heredia, au fastueux poète, son admirateur et son ami.*
>Bernard Lazare.

471. LEBEY (André). Les Poèmes de l'amour et de la mort. *Paris, Edition du Mercure de France*, 1898, in-12, br. (*Couvert.*).

ÉDITION ORIGINALE.

Un des 25 exemplaires imprimés sur PAPIER DE HOLLANDE. Envoi suivant sur le faux-titre :

A M. de Heredia, avec les respectueux hommages et les respectueuses sympathies

d'ANDRÉ LEBEY.

472. LEBEY (André). Essai sur Laurent de Médicis, dit le Magnifique. *Perrin*, 1900, in-12, port. — Le Connétable de Bourbon, 1490-1527. *Id.*, 1904, in-8, port. — Ens. 2 vol., brochés (*Couvert.*).

ÉDITIONS ORIGINALES.
Envoi de l'auteur à chaque volume.

473. LEBEY (André), 5 vol., br.

Les poésies de Sappho. traduites en entier pour la première fois. *Mercure de France*, 1895, in-32. — Automnales. *Centaure*, 1896, in-4 (papier de Hollande). — Le Cahier rose et noir. *Mercure de France*, 1896, in-4. — Les Colonnes du temple. *Id.*, 1900, in-12 (papier vergé). — Sur une route de cyprès. *L'Occident*, 1904, gr. in-8.
ÉDITIONS ORIGINALES.
Envoi de l'auteur à chaque volume.

474. LE BRAZ (Anatole), 7 vol. in-12. br. (*Couvert.*).

Là Légende de la mort en Basse-Bretagne. Croyances, traditions et usages des bretons armoricains. Avec une introduction de L. Marillier. *H. Champion*, 1893. — Au pays des pardons. *Lemerre*, 1894. — Vieilles histoires du pays breton. *H. Champion*, 1897. — Pâques d'Islande. *Calmann Lévy*, 1897. — Le Gardien du feu. *Id., s. d.* — La Terre du passé. *Id., s. d.* — Le Sang de la sirène.
ÉDITIONS ORIGINALES. sauf pour les *Vieilles histoires.*
A chaque volume, envoi d'auteur.

475. LE CARDONNEL (Louis). Poèmes. *Paris, Société du Mercure de France*, 1904, in-12, br. (*Couvert.*).

ÉDITION ORIGINALE.
Sur le faux-titre :
A José-Maria de Heredia, en toute admiration.

Louis LE CARDONNEL.

476. LECONTE (Sébastien-Charles). Les Bijoux de Marguerite. *Paris, Édition du Mercure de France*, 1899, pet. in-4, broché (*Couvert.*).

Un des 25 exemplaires imprimés sur PAPIER DU JAPON.
Sur le faux-titre, au composteur :
A M. José-Maria de Heredia. Hommage de l'auteur qui, de Nouméa, s'excuse de ne pouvoir signer.

SÉBASTIEN-CHARLES LECONTE.

477. LECONTE (Sébastien-Charles). La Tentation de l'Homme. *Paris, Mercure de France*, 1903, in-12, br. (*Couvert.*).

ÉDITION ORIGINALE.

Exemplaire imprimé sur PAPIER DU JAPON d'un livre dédié à M. J-M. de Heredia.

Sur le feuillet de garde :

A Monsieur José-Maria de Heredia, à mon cher Maître, à celui dont les conseils m'ont toujours soutenu et encouragé, avec l'hommage de ma profonde et respectueuse admiration, et de toute mon affection.

SÉBASTIEN-CHARLES LECONTE.

478. LECONTE (Sébastien-Charles). Le Sang de Méduse. *Paris, Mercure de France*, 1905, in-12, br. (*Couvert.*).

ÉDITION ORIGINALE.

Exemplaire imprimé sur PAPIER DU JAPON. Sur le feuillet de garde :
A mon Maître cher et vénéré, José-Maria de Heredia, en témoignage de respectueuse, fidèle et filiale affection.

SÉBASTIEN-CHARLES LECONTE.

479. LECONTE DE LISLE. Poésies complètes. Avec une eau-forte dessinée et gravée par Louis Duveau. *Paris, Poulet-Malassis*, 1858, in-12, frontispice, dos et coins mar. bleu, fil., dos orné, tête dor., non rog.

ÉDITION ORIGINALE.

480. LECONTE DE LISLE. Idylles de Théocrite et Odes anacréontiques. Traduction nouvelle par Leconte de Lisle. *Paris, Poulet-Malassis*, 1861, in-12, cart. toile bleue, non rog.

ÉDITION ORIGINALE.
PAPIER DE HOLLANDE.

481. LECONTE DE LISLE. Homère. Iliade et Odyssée. Hymnes. Epigrammes. Batrakhomyomakhie. Traduction nouvelle par Leconte de Lisle. *Paris, A. Lemerre*, 1867-68, 2 vol. in-8, brochés (*Couvert.*).

PAPIER DE HOLLANDE.
Sur le faux-titre de l'*Iliade* :
A J.-M. de Heredia, son confrère et ami.

LECONTE DE LISLE.

482. LECONTE DE LISLE. Hésiode. Hymnes orphiques. Théocrite. Bion. Moskhos. Tyrtée. Odes anacréontiques. Traduction nouvelle par Leconte de Lisle. *Paris, A. Lemerre*, 1869, gr. in-8 broché (*Couvert.*).

ÉDITION ORIGINALE.
Un des 20 exemplaires imprimés sur PAPIER WHATMAN.
Sur le feuillet de garde :
A mon très cher ami et confrère, J.-M. de Heredia.

LECONTE DE LISLE.

483. LECONTE DE LISLE. Poèmes barbares. Edition définitive, revue et considérablement augmentée. *Paris, A. Lemerre*, 1872, in-8, broché (*Couvert.*).

Un des 10 exemplaires imprimés sur PAPIER WHATMAN.

484. LECONTE DE LISLE. Eschyle. Traduction nouvelle. *Paris, A. Lemerre*, 1872, in-8, broché (*Couvert.*).

ÉDITION ORIGINALE.

Un des 10 exemplaires imprimés sur PAPIER WHATMAN.

485. LECONTE DE LISLE. Eschyle. Traduction nouvelle. *Lemerre*, 1872. (Sur le faux-titre : *A mon cher J.-M. de Heredia, son confrère et ami.* LECONTE DE LISLE). — Hésiode. Hymnes orphiques. Théocrite. Bion. Moskhos. Tyrtée. Odes ancréontiques. Traduction nouvelle. *Id.*, 1869. — Sophocle. Traduction nouvelle. *Id.*, 1877 (Sur le faux-titre : *A J.-M. de Heredia, son vieil ami.* LECONTE DE LISLE). — Ens. 3 vol. in-8, demi-rel. vélin, dos orné, tête dor., non rog.

ÉDITIONS ORIGINALES.

486. LECONTE DE LISLE. Les Erinnyes, tragédie antique en deux parties, en vers. *Paris, A. Lemerre*, 1873, in-12, broché (*Couvert.*).

ÉDITION ORIGINALE.

PAPIER DE CHINE.

487. LECONTE DE LISLE. Sophocle. Traduction nouvelle. *Paris, A. Lemerre*, 1877, gr. in-8, broché (*Couvert.*).

ÉDITION ORIGINALE.

Un des 40 exemplaires imprimés sur PAPIER DE HOLLANDE.

488. LECONTE DE LISLE. Poèmes antiques. Poèmes barbares. Poèmes tragiques. *Paris, A. Lemerre*, 1878-86, 3 vol. pet. in-12, brochés.

Exemplaires imprimés sur PAPIER DE CHINE.

489. LECONTE DE LISLE. Euripide. Traduction nouvelle. *Paris, A. Lemerre*, 1884, 2 vol. in-8, brochés (*Couvert.*).

ÉDITION ORIGINALE.

Un des 5 exemplaires imprimés sur PAPIER WHATMAN.

490. LECONTE DE LISLE. Poèmes tragiques. *Paris, Lemerre*, 1884, in-8, broché (*Couvert.*).

Un des 30 exemplaires imprimés sur PAPIER DE HOLLANDE.

491. LECONTE DE LISLE. L'Apollonide, drame lyrique en trois parties et cinq tableaux. Musique de Franz Servais. *Paris, A. Lemerre*, 1888, in-4, broché (*Couvert.*).

ÉDITION ORIGINALE.

Sur le faux-titre :

A José-Maria de Heredia, son confrère et vieil ami.

LECONTE DE LISLE.

492. LECONTE DE LISLE. Derniers Poèmes. *Paris, A. Lemerre*, 1895, in-8, broché (*Couvert.*).

ÉDITION ORIGINALE.

493. LECONTE DE LISLE. Derniers poèmes. L'Apollonide. La

Passion. Poètes contemporains. Discours sur Victor Hugo. *Paris,
A. Lemerre,* 1898, in-8, broché (*Couvert.*).

PAPIER DE HOLLANDE.

494. LECONTE DE LISLE. Le Sacre de Paris, strophes dites par
Mlle Agar, de la Comédie-Française. *Lemerre,* 1871, broch. — Les
Erinnyes, tragédie antique en deux parties, en vers, avec introduction et intermèdes pour orchestre. Musique nouvelle de Massenet. *Id.,* 1873. — Premières poésies et lettres intimes. Préface
de B. Guinaudeau. *Charpentier,* 1902. — Ens. 3 vol. et broch. in-
12 brochés (*Couvert.*).

Envoi aux deux derniers volumes.

495. LECONTE DE LISLE. Traductions et poèmes, 9 vol. in-8, dos
et coins mar., fil., tête dor., non rog.

TRADUCTIONS. Euripide. Traduction nouvelle, 1884, 2 vol., mar.
gren. (EDITION ORIGINALE). — Eschyle. Traduction nouvelle, 1872, mar.
vert (EDITION ORIGINALE). — Hésiode. Hymnes orphiques. Théocrite.
Bion. Moskhos. Tyrtée. Odes anacréontiques. Traduction nouvelle, 1869,
mar. rouge (EDIT. ORIG.). — Homère : Iliade, traduction nouvelle,
1867. Odyssée. Hymnes. Epigrammes. Batrakhomyomakie. Traduction nouvelle, 1868, 2 vol., mar. bleu (EDITIONS ORIGINALES). — Sophocle, traduction nouvelle, 1877, mar. rouge (EDIT. ORIG. — POÈMES.
Poèmes antiques, 1874, mar. gr. (contient une lettre autographe de
Leconte de Lisle à M. Christophe). — Poèmes barbares, 1872, mar.
gren.

Sur le feuillet de garde du dernier volume :
A Ernest Christophe en mémoire de son ami à qui ce livre a appartenu.
BIDA.

496. LEFRANC (Abel). Les Navigations de Pantagruel. Etude sur
la géographie rabelaisienne. *Paris, H. Leclerc,* 1904, in-8, planches, broché (*Couvert.*).

Sur le feuillet de garde :
A Monsieur J.-M. de Heredia, de l'Académie française, Hommage d'affectueux respect et de profonde admiration.
ABEL LEFRANC.

497. LE GOFFIC (Charles). Le Bois dormant, 1889-1899. *Paris,
Lemerre,* 1900. — L'Ame bretonne. *Paris, Champion,* 1902. —
Ens. 2 vol. in-12, brochés (*Couvert.*).

EDITIONS ORIGINALES.
Envoi de l'auteur à chaque volume.

498. LEMAITRE (Jules). Les Médaillons, 1876-1879. *Lemerre,* 1880.
— Petites orientales. Une méprise. Au jour le jour. *Id.,* 1883. —
La bonne Hélène, comédie en deux actes, en vers. *Calmann Lévy,*
1896. — Ens. 3 vol. in-12, brochés (*Couvert.*).

EDITIONS ORIGINALES.
Envoi de l'auteur à deux volumes.

499. LEMAITRE (Jules). Les Contemporains. Etudes et portraits

littéraires. *Paris, Lecène, Oudin*, 1886-1899, 7 vol. in-12, dont 3 vol. cartonn. toile, non rog. et 4 brochés.

ÉDITIONS ORIGINALES.
Envoi de l'auteur à chaque volume.

500. LEMAITRE (Jules). 5 vol. in-12, brochés (*Couvert.*)

Sérénus, histoire d'un martyr. Contes d'autrefois et d'aujourd'hui. *Lemerre*, 1886. — Myrrha, vierge et martyre. *Lecène, Oudin*, 1894. — Opinions à répandre. *Id.*, 1901. — Quatre discours. *Id.*, 1902. — En marge des vieux livres, contes. *Société fr. de librairie*, 1905.
ÉDITIONS ORIGINALES.
Envoi de l'auteur à quatre volumes.

501. LEMAITRE (Jules). Impressions de théâtre. Séries V, VII, VIII, IX, X. *Lecène, Oudin*, 1891-1898, 5 vol. — Théories et impressions. *Id., s. d.* — Ens. 6 vol. in-12, brochés.

ÉDITIONS ORIGINALES.
Envoi de l'auteur à la plupart des volumes.

502. LE MOUEL (Eugène). Enfants bretons, poésies. *Lemerre*, 1890. — Fleur de blé noir, missel d'amour. *Id.*, 1893. — Ens. 2 vol. in-12, brochés (*Couvert.*).

ÉDITIONS ORIGINALES.
Envoi de l'auteur à chaque volume.

503. LEMOYNE (André). Les Sauterelles de Jean de Saintonge. *Paris, Fame*, 1863, in-18, broché (*Couvert.*).

ÉDITION ORIGINALE.

504. LEMOYNE (André). Les Roses d'antan. *Paris, Firmin Didot*, 1864, in-18, dos et coins mar. vert, tête dor., non rog. (*Burnier*).

ÉDITION ORIGINALE.
Sur le feuillet de garde :
A José-Maria de Heredia, son ami.

ANDRÉ.

505. LEMOYNE (André). Les Charmeuses. Eaux-fortes de L.-G. de Bellée, Feyen-Perrin et Edouard Leconte. *Paris, Firmin Didot*, s. d., gr. in-8, broché (*Couvert. illust.*).

506. LEMOYNE (André) Fleurs du soir. *Paris, Lemerre*, 1893, in-12, broché (*Couvert.*).

ÉDITION ORIGINALE.
Sur le feuillet de garde :

Ce volume est pour mon cher Conquistador,
Dont la muse ressemble aux belles filles d'Arles
Attiques de profil. — Ce n'est pas quand tu parles
Qu'on ose déclarer que le silence est d'or.

A. L.

507. LEMOYNE (André). Chemin perdu. La Fée des pleurs. Renoncement. L'Hôtelier de Saint-Hubert. *Firmin Didot*, 1863, in-16, mar. rouge, dent. int., tr. dor. (*Capé*). — Poésies (1855-1870). *Lemerre*, 1871, port., pet. in-12, cart. toile verte, couvert., non

rog. —Fleurs des ruines. *Id.*, 1887. — La Mare aux chevreuils. Fleurs d'abeille. Au delà. *Id.*, 1900. — La Tour d'ivoire. *Id.*, 1902. — Ens. 5 vol. in-12 et pet. in-12.

> Envoi de l'auteur aux trois derniers volumes.

508. LESUEUR (Daniel). Lointaine revanche. La fleur de joie. *Lemerre*, 1900. — Fiancée d'outre-mer. *Id.*, 1901. — Mortel secret. Lys royal. *Id.*, 1902. — Mortel secret. Le meurtre d'une âme. *Id.*, 1902. — Le Cœur chemine. *Id.*, 1903. — La Force du Passé. *Id.*, 1905. — Ens. 6 vol. in-12, brochés (*Couvert.*).

> Exemplaires imprimés sur papier ALFA.
> ÉDITIONS ORIGINALES.
> Envois de l'auteur sur chaque volume.

509. LEYGUES et HANOTAUX. Centenaire de Victor Hugo (1802-1902). Discours prononcés au Panthéon par M. Georges Leygues, ministre de l'Instruction publique et des Beaux-Arts, et M. Gabriel Hanotaux, directeur de l'Académie française, le 26 février 1902. *Paris*, 1902, gr. in-8, papier teinté, broché (*Couvert. illust. par Giraldon*).

510. LIÉGEARD (Stephen). Rêves et Combats. *Paris, Hachette,* 1892, pet. in-8, broché (*Couvert.*).

> ÉDITION ORIGINALE.
> Un des 30 exemplaires imprimés sur PAPIER DU JAPON.
> Sur le feuillet de garde :
> *Au cher grand Maître José-Maria de Heredia, son admirateur et son ami.*
>
> STEPHEN LIÉGEARD.

511. LIÉGEARD (Stephen). 7 vol. et broch. in-12 et in-8, brochés (*Couvert.*).

> Le Verger d'Isaure. *Hachette,* 1870 (EDIT. ORIG.). — Au Caprice de la Plume. Etude, fantaisies, critique. *Id.*, 1884, in-12. — Rêves et combats. *Id.*, 1892 (EDIT. ORIG.). — La Côte d'Azur. Nouvelle édition illustrée. *Quantin,* 1894. — Les grands cœurs. *Hachette,* 1894, in-12. — A la Bourgogne, ode. *Quantin,* 1897, broch. gr. in-8. — Discours prononcé dans la grande salle des agriculteurs de France, le 13 mars 1898. *Librairies-imprimeries réunies,* 1898, broch. in-8.
> Envoi de l'auteur à chaque volume.

512. LIÉGEARD (Stephen). Pages françaises (Études et discours). *Paris, Hachette,* 1902, in-8, broché (*Couvert.*).

> PAPIER WHATMAN.
> Sur le faux-titre ;
> *Au grand poète José-Maria de Heredia, hommage de profonde gratitude d'un admirateur et d'un ami.*
>
> STEPHEN LIÉGEARD.

513. LITTRÉ (E.). Études sur les barbares et le Moyen Age. *Didier,* 1867, in-8, dos et coins mar. rouge, non rog. — L'Enfer du Dante, mis en vieux langage françois et en vers. *Hachette,* 1879, pet. in-8, broché. — Etudes et glanures pour faire suite à l'histoire de la langue française. *Didier,* 1880, in-8, cartonn. toile. — Ens. 3 vol.

514. LORRAIN (Jean). La Forêt bleue. Avec un dessin d'après Sandro Botticelli. *Paris, Lemerre, 1882, in-12, broché (Couvert).*

> EDITION ORIGINALE.
> Exemplaire imprimé sur PAPIER DE HOLLANDE. Sur le faux-titre :
> *A mon maître en sonnets et camarade en lettres,*
> *José-Maria de Heredia, son reconnaissant et de grand cœur acquis.*
> JEAN LORRAIN.

515. LORRAIN (Jean). Le Sang des Dieux. Avec un dessin de Gustave Moreau. *Paris, Lemerre, 1882, in-12, broché (Couvert.).*

> EDITION ORIGINALE.
> Un des 25 exemplaires imprimés sur PAPIER DE HOLLANDE. Sur le feuillet de garde :
> *Au poète, au ciseleur, à don José-Maria de Heredia, humble et sincère hommage.*
> JEHAN LORRAIN.

516. LORRAIN (Jean). Modernités. *Paris, Giraud et Cie, 1885, in-12, broché (Couvert.).*

> EDITION ORIGINALE.
> Sur le feuillet de garde :
> *A Monsieur José-Maria de Heredia, la rougeur au front.*
> LORRAIN JEAN.
> 1885. Janvier.

517. LORRAIN (Jean). Viviane, conte en un acte (en vers). *Paris, Giraud, 1885, in-8, broché (Couvert.).*

> EDITION ORIGINALE.
> Sur le faux-titre :
> *A Monsieur José-Maria de Heredia, respectueux hommage.*
> JEAN LORRAIN.
> 1885. Mai.

518. LORRAIN (Jean). Griseries. *Paris, Tresse et Stock, 1888, in-12, broché (Couvert.).*

> EDITION ORIGINALE.
> Sur le faux-titre :
> *A Monsieur José-Maria de Heredia, cordial hommage de son élève.*
> JEAN LORRAIN.
> 1887. Mars.

519. LORRAIN (Jean). Poésies et Romans. 7 vol. in-18 et in-12, brochés (Couvert.).

> Un Démoniaque. Espagnes. Histoires du bord de l'eau. *Dentu, 1895.* — L'Ombre ardente. Poésies. *Charpentier, 1897.* — Contes pour lire à la chandelle. *Mercure de France, 1897, in-18.* — Poussières de Paris. *Fayard, s. d.* — Madame Baringhel. *Id., s. d.* — La Maison Philibert. Illustrations de George Bottini. *Librairie universelle, 1904,* figures (Couvert. illustr.). — Le Crime des Riches. *Douville, 1905.*
> EDITIONS ORIGINALES (sauf *la Maison Philibert*).
> A 5 volumes, envoi de l'auteur à M. J.-M. de Heredia.

520. LORRAIN (Jean). 10 vol. in-12, brochés (Couvert.).

> Les Lépillier. *Giraud et Cie, 1885.* — Très russe. *Id., 1886.* — Dans

l'oratoire. *Dalou*, 1888. — Sonnyeuse. Soirs de Paris. Soirs de province. *Charpentier*, 1891. — Sensations et souvenirs. *Id.*, 1895. — La petite classe. Préface de Maurice Barrès. *Ollendorff*, 1895. — Heures d'Afrique. *Charpentier*, 1899. — M. de Phocas. Astarté, roman. *Ollendorff*, 1901 (*Couvert. illustr.*). — Poussières de Paris. *Id.*, 1902. — Princesses d'ivoire et d'ivresse. *Id.*, 1902 (*Couvert. illustr.*).

ÉDITIONS ORIGINALES.

A chaque vol. envoi de l'auteur (sauf à « Dans l'oratoire »).

521. LOTI (Pierre) Aziyadé. — Stamboul, 1876-1877. — Extrait des notes et lettres d'un lieutenant de la marine anglaise. *Paris, Calmann Lévy*, 1879, in-12, br. (*Couvert. illust.*).

ÉDITION ORIGINALE, rare.

Exemplaire avec la couverture blanche, illustrée d'un portrait et imprimée en mauve.

522. LOTI (Pierre). Le Mariage de Loti. Rarahu, par l'auteur d'Aziyadé. *Calmann Lévy*, 1880, in-12, br. (*Couvert.*).

ÉDITION ORIGINALE.

523. LOTI (Pierre). Les Trois dames de la Kasbah, conte oriental. *Calmann Lévy*, 1884, in-16, br. (*Couvert.*).

ÉDITION ORIGINALE.

524. LOTI (Pierre). Pêcheur d'Islande, roman. *Calmann Lévy*, 1886, in-12, br. (*Couvert.*).

ÉDITION ORIGINALE.

525. LOTI (Pierre). Romans. *Calm. Lévy*, 1887-1896, 8 vol. in-12, br. (*Couvert.*).

Propos d'exil, 1887. — Japonneries d'automne, 1889. — Le Roman d'un enfant, 1890. — Au Maroc, 1890. — Fantôme d'Orient, 1892. — Jérusalem, 1895. — Le Désert, 1895. — La Galilée, 1896 (Envoi de l'auteur).

ÉDITIONS ORIGINALES.

526. LOTI (Pierre). Matelot. Illustrations de Myrbach. *Lemerre*, s. d. (*Couvert. illustrée*). — Les Trois dames de la Kasbah. Illustrations directes d'après nature par Gervais-Courtellemont. *Calm. Lévy*, 1896 (*Couvert. illustrée*).

ÉDITIONS ORIGINALES. Envois d'auteur.

On y a joint : Discours de réception de Pierre Loti. *Id.*, 1892, in-8.

527. LOUŸS (Pierre). Astarté. *S. l., n. d.*, 1891, gr. in-8, br. (*Couvert. illustrée*).

ÉDITION ORIGINALE. Un des 9 exemplaires imprimés sur PAPIER WHATMAN.

Sur la couverture :
Envoi de l'auteur à M. de Heredia.

528. LOUŸS (Pierre). Les Poésies de Méléagre, mises en français et dédiées à un poète lyrique. *Paris*, 1893, in-32, broché (*Couvert.*).

ÉDITION ORIGINALE.

Un des 10 exemplaires imprimés sur PAPIER DE HOLLANDE.
Sur le feuillet de garde : Envoi de l'auteur à M. de Heredia.

529. **LOUŸS (Pierre). Scènes de la vie des courtisanes, traduit de Lucien de Samosate.** *Paris,* 1894, in-32, br. (*Couvert.*).

> ÉDITION ORIGINALE.
> Un des 10 exemplaires imprimés sur PAPIER DE HOLLANDE.
> Sur le feuillet de garde : Envoi de l'auteur à M. de Heredia.

530. **LOUŸS (Pierre). Les Chansons de Bilitis, traduites du grec pour la première fois, par P. L.** *L'Art indépendant,* 1895, pet. in-8, br. (*Couvert.*).

> ÉDITION ORIGINALE.
> Un des 10 exemplaires imprimés sur PAPIER DU JAPON.
> Sur le feuillet de garde : Envoi de l'auteur à M. de Heredia.

531. **LOUŸS (Pierre). Les Chansons de Bilitis, traduites du grec par Pierre Louys.** *Paris, Mercure de France,* 1898, in-12, broché (*Couvert.*).

> Exemplaire tiré spécialement pour M. José-Maria de Heredia.
> Sur le feuillet de garde : Envoi de l'auteur à M. de Heredia.

532. **LOUŸS (Pierre). Les Chansons de Bilitis, traduites du grec, par Pierre Louys, et ornées d'un portrait de Bilitis dessiné par P.-Albert Laurens d'après le buste polychrome du musée du Louvre.** *Paris, Mercure de France,* 1898, in-8, br. (*Couvert.*).

> Un des 40 exemplaires imprimés sur PAPIER DE HOLLANDE.
> Sur le feuillet de garde : Envoi de l'auteur à M. de Heredia.

533. **LOUŸS (Pierre). Les Chansons de Bilitis, traduites du grec. Édition ornée de 300 gravures et de 24 planches en couleurs hors texte par Notor, d'après des documents authentiques des musées d'Europe.** *Paris, Charpentier,* 1900, in-12, br. (*Couvert.*).

> PREMIER TIRAGE.
> Sur le faux-titre : Envoi de l'auteur à M. de Heredia.

534. **LOUŸS (Pierre). Aphrodite, mœurs antiques.** *Paris, Mercure de France,* 1896, in-12, br. (*Couvert.*).

> ÉDITION ORIGINALE.
> Un des 20 exemplaires imprimés sur PAPIER DE HOLLANDE.
> Sur le faux-titre : Envoi de l'auteur à M. de Heredia.

535. **LOUŸS (Pierre). Aphrodite, mœurs antiques.** *Paris, Mercure de France,* 1896, in-12, br. (*Couvert.*).

> ÉDITION ORIGINALE.
> Sur le faux-titre : Envoi de l'auteur à M. de Heredia.

536. **LOUŸS (Pierre). Aphrodite, mœurs antiques.** *Mercure de France,* 1896, in-8, br. (*Couvert.*).

> Sur le feuillet de garde : Envoi de l'auteur à M. de Heredia.

537. LOUŸS (Pierre). Aphrodite, mœurs antiques. Illustrations de A. Calbet. *Paris, Borel,* 1896, in-18, fig., broché (*Couvert. illustrée*).

> Exemplaire imprimé sur PAPIER DU JAPON pour M. Pierre Louys.
> Sur le feuillet de garde : Envoi de l'auteur à M. de Heredia.

538. LOUŸS (Pierre). Aphrodite. Mœurs antiques. Illustrations d'Édouard Bier. *Paris, Tallandier, s. d.* (1902), gr. in-8, fig., br. (*Couvert. illust.*).

539. LOUŸS (Pierre). Afrodita, costumbres antiguas. Ilustraciones de A. Calbet. *Paris, Libreria artistica,* 1898, in-18, fig., br. (*Couvert.*).

> Sur le feuillet de garde : Envoi de l'auteur à M. de Heredia.

540. LOUŸS (Pierre). La Femme et le Pantin, roman espagnol orné d'une reproduction en héliogravure du Pantin, de Goya. *Mercure de France,* 1898, in-8, br.

> ÉDITION ORIGINALE.
> Un des 40 exemplaires imprimés sur PAPIER DE HOLLANDE.
> Sur le feuillet de garde : Envoi de l'auteur à M. de Heredia.

541. LOUŸS (Pierre). Léda. Illustrations de A. Calbet. *Paris, Borel,* 1898, in-32, mar. bleu souple, dent. int., tr. dor. (*Couvert. illustrée*).

> Contient une double suite des hors-texte en sanguine.
> Sur le feuillet de garde : Envoi de l'auteur à M. de Heredia.

542. LOUŸS (Pierre). Byblis. Illustrations de J. Wagrez. *Paris, Borel,* 1898, in-32, broché (*Couvert.*).

> Exemplaire imprimé sur PAPIER DE CHINE, avec double suite des illustrations.
> Sur le feuillet de garde : Envoi de l'auteur à M. de Heredia.

544. LOUŸS (Pierre). La Femme et le pantin. Roman espagnol. Illustrations de A. Calbet et J. Dedina (Collection Nymphée). *Paris, Borel,* 1899, in-16, figures, broché (*Couvert.*).

> Un des 75 exemplaires imprimés sur PAPIER DU JAPON, contenant une double suite des hors-texte en sanguine.

545. LOUŸS (Pierre). Les Aventures du roi Pausole. *Paris, Charpentier,* 1901, in-8, broché (*Couvert.*).

> ÉDITION ORIGINALE.
> Un des 15 exemplaires imprimés sur PAPIER WHATMAN.
> Sur le feuillet de garde : Envoi de l'auteur à M. de Heredia.

546. LOUŸS (Pierre). Les Aventures du roi Pausole. *Paris, Charpentier,* 1901, in-12, broché (*Couvert.*).

> ÉDITION ORIGINALE.

547. LOUŸS (Pierre). Sanguines. *Paris, Charpentier*, 1903, in-12, broché (*Couvert.*).

> ÉDITION ORIGINALE, PAPIER DE HOLLANDE.
> Sur le faux-titre : Envoi de l'auteur à M. de Heredia.

548. LOUŸS (Pierre). Sanguines. *Paris, Charpentier*, 1903, in-12, broché (*Couvert.*).

> ÉDITION ORIGINALE.

549. MAC-NAB. Poèmes mobiles. Monologues de Mac-Nab, avec illustrations de l'auteur et une préface de Coquelin Cadet. *Paris, Vanier*, 1886, in-12, broché (*Couvert.*).

> ÉDITION ORIGINALE.

550. MADELEINE (Jacques). L'Idylle éternelle, avec une préface de Catulle Mendès. *Paris, Ollendorf*, 1884, in-16, broché (*Couvert.*).

> ÉDITION ORIGINALE. PAPIER DE HOLLANDE.
> Sur le faux-titre :
> *A José-Maria de.Heredia.*
>
> JACQUES MADELEINE.

551. MADELEINE (Jacques). Pierrot divin, comédie en un acte, en vers. *Ollendorff*, 1887, broch. — Le Conte de la rose. *Id.*, 1891, broch. — Brunettes, ou petits airs tendres. *L. Vanier*, 1892, broch. — A l'orée, poésies. *Charpentier*, 1899. — Ens. 4 vol. et broch. in-12, brochés (*Couvert.*).

> ÉDITIONS ORIGINALES.
> Envoi de l'auteur à chaque volume.

552. MADELEINE (Jacques). Le Sourire d'Hellas. *Paris*, 1899, in-16, broché (*Couvert.*).

> ÉDITION ORIGINALE.
> Sur le feuillet de garde :
> *A mon cher Maître José-Maria de Heredia, au grand évocateur de la Grèce et la Sicile.*
>
> JACQUES MADELEINE.

553. MAETERLINCK (Maurice). La Vie des Abeilles. *Paris, Charpentier*, 1901, in-12, broché (*Couvert.*).

> ÉDITION ORIGINALE.
> Sur le faux-titre :
> *A José-Maria de Heredia. En témoignage d'une haute admiration.*
>
> M. MAETERLINCK.

554. MAGRE (Maurice). Le Retour, pièce lyrique en un acte et en vers. *Toulouse, Vialelle et Perry*, 1896, broch., pet. in-8. — La Chanson des hommes, poème. *Charpentier*, 1898. — Le Poème de la jeunesse. *Id.*, 1901. — Ens. 3 vol. in-8 et in-12, brochés (*Couvert.*).

> ÉDITIONS ORIGINALES.
> A deux volumes, envoi d'auteur.

555. MAINDRON (Maurice). Les Papillons. Ouvrage illustré de 94 gravures d'après A.-L. Clément. *Paris, Hachette,* 1888, in-12, figures, broché (*Couvert.*).

> Sur le faux-titre, envoi de l'auteur à M. de Heredia.

556. MAINDRON (Maurice). Les Armes. *Paris, Quantin, s. d.,* in-8, broché.

> Exemplaire revu, corrigé, annoté par l'auteur, en 1897, avec dessins et index systématique.
> En tête du volume une photographie de l'auteur avec un envoi autographe à M. de Heredia.

557. MAINDRON (Maurice). Un Capitaine d'aventures. Histoire du second siège de Sancerre en 1621. *Tournai et Paris, Casterman, s. d.,* in-8, figures, broché (*Couvert.*).

> ÉDITION ORIGINALE.
> Sur le faux-titre, envoi de l'auteur à M. de Heredia.

558. MAINDRON (Maurice). Le Tournoi de Vauplassans. *Plon, s. d.,* in-12, broché (*Couvert.*).

> ÉDITION ORIGINALE.
> Sur le faux-titre, envoi de l'auteur à M. de Heredia.

559. MAINDRON (Maurice). Saint-Cendre. *Paris, Revue blanche,* 1898, in-12, broché (*Couvert.*).

> ÉDITION ORIGINALE.
> Sur le faux-titre, envoi de l'auteur à M. de Heredia.

560. MAINDRON (Maurice). Saint-Cendre, roman. Illustrations de Puyplat. *Paris, Charpentier,* 1902, in-12, figures, broché (*Couvert. illustrée*).

> La vignette de la Couverture a été repeinte par l'auteur et ornée d'une épée et d'un chapeau.
> Sur le feuillet de garde, envoi de l'auteur à M. de Heredia.

561. MAINDRON (Maurice). Récits du temps passé et illustrations par F. Méaulle. *Tours, A. Mame,* 1899, pet. in-4, figures, broché (*Couvert.*).

> Sur le faux-titre, envoi de l'auteur à M. de Heredia.

562. MAINDRON (Maurice). Blancador l'avantageux, roman. *Paris, Revue blanche,* 1901, in-12, broché (*Couvert.*).

> ÉDITION ORIGINALE.
> Sur le faux-titre, envoi de l'auteur à M. de Heredia.

563. MAINDRON (Maurice). Monsieur de Clérambon. *Paris, Charpentier,* 1904, in-12, broché (*Couvert.*).

> ÉDITION ORIGINALE.
> Sur le faux-titre, envoi de l'auteur à M. de Heredia.

564. MAINDRON (Maurice). Le meilleur parti, comédie en quatre actes représentée pour la première fois sur la scène du Théâtre

Antoine, le 31 mars 1905. *Paris, Charpentier, 1905*, in-12, broché (*Couvert.*).

> Édition originale.
> Sur le faux-titre, envoi de l'auteur à M. de Heredia.

565. MALLARMÉ (Stéphane). Vers et prose, morceaux choisis. Avec un portrait par James M. N. Whistler. *Perrin*, 1893, port. — Divagations. *Charpentier*, 1897. — Ens. 2 vol. in-12, brochés (*Couvert.*).

> Éditions originales.
> Envoi de l'auteur à chaque volume.

566. MARGUERITTE (Paul). 4 vol., in-12, brochés (*Couvert.*).

> Pascal Géfosse, mœurs d'aujourd'hui. *Lib. illust., s. d.* — Amants. *Kolb, s. d.* — Le Cuirassier blanc. *Lecène-Oudin, 1892.* — Fors l'honneur. *Chailley, 1895.*
> Éditions originales. On y a joint : Le petit théâtre (Théâtre de marionnettes, 1888). *Librairie illustrée, s. d.,* broch.
> Envoi de l'auteur à chaque volume.

567. MARGUERITTE (Paul et Victor). Le Carnaval de Nice. *Plon, Nourrit, s. d.* — Le Jardin du Roi. *Id., s. d.* — Le Prisme, *Id., s. d.* — Les Deux Vies. *Id., s. d.* — Zette. *Id., s. d.* — Ens. 5 vol. in-12, brochés (*Couvert.*).

> Éditions originales.
> Envoi de l'auteur à chaque volume.

568. MARGUERITTE (Paul et Victor). Une Époque. I. Le Désastre (Metz, 1870). II. Les Tronçons du glaive (Défense nationale, 1870-71). III. Les Braves gens (Episodes, 70-71). IV. La Commune (Paris-Versailles, 71). *Paris, Plon-Nourrit, s. d.,* 4 vol. in-12, brochés (*Couvert.*).

> Éditions originales (sauf *le Désastre*).
> Envoi de l'auteur à chaque volume.
> On y a joint : Histoire de la Guerre de 1870-1871. *Chamarot, s. d.,* in-12, broché.

569. MARGUERITTE (Paul et Victor). Une Epoque. Le Désastre. *Paris, Plon, s. d.* (1898), in-12, broché (*Couvert.*).

> Édition originale.
> Exemplaire imprimé sur PAPIER DE HOLLANDE ; sur le faux-titre l'envoi suivant :
> *A José-Maria de Heredia, hommage d'affectueux respect et de profond attachement, ses admirateurs et amis.*
> PAUL ET VICTOR MARGUERITTE.

570. MARGUERITTE (Victor). La Chanson de la mer. Trois rythmes. Ex imo profundi. Juste orgueil. *Schmidt,* 1884, in-16. — La double méprise, ou « le pire n'est pas toujours certain » d'après Calderon, comédie en 4 actes, en vers. *Plon, Nourrit,* 1898, in-12. — Ens. 2 vol., brochés (*Couvert.*).

> Éditions originales.
> Envoi de l'auteur à chaque volume.

571. MARGUERITTE (Victor). Au fil de l'heure. *Paris, Plon, s. d.* (1898), in-12, broché (*Couvert.*).

ÉDITION ORIGINALE.

Un des 25 exemplaires imprimés sur PAPIER DE HOLLANDE ; sur le faux-titre, l'envoi suivant ;

A José Maria de Heredia, hommage d'admiration et d'affectueux respect.
VICTOR MARGUERITTE.

572. MARIÉTON (Paul). Poésies. 6 vol. in-12, brochés (*Couvert.*).

Souvenance, poésies, avec préface de Joséphin Soulary et lettre de Frédéric Mistral. *Lemerre,*1884. — Joséphin Soulary et la pléiade lyonnaise. Avec héliogravure de Dujardin. *Flammarion, 1884.* — La Viole d'amour. *Lemerre, 1886.* — Hellas. *Id., 1889.* — Le Livre de mélancolie. *Id., 1896.* — Hippolyta. *Id., 1902.*

ÉDITIONS ORIGINALES.

A chaque volume, envoi de l'auteur.

573. MASSON (Frédéric). L'Impératrice Marie-Louise (1809-1815). *Paris, Ollendorff, 1902,* in-8, broché (*Couvert.*).

ÉDITION ORIGINALE.

Un des exemplaires imprimés sur PAPIER DE HOLLANDE, réservés pour l'auteur.

Sur le faux-titre :

A José-Maria de Heredia, comme un témoignage d'admiration, de reconnaissance et d'affection.
FRÉDÉRIC MASSON.

574. MASSON (Frédéric). Napoléon et les femmes, l'Amour. *Ollendorf, 1894.* — Napoléon chez lui. La journée de l'empereur aux Tuileries. Illustrations par F. de Myrbach. *Paris, Dentu, s. d.* — Joséphine répudiée (1809-1814). *Paris, Ollendorff, 1901.* — Ens. 3 vol. in-8, brochés (*Couvert.*).

ÉDITIONS ORIGINALES.

Envoi de l'auteur à chaque volume.

575. MASSON (Frédéric). Cavaliers de Napoléon. *Ollendorff, 1896.* — Jadis. Le Déisme pendant la Révolution. Les jeunes de langues. Les Comptes d'une grande dame, etc. *Id., 1905.* — Ens. 2 vol., brochés.

ÉDITIONS ORIGINALES.

Envoi de l'auteur à chaque volume.

576. MASSON (Frédéric). Napoléon et sa famille (1769-1811). *Paris, Ollendorff, 1897-1903,* 6 vol. in-8, brochés (*Couvert.*).

ÉDITIONS ORIGINALES.

Envoi d'auteur aux cinq premiers volumes.

Au premier volume :

A J.-M. de Heredia, conquistador des Rimes et empereur du sonnet, ce livre est affectueusement offert par son tout dévoué serviteur et ami.

Au quatrième volume :

A J.-M. de Heredia, très affectueux hommage de constante admiration.

577. MAUCLAIR (Camille). Sonatines d'Automne. *Paris, Perrin,* 1895, in-12, broché (*Couvert.*).

Édition originale.
Sur le faux-titre :
Respectueux et reconnaissant hommage à mon cher Maître José-Maria de Heredia.

Camille Mauclair.

578. MAUCLAIR (Camille). 5 vol. in-12, brochés (*Couvert.*).

Couronne de clarté. *Ollendorff,* 1895. — Les Clefs d'or. *Id.,* 1897. — L'Orient vierge. Roman épique de l'an 2000. *Id.,* 1897. — Le Soleil des morts, roman contemporain. *Id.,* 1898. — Les Mères sociales, roman contemporain. *Id.,* 1902.
Éditions originales.
Envoi de l'auteur, à chaque volume.

579. MAUCLAIR (Camille). Le Sang parle. *Paris, Maison du livre,* 1904, in-8, broché (*Couvert.*).

Édition originale.
Sur le faux-titre ;
A Monsieur José-Maria de Heredia, hommage admiratif et reconnaissant.

Camille Mauclair.

580. MAUGRAS (Gaston). Les Demoiselles de Verrières. *Paris, Calmann Lévy,* 1890, pet. in-8, port., papier de Holl., broché (*Couvert.*).

581. MAUPASSANT (Guy de). Des vers. *Paris, Charpentier,* 1880, in-12, broché (*Couvert.*).

Édition originale.
Sur le feuillet de garde :
A José-Maria de Heredia, bien cordialement.

Guy de Maupassant.

582. MAUPASSANT (Guy de). La Maison Tellier. *Paris, Victor Havard,* 1881, in-12 cartonn. toile bleue, non rog.
Édition originale.

583. MAUPASSANT (Guy de). Une Vie. *Paris, Victor Havard,* 1883, in-12 cartonn. toile bleue, non rog.
Édition originale.
Sur le faux-titre :
A José-Maria de Heredia, son ami.

Guy de Maupassant.

584. MAUPASSANT (Guy de). Au soleil. *Paris, Victor Havard,* 1884, in-12 cartonn. toile bleue, non rog.
Édition orignale.
Sur le faux-titre :
A José-Maria de Heredia, son ami.

Guy de Maupassant.

Et vos Sonnets ? Quand les aurai-je ?

G. M.

585. MAUPASSANT (Guy de). Miss Harriet. *Paris, Victor Havard,* 1884, in-12 cartonn. toile bleue, non rog.

> ÉDITION ORIGINALE.
> Sur le faux-titre :
> *A José-Maria de Heredia, son ami.*
>
> GUY DE MAUPASSANT.

586. MAUPASSANT (Guy de). Bel-Ami. *Paris, Victor Havard,* 1885, in-12 cartonn. toile bleue, non rog.

> ÉDITION ORIGINALE.
> Sur le faux-titre :
> *A José-Maria de Heredia, son ami.*
>
> GUY DE MAUPASSANT.

587. MAUPASSANT (Guy de). Yvette. *Paris, Victor Havard,* 1885, in-12 cartonn. toile bleue, non rog.

> ÉDITION ORIGINALE.
> Sur le feuillet de garde :
> *A José-Maria de Heredia, son ami.*
>
> GUY DE MAUPASSANT.

588. MAUPASSANT (Guy de). La petite Roque. *Paris, Victor Havard,* 1886, in-12 cartonn. toile bleue, non rog.

> ÉDITION ORIGINALE.
> Sur le faux-titre :
> *A José-Maria de Heredia, son ami.*
>
> GUY DE MAUPASSANT.

589. MAUPASSANT (Guy de). Mont-Oriol. *Paris, Victor Havard,* 1887, in-12 cartonn. toile bleue, non rog.

> ÉDITION ORIGINALE.
> Sur le faux-titre :
> *A José-Maria de Heredia, son ami.*
>
> GUY DE MAUPASSANT.

590. MAUPASSANT (Guy de). Pierre et Jean. *Paris, Ollendorff,* 1888, in-12 broché *(Couvert.).*

> ÉDITION ORIGINALE.
> Sur le faux-titre :
> *A José-Maria de Heredia, son ami.*
>
> GUY DE MAUPASSANT.

591. MAUPASSANT (Guy de). Fort comme la mort. *Paris, Ollendorff,* 1889, in-12, broché *(Couvert.).*

> ÉDITION ORIGINALE.
> Sur le faux-titre :
> *A José-Maria de Heredia, son ami.*
>
> GUY DE MAUPASSANT.

592. MAUPASSANT (Guy de). La Main gauche. *Paris, Ollendorff,* 1889, in-12 broché *(Couvert.)*

> ÉDITION OIRIGNALE.
> Sur le faux-titre :
> *A José-Maria de Heredia, son ami.*
>
> GUY DE MAUPASSANT.

593. MAUPASSANT (Guy de). L'inutile Beauté. *Paris, Havard,* 1890, in-12, broché *(Couvert.).*

> ÉDITION ORIGINALE.
> Sur le faux-titre :
> *A José-Maria de Heredia, son ami.*
>
> GUY DE MAUPASSANT.

594. MAUPASSANT (Guy de). La Vie errante. *Paris, Ollendorff,* 1890, in-12, broché *(Couvert. illust.).*

> ÉDITION ORIGINALE.
> Sur le faux-titre.
> *A J.-M. de Heredia, au poëte et à l'ami.*
>
> GUY DE MAUPASSANT.

595. MENDÈS (Catulle). Philoméla, livre lyrique, avec une eau-forte par Bracquemond. *Paris, Hetzel, 1863, in-12, demi-rel. mar. orange, tête dor., non rogné (Burnier).*

> ÉDITION ORIGINALE.
> Sur le feuillet de garde se trouve un sonnet autographe « l'Absente » de Catulle Mendès et sur le faux-titre l'envoi suivant :
> *A José-Maria de Heredia, son ami.*
>
> CATULLE MENDÈS.

596. MENDÈS (Catulle). Contes épiques, avec une eau-forte de Claudius Popelin. *Paris, Librairie des bibliophiles, 1872, in-16, broché (Couvert.).*

> ÉDITION ORIGINALE.
> Un des 10 exemplaires imprimés sur PAPIER WHATMAN.

597. MENDÈS (Catulle). Hesperus. Avec un dessin de Gustave Doré, gravé à l'eau-forte par Courtry. *Paris, Librairie des bibliophiles.* 1872, in-16, broché *(Couvert.).*

> ÉDITION ORIGINALE.
> Un des 10 exemplaires imprimés sur PAPIER WHATMAN.

598. MENDÈS (Catulle). Les Poésies de Catulle Mendès. Le soleil de minuit. Soirs moroses. Contes épiques. Intermède. Hespérus. Philoméla. Sonnets. Pantéleïa. Pagode. Sérénades. *Paris, Sandoz et Fischbacher, 1876, in-8, broché (Couvert.).*

> Au verso du portrait :
> *A José-Maria de Heredia, son admirateur, son ami.*
>
> CATULLE MENDÈS.

599. MENDÈS (Catulle). La Légende du Parnasse contemporain. *Bruxelles, Brancard, 1884, in-12, cartonn. toile rouge, non rog. (Couvert.).*

> ÉDITION ORIGINALE.
> Sur le faux-titre :
> *A José-Maria de Heredia.*
>
> CATULLE MENDÈS.

600. MENDÈS (Catulle). Poésies. 10 vol. et broch. in-12, cartonn. toile, non rog. et brochés (*Couvert.*).

> La Colère d'un franc-tireur, poème. *Lemerre*, 1870, brochure. — Odelette guerrière. *Id.*, 1870, brochure. — Philoméla. *Ollendorff*, 1885, rel. — Contes épiques. *Id.*, 1885, rel. — Poésies. *Charpentier*, 1892, 3 vol. — Le Chemin du cœur. *Ollendorff*, 1895. — La Grive des vignes. *Charpentier*, 1895. — Les Braises du cendrier, nouvelles poésies. *Id.*, 1900.
> Envoi de l'auteur à chaque volume.

601. MENDÈS (Catulle). Théâtre, 6 vol. in-12 et pet. in-8, br. (*Couvert.*).

> La Femme de Tabarin, tragi-parade. Avec un portrait à l'eau-forte, gravé par E. Abot. *Charpentier*, 1887. — L'Art au théâtre, 2ᵉ et 3ᵉ volumes. *Id.*, 1897-1900. — Médée, tragédie en 3 actes. *Id.*, 1898, pet. in-8. — L'œuvre wagnérienne en France. Tristan et Iseult. *Id.*, 1899. — Scarron, comédie tragique en 5 actes, en vers. *Id.*, 1905, pet. in-8.
> Éditions originales.
> A chaque volume, envoi de l'auteur.

602. MENDÈS (Catulle). Romans, 10 vol. in-12, brochés (*Couvert.*).

> Zo'har. *Charpentier*, 1886. — La première maîtresse. *Id.*, 1887. — L'Homme tout nu. *Havard*, 1887. — Grande-Maguet. *Charpentier*, 1888. — Luscignole. *Dentu*, 1892. — Nouveaux contes de jadis. *Ollendorff*, 1893. — Gog. *Charpentier*, 1896, 2 vol. — L'Homme orchestre. Avec des images de Lucien Métivet. *Ollendorff*, 1896. — Arc-en-ciel et sourcil rouge. *Charpentier*, 1897.
> Éditions originales.
> Envoi de l'auteur à chaque volume.

603. MÉRAT (Albert). Les Chimères. *Paris, Faure*, 1866, in-12, demi-rel. mar. orange, tête dor., non rog. (*Burnier*).

> Édition originale.
> Sur le faux-titre :
> *A mon ami José-Maria de Heredia.*
> *Souvenir très affectueux.*
>
> ALBERT MÉRAT.

604. MÉRAT (Albert). L'Idole. *Paris, Lemerre*, 1869, pet. in-12, papier vergé, br. (*Couvert.*).

> Édition originale.
> Sur le feuillet de garde :
> *A mon ami Heredia.*
> *Souvenir affectueux.*
>
> ALBERT MÉRAT.

605. MÉRAT (Albert). La Rance et la mer, paysages bretons. *Paris, chez l'auteur*, 1903, in-12, br. (*Couvert.*).

> Exemplaire imprimé sur papier de couleur.
> Sur le feuillet de garde :
> *A José-Maria de Heredia.*
> *Souvenir affectueux de son vieil ami.*
>
> ALBERT MÉRAT.

606. MÉRAT (Albert). Poésies. *Lemerre*, 1873-1902, 10 vol. pet. in-12 et in-12, br. (*Couvert*).

Les Souvenirs, 1872. — L'Adieu, 1873. — Les Villes de marbre, poèmes, 1869, 1873. — Printemps passé, poème parisien. L'Eau-forte, 1876. — Poèmes de Paris. Parisiennes. Tableaux et paysages parisiens, 1880. — Triolets des parisiennes de Paris, 1900. — Vers le soir. Impressions et souvenirs. Intermède. Petit poème. Hommes et choses, 1900. — Vers oubliés. Chansons d'été. Fleurs d'avril, 1902. — Chansons et madrigaux, 1902. — Les Joies de l'heure. Choses passées. Le coin des poètes, etc., 1902.

ÉDITIONS ORIGINALES.

A chaque volume, envoi de l'auteur.

607. MÉRAT et VALADE. Avril, Mai, Juin. Sonnets. *Paris, Faure*, 1863, pet. in-12, cart. toile verte, non rog.

ÉDITION ORIGINALE.

Sur le feuillet de garde :

A M. José-Maria de Heredia.

LÉON VALADE.   ALBERT MÉRAT.

608. MÉRIMÉE (Prosper). Théâtre de Clara Gazul, comédienne espagnole. *Paris, H. Fournier*, 1830, in-8, dos et coins mar. gren., tête dor., non rog.

Deuxième édition contenant *l'Occasion* et *le Carrosse du Saint-Sacrement.*

609. MÉRIMÉE (Prosper). Carmen. *Paris, Calmann Lévy*, 1884, in-16, dos et coins mar. rouge, fil., tête dor., non rog. (*Domange*).

610. MÉRIMÉE (Prosper). 5 vol. brochés et demi-rel. mar. rouge, tr. marb. (*Couvert*).

Études sur l'histoire romaine. Guerre sociale. Conjuration de Catilina. *Michel-Lévy*, 1853. — Mélanges historiques et littéraires. *Id.*, 1855 (ÉDIT. ORIG.). — Les deux héritages, suivis de l'inspecteur général et des débuts d'un aventurier. *Id.*, 1853, rel. (ÉDIT. ORIG.). — Chronique du règne de Charles IX, suivie de la double méprise et de Guzla, *Charpentier*, 1856, rel. — Histoire de don Pèdre Ier, roi de Castille. *Id.*, 1865.

611. MEURICE (Paul). Le Songe d'une nuit d'été. Féerie d'après W. Shakespeare. *Conquet*, 1886. — Hamlet, prince de Danemark, drame en cinq actes, en vers, par A. Dumas et P. Meurice. *Calmann Lévy*, 1886. — Le Songe de l'amour. *Id.*, 1889, in-12. — Antigone, tragédie de Sophocle mise à la scène française par P. Meurice et A. Vacquerie. *Id.*, 1893. — Ens. 4 vol. in-12 et in-8, br. (*Couvert*).

ÉDITIONS ORIGINALES.

Envoi de M. P. Meurice à chaque volume.

612. MERRILL (Stuart). Poèmes (1887-1897). Les Gammes. Les Fastes. Petits poèmes d'automne. Le Jeu des épées. *Mercure de*

France, 1897. — Les Quatre Saisons, poèmes. *Id.*, 1900. — Ens. 2 vol. in-12, br. (*Couvert.*).

Éditions originales.
Envoi de l'auteur à chaque volume.

613. MERRILL (Stuart). Les Fastes (Thyrses. Sceptres. Torches). *L. Vanier*, 1891, in-8 carré. — Petits poèmes d'automne. *Id.*, 1895, in-12. — Ens. 2 vol., br. (*Couvert.*).

Éditions originales.
Sur le feuillet de garde du second volume :
Au noble Poète, José-Maria de Heredia, hommage respectueux de :
STUART MERRILL.

614. MICHELET (J.). 8 vol. in-12 dont 3 vol. cart. toile, non rog., et 5 demi-rel. mar. rouge, tr. marb. (*Burnier*).

L'Amour, 1859. — L'Insecte, 1859. — Jeanne d'Arc (1412-1432), 1879. — La Mer, 1861. — La Montagne, 1868. — L'Oiseau, 1858. — Le Prêtre, la femme et la famille, avec une préface nouvelle, 1862. — La Sorcière, 1862.
On y a joint : Mme MICHELET. *Mémoires d'une enfant*, 1867.

615. MICHELET (J.). Histoire de la Révolution française. *Paris, Librairie internationale*, 1868-69, 6 vol. in-8, dos et coins mar. brun, tête dor., non rog.

Exemplaire imprimé sur PAPIER DE HOLLANDE.

616. MICHELET (J.). Histoire de France. Des origines au xvie siècle, 6 vol. — Le xvie siècle, 4 vol. — xviie siècle, 4 vol. — xviiie siècle et Révolution, 2 vol. *Paris, A. Lacroix*, 1874, 17 vol. in-8, dos et coins mar. rouge, tête dor., non rog. (*Amand*).

Un des 55 exemplaires imprimés sur PAPIER DE HOLLANDE.

617. MIKHAEL (Ephraïm). L'Automne (*Paris*), 1886. — La Fiancée de Corinthe, légende dramatique en trois actes par Eph. Mikhael et Bernard Lazare. *Dalou*, 1888 [un des 15 exemplaires imprimés sur papier du Japon]. — Ens. 2 vol. in-8, br. (*Couvert.*).

Éditions originales.
A chaque volume envoi de l'auteur.
Sur le faux-titre du dernier :
A José-Maria de Heredia, à l'évocateur des pourpres et des gloires, qui fit revivre en des sonnets hautains les dieux disparus de la Hellade.
BERNARD LAZARE. E. MIKHAEL.

618. MIRBEAU (Octave). Lettres de ma chaumière. *Paris, A. Laurent*, 1886. — Le Calvaire. *Ollendorff*, 1887 (ÉDITION ORIGINALE). — L'abbé Jules. *Id.*, 1888 (ÉDIT. ORIG.). — Ens. 3 vol. in-12, cart. toile orange, non rog.

Sur chaque faux-titre, envoi de l'auteur à M. de Heredia.
(En témoignage de ma profonde admiration et de ma vive sympathie. — Hommage très affectueux d'un admirateur dévoué. — Au poète impeccable, son admirateur et son ami.)

619. MIRBEAU (Octave). Sébastien Roch, roman de moeurs. *Charpentier*, 1890. — Le Jardin des supplices. *Id.*, 1899. — Les Vingt et un jours d'un neurasthénique. *Id.*, 1901. — Ens. 3 vol. in-12, br. (*Couvert.*).

    ÉDITIONS ORIGINALES.
    A chaque volume, envoi de l'auteur.

620. MIRBEAU (Octave). Les Mauvais bergers, pièce en cinq actes. *Charpentier*, 1898. — L'Epidémie, pièce en un acte. *Charpentier*, 1898. — Ens. 2 vol. in-12, br. (*Couvert.*).

    ÉDITIONS ORIGINALES.
    Sur chaque faux-titre, envoi de l'auteur.

621. MISTRAL (Frédéric). Nerto, nouvelle provençale. Avec la traduction française en regard. *Hachette*, 1884, in-8. — Le poème du Rhône en XII chants. Texte provençal et traduction française. *Lemerre*, 1897, in-12. — Ens. 2 vol. brochés (*Couvert.*).

    EDITIONS ORIGINALES.
    A chaque volume envoi de l'auteur.

622. MOCKEL (Albert). Propos de littérature. *Paris, l'Art indépendant*, 1894, in-12, broché (*Couvert.*).

    EDITION ORIGINALE. Un des 6 exemplaires imprimés sur PAPIER DE HOLLANDE.
    Sur le feuillet de garde :
    Au magistral poète des Trophées, *craintivement.*

                     ALBERT MOCKEL.

623. MONSELET (Charles). Les Oubliés et les Dédaignés, figures littéraires de la fin du XVIIIe siècle. *Alençon, Poulet-Malassis et De Broise,* 1857, 2 vol. in-12 cartonn., non rog. (*Couvert.*).

    EDITION ORIGINALE.
    Note autographe (1 page) de Monselet, ajoutée au premier volume.

624. MONSELET (Charles). Les Tréteaux, avec un frontispice dessiné et gravé par Bracquemond. *Paris, Poulet-Malassis et De Broise,* 1859, in-12 cartonn., non rogné (*Couvert.*).

    EDITION ORIGINALE.
    Lettre autographe de Monselet à Poulet-Malassis, ajoutée. Cette lettre est relative aux *Tréteaux.*

625. MONTESQUIOU-FEZENSAC (comte Robert de). Deuxième ouvrage carminal. Les Chauves-souris, clairs-obscurs. (*Paris, Imprimerie G. Richard, s. d.* [1892]), in-4 cartonn. soie ornée de chauves-souris, non rogné.

    EDITION ORIGINALE, imprimée à 100 exemplaires non mis dans le commerce.
    Sur le feuillet de garde :
    A M. José-Maria de Heredia, J'offre au Roi Soleil des sonnets, Le Roi Lune des songeries.

           COMTE ROBERT DE MONTESQUIOU-FEZENSAC.
    Juin 1902.

626. MONTESQUIOU-FEZENSAC (comte Robert de) Troisième
ouvrage carminal. Le Parcours du Rêve au Souvenir. Avec un
avant-propos de José-Maria de Heredia, de l'Académie française.
Paris, Charpentier et Fasquelle, 1895, in-12, broché (*Couvert.*).

> Edition originale.
> Un des 10 exemplaires imprimés sur papier du Japon; sur le faux-
> titre :
> *A José-Maria de Heredia le parfait poète, l'artiste admirable, l'ami
> excellent. Affectueux et reconnaissant souvenir.*
> Robert de Montesquiou.

627. MONTESQUIOU-FEZENSAC (comte Robert de). Les Horten-
sias bleus. *Paris, Charpentier et Fasquelle,* 1896, in-12 broché
(*Couvert. illustr.*).

> Edition originale.
> Sur le faux-titre :
> *A l'Illustre Maître J.-M. de Heredia, avec l'affectueux hommage du
> poème CCXVIII et de mon admiratif attachement.*
> Robert de Montesquiou.

628. MONTGOMERY (Madame G. de). Immortalité, 1901-1902.
Paris, Lemerre (Edinburgh, printed by Constable), 1902, pet. in-8
carré, cartonn.

> Edition originale, imprimée sur papier de Hollande, ornée d'initiales
> en rouge.
> Sur le feuillet de garde :
> *Au Maître Heredia, à l'auteur des Trophées, admiratif hommage.*
> Lucy de Montgomery.

629. MONTGOMERY (Madame G. de). Immortalité. Traduzione ita-
liana in prosa della contessa Laura Cais di Pierlas Mocenigo
(*Venezia, tip. Emiliana G.-B. Monanni*), 1903.; in-8 cartonn. vélin
blanc, non rogné.

> Tirage spécial à 40 exemplaires imprimés sur papier vélin, avec por-
> traits, pour l'Académie française.
> Sur le feuillet de garde :
> *A Monsieur de Heredia, au poète des Trophées.*
> L. de Montgomery.

630. MORÉAS (Jean). Le Pèlerin passionné. *Paris, Vanier,* 1891,
in-12, broché (*Couvert.*).

> Edition originale.
> Sur le faux-titre :
> *A José-Maria de Heredia, toutes sympathies.*
> Jean Moréas.

631. MORÉAS (Jean). Eriphyle, poème suivi de quatre sylves.
Paris, la Plume, 1894, in-8 carré, broché (*Couvert.*).

> Sur le faux-titre, envoi de l'auteur, suivi de vers manuscrits (Ronsard,
> Ode à Mellin de Saint-Gelais).

632. MORÉAS (Jean). Poésies (1886-1896), in-12. — Le Pèlerin
passionné. Enone au clair visage et Sylves. Eriphyle et sylves

nouvelles. *La Plume*, 1898. — Les Stances, III, IV, V^e et VIe livres. *Id.*, 1901, in-8 carré. — Iphigénie, tragédie en cinq actes. *Mercure de France*, 1904, in-12. — Ens. 3 vol., brochés (*Couvert.*)

ÉDITIONS ORIGINALES.
Envoi de l'auteur à chaque volume.

633. MORÉAS (Jean). Les Stances. Portrait par A. de la Gandara. *Edition de la Plume*, 1899, in-fol., port., broché (*Couvert.*).

Edition autographiée et tirée à 100 exemplaires sur papier de Chine. Portrait de Moréas, lithographié par A, de la Gandara.

634. MORÉAS (Jean). L'Histoire de Jean de Paris, roi de France. Texte rajeuni par Jean Moréas. *La Plume*, 1899, in-12. — Le Voyage de Grèce. *Id.*, 1902, in-8. — Ens. 3 vol. brochés (*Couvert.*).

ÉDITIONS ORIGINALES.
Envoi de l'auteur à chaque volume.

635. MOREL-FATIO (A.). Etudes sur l'Espagne. *Paris, Vieweg et Bouillon*, 1888-1904, 4 vol. pet. in-8. — Les Archives de la maison d'Albe. *Paris*, 1891, broch. in-8. — Ens. 5 vol.

Les *Etudes sur l'Espagne* sont dédiées à M. J.-M. de Héredia.

636. MORSANG (Alain) et BESLIÈRE (Jean). La Mouette. Roman. *Paris, Société du Mercure de France*, 1903, in-12, broché (*Couvert.*).

EDITION ORIGINALE.
Exemplaire imprimé sur PAPIER DE HOLLANDE d'un livre dédié à M. de Heredia.
Sur le feuillet de garde :
Maître.

En mettant votre nom glorieux au frontispice de notre livre nous avons voulu vous montrer quelle place vous occupez dans notre pensée et dans nos affections.

Veuillez accepter cette offrande ; elle est modeste, mais vous vous rappellerez les frustes batelets pendus aux voûtes des chapelles bretonnes et que les marins, au cœur simple, offrent à la Divinité parce qu'ils n'ont pas d'autres biens.

ALAIN MORSANG.   JEAN BESLIÈRE.

637. MUHLFELD (Lucien). Le mauvais Désir. Roman. — La Carrière d'André Tourette. — L'Associée, roman. — *Paris, Ollendorff*, 1899-1903, 3 vol. in-12, brochés (*Couvert.*).

ÉDITIONS ORIGINALES.
Exemplaires imprimés sur PAPIER DE HOLLANDE; envoi de l'auteur sur les faux-titres.

638. MUSSET (Alfred de). Poésies complètes. Contes d'Espagne et d'Italie. Poésies diverses. Un spectacle dans un fauteuil. Poésies nouvelles. *Charpentier*, 1847. — Comédies et proverbes. *Id.*, 1850. — Ens. 2 vol. in-12, dos et coins mar. citron, tête dor., non rog.

639. MUSSET (Alfred de). Œuvres. *Paris, Charpentier*, 1865-1867,

9 vol. in-12, dos et coins mar. rouge, dos orné, tête dor., non rog.

> La Confession d'un enfant du siècle. — Contes. — Comédies et proverbes, 2 vol. — Mélanges de littérature et de critique. — Nouvelles. — Œuvres posthumes. — Poésies nouvelles. — Premières poésies.

640. MUSSET (Alfred de). Œuvres. *Paris, Lemerre,* 1876, 11 vol. pet. in-12, brochés (*Couvert.*).

> Exemplaire imprimé sur PAPIER DE CHINE.

641. MUSSET (Alfred de). L'Anglais mangeur d'opium, traduit de l'anglais et augmenté par A. D. M. (Alfred de Musset). Avec une notice par M. Arthur Heulhard. *Paris, Moniteur du Bibliophile,* 1878, in-4, cartonn. étoffe, non rog.

> Sur le faux-titre :
> *Offert à l'ami Heredia.*
>
> EDMOND DE GONCOURT.

642. NERVAL (Gérard de). Œuvres complètes. *Michel Lévy,* 1855-1868, 6 vol. in-12 dont 1 vol. broché (*Couvert.*) et 5 vol. cartonn. toile, non rog.

> Faust et le second Faust de Gœthe, suivis d'un choix de ballades et de poésies de Gœthe, Schiller, Klopstock, etc. — Les Illuminés. Les Faux Saulniers. — Le Rêve et la Vie. Les Filles du feu. La Bohême galante. — Souvenirs d'Allemagne. Lorely, broché. — Voyage en Orient, 2 vol.

643. NIETZSCHE (Frédéric). Œuvres. *Mercure de France,* 1899-1903, 11 vol. in-12, brochés (*Couvert.*).

> L'Origine de la tragédie, ou Hellenisme et pessimiste, traduit par J. Marnold et J. Morland. — Humain trop humain (1re partie), traduit par A. M. Desrousseaux. — Le Voyageur et son ombre. Opinions et sentences mêlées (Humain, trop humain, 2e partie). — Aurore. Réflexions sur les préjugés moraux, traduit par Henri Albert. — Le Gai Savoir, traduit par H. Albert. — Ainsi parlait Zarathoustra, traduit par H. Albert. — Par delà le Bien et le Mal. Prélude d'une philosophie de l'avenir, traduit par H. Albert. — La Généalogie de la morale, traduit par H. Albert. — Le Crépuscule des idoles. Le cas Wagner, Nietzsche contre Wagner. L'Antechrist, traduits par H. Albert. — La Volonté de puissance. Essai d'une transmutation de toutes les valeurs, traduit par H. Albert.
> ÉDITIONS ORIGINALES.
> Envois des traducteurs à M. J.-M. de Heredia.

644. NOAILLES (Comtesse Mathieu de). Le Cœur innombrable. *Paris, Calmann Lévy, s. d.,* in-12, broché (*Couvert.*).

> ÉDITION ORIGINALE.
> Sur le faux-titre :
> *A Monsieur de Heredia en respectueux témoignage d'admiration profonde.*
>
> ANNA DE NOAILLES.

645. NOAILLES (Comtesse Mathieu de). L'Ombre des jours. *Paris, Calmann Lévy, s. d.*, in-12, broché (*Couvert.*).

ÉDITION ORIGINALE.

646. NOLHAC (Pierre de). 6 vol. et broch. in-12 et in-8, brochés (*Couvert.*).

Les Collections d'antiquités de Fulvio Orsini. *Rome, Ph. Cuggiani,* 1884, in-8. — Le Canzoniere autographe de Pétrarque. *Klincksieck,* 1886, broch., in-12. Fac-similés de l'écriture et appendices au « Canzoniere autographe » avec des notes sur la bibliothèque de Pétrarque. *Id.,* 1887, in-8. — La Bibliothèque de Fulvio Orsini. Contributions à l'histoire des collections d'Italie et à l'étude de la Renaissance. *Vieweg,* 1887, in-8. — Erasme en Italie. Étude sur un épisode de la Renaissance accompagnée de 12 lettres inédites d'Erasme. *Klincksieck,* 1888. — Pétrarque et l'humanisme d'après un essai de restitution de sa bibliothèque (avec un portrait et 3 planches de fac-similés). *Bouillon,* 1892, in-8.

ÉDITIONS ORIGINALES.
A chaque volume, envoi de l'auteur.

647. NOLHAC (Pierre de). Paysages d'Auvergne. Cent exemplaires pour les amis de l'auteur et quelques lettrés. *Lemerre,* 1888, in-16. — Paysages de France et d'Italie. *Id.,* 1894, pet. in-4. — Poèmes de France et d'Italie. *Calmann Lévy,* 1905, in-12. — Ens. 3 vol., brochés (*Couvert.*).

ÉDITIONS ORIGINALES.
Envoi de l'auteur à M. J.-M. de Heredia sur deux volumes. Au feuillet de garde, du second :
All' unico ingenio dell' amico J.-M. de Heredia « mio duca ».
P. DE NOLHAC.

648. NOLHAC (Pierre de). Le Château de Versailles au temps de Marie-Antoinette. 1770-1789. *Versailles,* 1889, in-8. — La Reine Marie-Antoinette. *Lemerre,* 1892. — Marie-Antoinette dauphine. *Calmann Lévy,* 1898. — Louis XV et Madame de Pompadour. *Id.,* 1904. — Ens. 4 vol. in-12 et in-8, brochés.

ÉDITIONS ORIGINALES.
A chaque volume, envoi de l'auteur.

649. NORMAND (Jacques). Poésies et Théâtre. 6 vol. in-12, brochés (*Couvert.*).

Les Moineaux francs. *Calm. Lévy,* 1887. — La Muse qui trotte, préface de Sully Prudhomme. *Id.,* 1894. — L'Amiral, comédie en 2 actes, en vers. *Id.,* 1895. — Soleils d'hiver (notes d'un parisien en Provence). *Lemerre,* 1897. — Monsieur et Madame Dugazon, comédie dramatique en 4 actes. *Calm. Lévy, s. d.* — Les Visions sincères. *Id., s. d.*

ÉDITIONS ORIGINALES.
A chaque volume, envoi de l'auteur.

650. O'NEDDY (Philotée). Feu et Flamme, par Philothée O'Neddy (Théophile Dondey). *Paris, Dondey-Dupré,* 1833, in-8, frontispice

de Célestin Nanteuil, gravé à l'eau-forte, sur Chine collé, cartonn. toile, non rog.

ÉDITION ORIGINALE.
Sur le feuillet de garde :
« Ce magnifique ex. de ce romantique si rare m'a été donné par l'auteur T. Dondey-Dupré auquel mon ami l'excellent poète Armand Silvestre l'avait demandé pour moi. »

J.-M. DE HEREDIA.

651. ORBAN (Victor). L'Orient et les Tropiques. *Paris*, 1896, pet. in-8, broché (*Couvert.*).

ÉDITION ORIGINALE.
Un des 2 exemplaires imprimés sur PAPIER DU JAPON. Sur le feuillet de garde :
À Monsieur José-Maria de Heredia. Hommage de respectueuse sympathie.

V. ORBAN.

652. OUDINOT (Camille). Adultère sentimental. Roman parisien. *Paris, Charpentier*, 1890, in-12, broché (*Couvert.*).

ÉDITION ORIGINALE.
Un des 5 exemplaires imprimés sur PAPIER DE HOLLANDE d'un livre dédié à M. J.-M. de Heredia.

653. PAILLERON (Édouard). Amours et haines. *Paris, Calmann Lévy*, 1889, in-16, broché (*Couvert.*).

ÉDITION ORIGINALE. PAPIER DE HOLLANDE.
Sur le feuillet de garde :
A mon cher ami et futur confrère J.-M. de Heredia.

ÉDOUARD PAILLERON.

654. PARNASSE de la jeune Belgique. *Paris, Léon Vanier*, 1887, in-8, broché (*Couvert.*).

Sur le faux-titre :
A José-Maria de Heredia au nom de la jeune Belgique.
MAX VALLE. IWAN GILKIN. ALBERT GIRAUD.

655. PATÉ (Lucien). Poèmes de Bourgogne. *Lemerre*, 1889. — Le Sol sacré, *Id.*, 1896. — Les Souffles libres. *Id.*, 1904. — Ens. 3 vol. in-12, brochés (*Couvert.*).

ÉDITIONS ORIGINALES.
Sur le faux-titre du dernier volume :
Au Maître José-Maria de Heredia, fidèle admiration de LUCIEN PATÉ.

656. PÉLADAN (Joséphin). La Décadence latine. Ethopée V. Istar. *Paris, G. Edinger*, 1888, in-12, frontispice, dos et coins mar. vert, tête dor., non rog.

PAPIER DE HOLLANDE.

657. PÉLADAN (Joséphin). Le Vice suprême. Préface de Jules Barbey d'Aurevilly. Frontispice de Félicien Rops. *Librairie des auteurs modernes*, 1884, in-12. — Théâtre de la Rose-Croix. La Prome-

théide, trilogie d'Eschyle en quatre tableaux. Avec un portrait en taille douce. *Chamuel*, 1895, in-4, port. [Envoi d'auteur, autog. à M J.-M. de Heredia]. — La Décadence esthétique. Réponse à Tolstoï. *Chamuel*, 1898, in-12 (Envoi d'auteur autog. à la comtesse de Puliga). — La Vertu suprême, par le sar Peladan. *Flammarion*, 1900, in-12 (Envoi d'auteur, autog. à la comtesse de Puliga). — Ens. 4 vol., brochés (*Couvert*).

ÉDITIONS ORIGINALES.

658. PELLICO (Silvio). Mes prisons. Mémoires de Silvio Pellico de Saluces, traduits de l'italien et précédés d'une introduction biographique, par A. de Latour. Édition ornée du portrait de l'auteur et augmentée de notes historiques par P. Maroncelli. *Paris, H. Fournier*, 1833, in-8, portrait par Blanchard, dos et coins mar. gren., fil. dor., dos orné, non rog.

Au crayon :
« Bel exemplaire de la 1re édition provenant de la vente du traducteur, avec l'ex-libris de son père Tenant de Latour. Le portrait est avant la lettre. »

J.-M. DE H.

659. PITTIÉ (Victor) Le Roman de la vingtième année, 1851-1855. *Fischbacher*, 1882, pet. in-12. — A travers la vie, poésies. *Lemerre*, 1885 (ÉDITION ORIGINALE), in-12. — Ens. 2 vol, brochés (*Couvert.*).
Envoi de l'auteur, à chaque volume.

660. PLESSIS (Frédéric). La Lampe d'argile, poésies (1873-1886). *Lemerre*, 1887. — Vesper, poésies (1886-1896). *Id.*, 1897. — Poésies complètes (1873-1903). *Fontemoing*, 1904, in-8. — Ens. 3 vol. in-12 et in-8, brochés (*Couvert.*).

EDITIONS ORIGINALES.
Envoi de l'auteur à chaque volume.

661. PLESSIS (Frédéric). Angèle de Blindes. *Lemerre*, 1897. — Le Chemin montant, roman. *Fontemoing* (Collection « Minerva »), s. d. — Ens. 2 vol. in-12, brochés (*Couvert.*).

EDITIONS ORIGINALES.
Envoi de l'auteur à chaque volume.

662. POÈTES CONTEMPORAINS. *Mercure de France,* 1898-1905, 11 vol. in-12, brochés (*Couvert.*).

DAUGUET (Marie). Poèmes. Préface de Remy de Gourmont, 1904. — DUCOTÉ (Ed.). La Prairie en fleurs (1895-1902), 1904. — HUMIÈRES (Robert d'). Du Désir aux Destinées, 1902. — LAFARGUE (Marc). L'Age d'or, 1903. — LEGOUIS (Lucien). Les sept branches du Candélabre, 1898. — LERBERGHE (Ch. van). La Chanson d'Ève, 1904. — NERVAT (Marie et Jacques). Les Rêves unis, 1905. — POTTECHER (Maurice). Le Chemin du repos, poèmes (1890-1900), 1900. — REINARD (P.-N.). La Mort du rêve, 1902. — SOUCHON (Paul). La Beauté de Paris, 1904. Phyllis, tragédie en 5 actes, 1905, 2 vol.
ÉDITIONS ORIGINALES.
Envoi de l'auteur à chaque volume.

663. POMAIROLS (Ch. de). La Vie meilleure. *Lemerre,* 1879. — Rêves et pensées, poésies. *Id.,* 1881. — La Nature et l'âme. *Id.,* 1887. — Regards intimes. *Id.,* 1895. — Ens. 4 vol. in-12, brochés (*Couvert.*).

> Éditions originales.
> Envoi de l'auteur à chaque volume.

664. POPELIN (Claudius). L'Email des peintres. *Paris, A. Lévy,* 1866, in-8, cart.

> Papier de Hollande.
> Sur le feuillet de garde, sonnet autographe de l'auteur adressé à **M.** de Heredia, et sur le faux-titre :
> *A José-Maria de Heredia, déjà vieille amitié.*
>
> Claudius Popelin.

665. POPELIN (Claudius). Cinq octaves de sonnets. *Lemerre,* 1875, in-4, encadrem. — Un cent de strophes à Pailleron. *Quantin,* 1881, in-4. Papier Whatman. — Poésies complètes. *Charpentier,* 1889, in-12. — Ens. 3 vol., brochés (*Couvert.*).

> Éditions originales.
> Envoi de l'auteur à chaque volume.

666. POPELIN. Histoire d'avant-hier, poème. *Paris, Charpentier,* 1886, gr. in-8, titre orné, broché (*Couvert.*).

> Sur le feuillet de garde :
> *A José-Maria de Heredia, son ami.*
>
> Claudius Popelin.

667. POPELIN (Claudius). Un Livre de sonnets. *Paris, Charpentier,* 1888, in-4, texte encadré, broché (*Couvert.*).

> Exemplaire imprimé sur papier du Japon, portant sur le feuillet de garde un sonnet autographe de l'auteur avec l'envoi :
> *A mon cher ami José-Maria de Heredia.*

668. POPELIN (Claudius). 4 vol. in-8 et in-4, brochés (*Couvert.*).

> L'Art de l'émail. Leçon faite à l'Union centrale des Beaux-Arts, le 6 mars 1868. *Dupuis,* 1868. Exemplaire sur Chine. — De la statue et de la peinture. Traités de Léon-Battista Alberti, noble florentin, traduits du latin en français. *Lévy,* 1869. — Les vieux arts du feu. *Lemerre,* 1878, in-4. — Claudius Popelin et la Renaissance des émaux peints, par L. Falize. *Gazette des Beaux-Arts,* 1893 (figures et planches).
> Envoi de l'auteur à deux volumes.

669. PORTO-RICHE. Poésies et théâtre. 7 vol. in-12 et in-18, brochés (*Couvert.*).

> Bonheur manqué. Carnet d'un amoureux. *Ollendorff,* 1889, in-18. — La Chance de Françoise, comédie. *Calmann-Lévy,* 1889. — L'Infidèle, comédie. *Ollendorff,* 1890. — Amoureuse, comédie. *Id.,* 1894. — Le Passé, comédie. *Id.,* 1898. — Le Passé, comédie. Nouvelle édition. *Id.,* 1902. — Bonheur manqué. Nouvelle édition, entièrement revue. *Id.,* 1903.
> Envoi de l'auteur à chaque volume.

670. POUVILLON (Emile). L'Innocent. *Lemerre, 1884,* in-12, cartonn. toile verte, ébarbé.

> EDITION ORIGINALE.
> Envoi de l'auteur et sonnet autographe dédié à M. J.-M. de Heredia.

671. POUVILLON (Emile). Nouvelles, romans, etc. 11 vol, in-12, brochés et cartonn. (*Couvert.*).

> Nouvelles réalistes. *Lemerre, 1878,* cart. — Césette, histoire d'une paysanne. *Id., 1881,* cart. — Jean-de-Jeanne. *Id., 1886,* cart. — Chante-Pleure. *Id., 1890.* — Les Antibel. *Id., 1892.* — Pays et paysages. *Plon, 1895.* — L'Image. *Ollendorff, 1897.* — Le Roi de Rome. *Id., 1898 (Couvert. illustr.).* — Jep. roman. *Charpentier, 1904.* — Petites gens. *Id., 1905.* — Bernadette de Lourdes. *Plon, s. d.*
> EDITIONS ORIGINALES.
> Envoi de l'auteur à chaque volume.

672. PRAROND (Ernest). Poésies et prose. 7 vol. in-12 et in-8 carré, brochés (*Couvert.*).

> Le Jardin des racines noires. *Lemerre, 1886.* — La Voie sacrée. *Id., 1887.* — Escarmouches. Dix mois de révolution. Une révolution chez les Macaques. Pharetra. *Chez mes amis, 1900.* — Sonnets fraternels. Toasts portés aux anciens élèves du collège d'Abbeville par Prarond. Courte histoire de l'association. Dessins de M. Ris-Paquot. *Abbeville, Lafosse, 1900,* in-8, figures. — Récits aux nerveux. Philosophies de l'histoire. Dessin d'Ernest Sangnier. *Id., 1901,* in-8. — Au Jardin, propos d'oncle. *Id., 1902,* in-8. — Pierre-Marie. L'oncle à ses neveux. *Id., 1904,* in-8.
> EDITIONS ORIGINALES.
> Envoi de l'auteur à chaque volume.

673. PRÉVOST (Marcel). Romans. *Lemerre et Juven,* 5 vol. in-12, brochés (*Couvert.*).

> Le Scorpion, 1887. — Mademoiselle Jaufre, 1889. — La Confession d'un amant, 1891. — L'Automne d'une femme, 1893. — Lettres à Françoise. *Juven, s. d.*
> EDITIONS ORIGINALES.
> Envoi de l'auteur à quatre volumes.

674. PRÉVOST (Marcel). Romans. *Lemerre, 1894-1904,* 6 vol. in-12, brochés (*Couvert.*).

> Les demi-vierges, 1894. — Le Jardin secret, 1897. — Léa, 1900. — Frédérique, 1900. — L'heureux ménage, 1901. — La Princesse d'Erminge, 1904.
> EDITIONS ORIGINALES. Tous ces volumes sont imprimés sur papier *Alfa* et ils ont sur le faux-titre un envoi de l'auteur.

675. PRÉVOST (Marcel). Nouvelles. *Lemerre, 1894-1902,* 5 vol. in-12, brochés (*Couvert.*).

> Nouvelles lettres de femmes, 1894. — Notre compagne (provinciales et parisiennes), 1895. — Dernières lettres de femmes, 1897. — Trois nouvelles. Nimba. Le mariage de Julienne. Le moulin de Nazareth, 1898. — Le Pas relevé, nouvelles, 1902.
> EDITIONS ORIGINALES. Papier *Alfa.*
> Envoi de l'auteur à quatre volumes.

676. PRÉVOST (Marcel). Lettres de femmes. Illustrations de H. Gerbault. *A. Lemerre,* 1895. — Le domino jaune. Les Palombes. *Id., s. d.* — Ens. 2 vol. in-12, figures, brochés (*Couvert. illustrées*).

> Éditions originales. Envoi de l'auteur à chaque volume.
> On y a joint : La Plus faible, comédie en quatre actes, en prose. *Lemerre,* 1904, in-12, broché (Edit. orig.).
> Exemplaires imprimés sur papier *Alfa.*

677. PRUDHOMME (Sully). Stances et poèmes. *A. Faure,* 1865. — Les Épreuves. Amour. Doute. Rêve. Action. *Lemerre,* 1866. — Ens. 2 vol. in-12, demi-rel. mar. bleu, tête dor., non rog.

> Éditions originales.
> Envoi d'auteur sur le faux-titre des *Stances,* précédé d'un poème manuscrit *les Yeux.*

678. PRUDHOMME (Sully). Réflexions sur l'art des vers. *Lemerre,* 1892. — Que sais-je ? examen de conscience sur l'origine de la vie terrestre. *Id.,* 1896. — Testament poétique. *Id.,* 1901. — Ens. 3 vol. in-12, brochés (*Couvert.*).

> Éditions originales.
> Envoi de l'auteur à deux volumes.

679. PRUDHOMME (Sully). Poésies (1865-1872). *Lemerre,* 1872, 2 vol. pet. in-12, portrait en double épreuve (avant-lettre), brochés.

> Un des 20 exemplaires imprimés sur papier de Chine.

680. PRUDHOMME (Sully). Poésies. *Lemerre,* 1869-96, 10 vol. in-12, brochés (*Couvert.*).

> Lucrèce, de la nature des choses. Premier livre traduit en vers et précédé d'une préface, 1869. — Les Solitudes, poésies, 1869. — Les Destins, poème, 1872. — La Révolte des fleurs, 1874. — La France, sonnets, 1874. — Les vaines tendresses, 1875. — La Justice, poème, 1878. — Le Prisme, poésies diverses, 1886. — Le Bonheur, poème, 1888. — La Nymphe des bois de Versailles, 1896.
> Éditions originales.
> Envois de l'auteur à 8 volumes.

681. PRUDHOMME (Sully). A Alfred de Vigny, sonnet. *Paris, E. Pelletan,* 1898, in-8, vignettes par H. Bellery-Desfontaines, broché (*Couvert.*).

> Exemplaire du présent imprimé pour M. J.-M. de Heredia.

682. PSICHARI (Jean). Cadeau de noces. *Paris, Calmann-Lévy,* 1893, in-12, broché (*Couvert.*).

> Édition originale.
> Un des 10 exemplaires imprimés sur papier du Japon.
> Sur le feuillet de garde :
> *A José-Maria de Heredia, son ami qui l'admire.*
>> Jean Psichari.

683. QUERLON (Pierre de). 6 vol. in-16 et in-12, brochés (*Couvert.*).

> Tablettes romaines. Les Odes vernales. *L'Ermitage,* 1902, in-16.

Remy de Gourmont. Portrait-frontispice de F. Maillaud. *Bibliothèque intern. d'édition*, 1903. — Les Joues d'Hélène. *Mercure de France*, 1903. — Les Amours de Leucippe et de Clitophon, roman d'aventures. *Id.*, 1904. — La Maison de la petite Livia, *Id.*, 1904. = La Princesse à l'aventure, par P. de Querlon et Ch. Verrier. *L'Ermitage*, 1904, in-16.
ÉDITIONS ORIGINALES.
Envoi de l'auteur à chaque volume.

684. QUILLARD (Pierre). La Fille aux mains coupées, mystère. *Paris*, 1886, plaquette, in-8, broché (*Couvert.*).
EDITION ORIGINALE.
Sur le feuillet de garde :
Au raffiné poète José-Maria de Heredia, respectueux hommage.
P. QUILLARD.

685. QUILLARD (Pierre). La Gloire du Verbe, 1885-1890. *Paris, Revue de l'art indépendant*, 1890, pet. in-8, broché (*Couvert.*).
ÉDITION ORIGINALE.
Un des quelques exemplaires imprimés sur PAPIER DU JAPON. Sur le faux-titre :
A José-Maria de Heredia, hommage de profonde et affectueuse sympathie.
PIERRE QUILLARD.

686. QUILLARD (Pierre). La Gloire du Verbe, même édition, exemplaire sur papier ordinaire, pet. in-8, broché.
Sur le faux-titre :
Au Maître sculpteur, Ernest Christophe, hommage de respectueuse admiration.
PIERRE QUILLARD.

687. QUILLARD (Pierre). 6 vol. et broch. in-8, in-12 et in-16, brochés. (*Couvert.*).
L'Antre des Nymphes, traduit du grec, de Porphyre, pour la première fois en français. *Art indépendant*, 1893, br. — Les lettres rustiques de Claudius AElianus, prenestin, traduites du grec en français, illustrées d'un avant-propos et d'un commentaire latin. *Mercure de France*, 1895, in-16. — Le Livre de Jamblique sur les mystères, traduit du grec. *Art indépendant*, 1895, in-8. — Philoklètès, tragédie de Sophocle, traduite et mise à la scène par P. Quillard. Musique de A. Coquard. *Charpentier*, 1896. — La Lyre héroïque et dolente. *Mercure de France*, 1897. — Les Mimes d'Hérondas. Traduction littérale, accompagnée de notes. *Id.*, 1900.
ÉDITIONS ORIGINALES sauf « les *Mimes d'Hérondas* ».
Envoi de l'auteur à quatre volumes.

688. RAMBOSSON (Yvanhoé). Le Verger doré. *Mercure de France*, 1895. — Actes. *Verneuil*, 1899. — Le Cœur ému. *Mercure de France*, 1905. — Ens. 3 vol. in-8, brochés (*Couvert.*).
ÉDITIONS ORIGINALES.
Envoi de l'auteur à chaque volume.

689. RAMBOSSON (Yvanhoé). La Forêt Magique. *Paris, Nouvelle Revue*, 1898, pet. in-4, broché (*Couvert.*).
ÉDITION ORIGINALE.

Exemplaire imprimé sur PAPIER DU JAPON. Sur la couverture :
A José-Maria de Heredia, en hommage d'admiration.

YVANHOE RAMBOSSON.

690. RAMEAU (Jean). Nature. Avec une eau-forte de A. Lalauze. *Paris, A. Savine,* 1891, in-8, port., broché *(Couvert.).*

Sur le faux-titre :
A M. J.-Maria de Heredia, lyriquement.

JEAN RAMEAU.

691. RÉGNIER (Henri de). Les Lendemains. *Paris, L. Vanier,* 1886, pet. in-12, broché *(Couvert.).*

ÉDITION ORIGINALE.
Sur le faux-titre, envoi de l'auteur à M. de Heredia.

692. RÉGNIER (Henri de). Apaisement. *Paris, L. Vanier,* 1886, in-12, broché *(Couvert.).*

ÉDITION ORIGINALE.
Sur le feuillet de garde, envoi de l'auteur à M. de Heredia.

693. RÉGNIER (Henri de). Sites. *Vanier,* 1887, in-8, broché *(Couvert.).*

ÉDITION ORIGINALE.
Sur le titre, envoi de l'auteur à M. de Heredia.

694. RÉGNIER (Henri de). Épisodes (Poèmes 1886-1888). *Vanier, s. d.,* in-12, broché *(Couvert.).*

ÉDITION ORIGINALE, PAPIER DE HOLLANDE.
Sur le feuillet de garde, envoi de l'auteur à M. de Heredia.

695. RÉGNIER (Henri de). Épisodes (Poèmes, 1886-1888). *Vanier, s. d.,* in-12, broché *(Couvert.).*

ÉDITION ORIGINALE.
Sur le feuillet de garde, envoi de l'auteur à M. de Heredia.
On y a joint l'édition de 1891, in-12, broché. (Envoi de l'auteur.)

696. RÉGNIER (Henri de). Poèmes anciens et romanesques, 1887-1889. *Paris, l'Art indépendant,* 1890, in-8, carré, broché *(Couvert.).*

ÉDITION ORIGINALE.
Un des quelques exempl. sur PAPIER DE HOLLANDE.
Sur le faux-titre, envoi de l'auteur à M. de Heredia.

697. RÉGNIER (Henri de). Tel qu'en songe. *L'Art indépendant,* 1892, in-8, carré, broché *(Couvert.).*

ÉDITION ORIGINALE, PAPIER DE HOLLANDE.
Sur le feuillet de garde, envoi de l'auteur à M. de Heredia.

698. RÉGNIER (Henri de). Poèmes. 1887-1892. Poèmes anciens et romanesques. Tel qu'en songe. Augmentés de plusieurs poèmes. *Paris, Mercure de France,* 1895, in-12, broché *(Couvert.).*

Un des 12 exemplaires imprimés sur PAPIER DE HOLLANDE.
Sur le feuillet de garde, envoi de l'auteur à M. de Heredia.

699. RÉGNIER (Henri de). Contes à soi-même. *Paris, l'Art indé-pendant*, 1894, pet. in-12, broché (*Couvert.*).

ÉDITION ORIGINALE.
Sur le feuillet de garde, envoi de l'auteur à M. de Heredia.

700. RÉGNIER (Henri de). Aréthuse. *L'Art indépendant*, 1895, in-8, carré, broché (*Couvert.*).

ÉDITION ORIGINALE.
Un des 15 exemplaires imprimés sur PAPIER VERGÉ.
Sur le feuillet de garde, envoi de l'auteur à M. de Heredia.

701. RÉGNIER (Henri de). Le Trèfle noir. Orné par Alfonse Herold. *Paris, Mercure de France*, 1895, in-32, br. (*Couvert.*).

ÉDITION ORIGINALE.
Un des 20 exemplaires imprimés sur PAPIER DE HOLLANDE.
Sur le feuillet de garde, envoi de l'auteur à M. de Heredia.

702. RÉGNIER (Henri de). Les Jeux rustiques et divins. *Paris, Mer-cure de France*, 1897, in-12, br. (*Couvert.*).

ÉDITION EN PARTIE ORIGINALE.
Sur le feuillet de garde, envoi de l'auteur à M. de Heredia.

703. RÉGNIER (Henri de). Les Jeux rustiques et divins. *Paris, So-ciété du Mercure de France*, 1897, in-12, br. (*Couvert.*).

PAPIER DE HOLLANDE.

704. RÉGNIER (Henri de). La Canne de Jaspe. — Monsieur d'Amer-cœur. — Le Trèfle noir. — Contes à soi-même. *Paris, Société du Mercure de France*, 1897, in-12, br. (*Couvert.*).

ÉDITION EN PARTIE ORIGINALE.
PAPIER DE HOLLANDE.

705. RÉGNIER (Henri de). Premiers poèmes. Les Lendemains. — Apaisement. — Sites. — Episodes. — Sonnets. — Poésies di-verses. *Paris, Société du Mercure de France*, 1899, in-12, br. (*Couvert.*).

ÉDITION ORIGINALE COLLECTIVE.

706. RÉGNIER (Henri de). Le Trèfle blanc. *Paris, Société du Mer-cure de France*, 1899, in-16, br. (*Couvert.*).

ÉDITION ORIGINALE.
PAPIER DE HOLLANDE.

707. RÉGNIER (Henri de). Les Médailles d'argile, poèmes. *Paris, Mercure de France*, 1900, in-12, br. (*Couvert.*).

ÉDITION ORIGINALE. PAPIER DE HOLLANDE.
Sur le feuillet de garde, envoi de l'auteur à M. de Heredia.

708. RÉGNIER (Henri de). La double maîtresse, roman. *Paris, Mercure de France*, 1900, in-12, br. (*Couvert.*).

ÉDITION ORIGINALE. PAPIER DE HOLLANDE.
Sur le feuillet de garde, envoi de l'auteur à M. de Heredia.

709. RÉGNIER (Henri de). Figures et caractères. *Paris, Mercure de France,* 1901, in-12, br. (*Couvert.*).

    ÉDITION ORIGINALE. PAPIER DE HOLLANDE.
    Sur le feuillet de garde, envoi de l'auteur à M. de Heredia.

710. RÉGNIER (Henri de). Le bon plaisir, roman. *Paris, Mercure de France,* 1902, in-12, br. (*Couvert.*).

    ÉDITION ORIGINALE. PAPIER DE HOLLANDE.
    Sur le feuillet de garde, envoi de l'auteur à M. de Heredia.

711. RÉGNIER (Henri de). La Cité des eaux. *Paris, Mercure de France,* 1902, in-12, br. (*Couvert.*).

    ÉDITION ORIGINALE. PAPIER DE HOLLANDE.
    Sur le feuillet de garde, envoi de l'auteur à M. de Heredia.

712. RÉGNIER (Henri de). Les Vacances d'un jeune homme sage, roman. *Paris, Mercure de France,* 1903, in-12, br. (*Couvert.*).

    ÉDITION ORIGINALE. PAPIER DE HOLLANDE.
    Sur le feuillet de garde, envoi de l'auteur à M. de Heredia.

713. RÉGNIER (Henri de). Le Mariage de minuit, roman contemporain. *Paris, Mercure de France,* 1903, in-12, br. (*Couvert.*).

    PAPIER DE HOLLANDE. ÉDITION ORIGINALE.
    Sur le feuillet de garde, envoi de l'auteur à M. de Heredia.

714. RÉGNIER (Henri de). Les Rencontres de M. de Bréot, roman. *Paris, Mercure de France,* 1904, in-12, br. (*Couvert.*).

    ÉDITION ORIGINALE. PAPIER DE HOLLANDE.
    Sur le feuillet de garde, envoi de l'auteur à M. de Heredia.

715. RÉGNIER (Henri de). Le Passé vivant, roman moderne. *Paris, Mercure de France,* 1905, in-12, br. (*Couvert.*).

    ÉDITION ORIGINALE. PAPIER DE HOLLANDE.
    Sur le feuillet de garde, envoi de l'auteur à M. de Heredia.

716. RENAN (Ernest). De l'Origine du langage. *Michel-Lévy,* 1859. — Souvenirs d'enfance et de jeunesse. *Id.,* 1883 (ÉDIT. ORIG.). — Ens. 2 vol. in-8, dos et coins mar. noir et grenat, fil., tête dor., non rog.

717. RENAN (Ernest). Ma Sœur Henriette. Avec illustrations d'après Henri Scheffer et Ary Renan, reproduits par l'héliogravure. *Paris, Calmann Lévy,* 1895, pet. in-8, br. (*Couvert. illust.*).

718. RETTÉ (Adolphe). L'Archipel en fleurs (portrait de l'auteur par Léo Gausson). *Paris, Bibliothèque artistique et littéraire,* 1895, pet. in-8, carré. — La Forêt bruissante. *Id.,* 1896, in-8. — Campagne première. *Id.,* 1897. — Lumières tranquilles. *La Plume,* 1901. — Ens. 4 vol. in-8 et in-12, br. (*Couvert.*).

    ÉDITIONS ORIGINALES.
    Envoi de l'auteur à chaque volume.

719. RICARD (J.). La Course à l'amour. *Paris, Calmann Lévy,* 1888, in-12, br. (*Couvert.*).
> ÉDITION ORIGINALE.
> Un des 5 exemplaires imprimés sur PAPIER DU JAPON d'un livre dédié à M. de Heredia.

720. RICHEPIN (Jean). La Chanson des gueux. *Paris, Librairie illustrée, s. d.,* in-12, cart. toile rouge, non rog. (*Couvert.*).
> ÉDITION ORIGINALE.

721. RICHEPIN (Jean). Les Caresses. Édition définitive. *Dreyfous,* 1882, pet. in-12. — Mes paradis. *Charpentier,* 1894 (ÉDIT. ORIG.). — La Bombarde, contes à chanter. *Id.,* 1899 (ÉDIT. ORIG.). — Ens. 3 vol. in-12 et pet. in-12, broché (*Couvert.*).
> Envoi de l'auteur aux deux derniers volumes.

722. RICHEPIN (Jean). Contes et romans, 4 vol. in-12, brochés (*Couvert.*).
> Césarine. *Dreyfous,* 1888. — Truandailles, *Charpentier,* 1890. — Le Cadet. *Id.,* 1890. — Contes espagnols. *Id.,* 1901.
> ÉDITIONS ORIGINALES.
> Envoi de l'auteur à chaque volume.

723. RICTUS (Jehan) (Gabriel Randon). Les Soliloques du pauvre *Quat'-z-arts,* 1895, broch. in-12 (ÉDIT. ORIG.). — Doléances, nouveaux soliloques. Frontispice d'Alfred Jungbluth. *Mercure de France,* 1900, in-12 (ÉDIT. ORIG.). — Les Soliloques du pauvre Édition revue, corrigée et augmentée de poèmes inédits. Illustrations par A. Steinlen. *Sévin et Rey,* 1903, in-16. — Un « Bluff » littéraire. Le Cas Edmond Rostand. *Id.,* 1903, broch. in-12 (ÉDIT. ORIG.). — Ens. 4 broch. et vol. (*Couvert.*).
> A trois volumes, envoi de l'auteur à M. J.-M. de Heredia.

724. RICTUS (Jehan). Les Soliloques du Pauvre. *Chez l'Auteur,* 1897, in-8, port. par Steinlen, gravé sur bois, br. (*Couvert. illust. par Steinlen*).
> Exemplaire imprimé sur PAPIER DU JAPON.

725. RICTUS (Jehan). Les Soliloques du Pauvre. *Chez l'Auteur,* 1897, in-8 carré, broché (*Couvert.*).
> Sur le faux-titre ;
> *Pour José-Maria de Heredia, souvenir respectueux de gratitude inaltérable, cet Évangile des mauvaises heures, qui deviendront bonnes, grâce à l'illustre Aède.*
> *De tout cœur.*
>> GABRIEL RANDON.
>> (*Jehan Rictus.*)

726. RICTUS (Jehan). Cantilènes du malheur. Pointe sèche de Steinlen. *Paris, Sévin et Rey, s. d.,* plaquette, in-8, papier du Japon, broché (*Couvert.*).
> ÉDITION ORIGINALE.

Sur le faux-titre :
Pour José-Maria de Heredia, son respectueux et fidèle
(Février 1902).

JEHAN RICTUS.

727. ROBIN (Eugène). Livia, par Eugène Robin. *Paris, Hippolyte Souverain*, 1836, in-8, veau fauve, fil., dos orné, dent. int., non rog. (*Bauzonnet*).

ÉDITION ORIGINALE.

728. RODENBACH (Georges). Du Silence, poésies. *Paris, Lemerre*, 1888, pet. in-12, broché (*Couvert.*).

ÉDITION ORIGINALE.
Sur le faux-titre :
A José-Maria de Heredia, le somptueux et suggestif poète.

GEORGES RODENBACH.

729. RODENBACH (Georges). Le Voyage dans les yeux. *Paris, Ollendorff*, 1893, in-16, broché (*Couvert.*).

ÉDITION ORIGINALE.
Sur le faux-titre :
A José-Maria de Heredia, au beau poète des Trophées, cordialement.

GEORGES RODENBACH.

730. RODENBACH (Georges). Les Vies encloses. *Paris, Charpentier*, 1896, in-12, broché (*Couvert.*).

ÉDITION ORIGINALE.
Sur le faux-titre :
A José-Maria de Heredia, son admirateur et ami.

GEORGES RODENBACH.

731. RODENBACH (Georges). Le Miroir du ciel natal, poème. *Paris, Charpentier*, 1898, in-12, broché (*Couvert.*).

ÉDITION ORIGINALE.
Sur le faux-titre :
A José-Maria de Heredia, son admirateur.

GEORGES RODENBACH.

732. ROHAN (duchesse de). Lande fleurie. *Paris, Calmann Lévy*, s. d., in-12, broché (*Couvert.*).

ÉDITION ORIGINALE.
Sur le faux-titre :
A l'illustre Maître Heredia, humbles pensées de l'auteur.

DUCHESSE DE ROHAN.

733. ROMANCIERS CONTEMPORAINS. *Mercure de France*, 1901-1905, 8 vol. in-12, brochés (*Couvert.*).

CLADEL (Judith). Confessions d'une amante, 1904. — DANVILLE (Gaston). L'Amour magicien, 1902. — DELACOUR (Albert). Le Pape rouge, 1901. — ERLANDE (Albert). Jolie personne... 1905. — HIRSCH (Ch.-H.). La Vierge aux tulipes, 1901. — KRYSINSKA (Marie). La Force du désir, 1905. — LOYSON-BRIDET. Mœurs des diurnales. Traité de journalisme, 1902. — SCHEFFER (Robert). Le Péché mutuel. Madame Larme, 1904.
Envoi de l'auteur à chaque volume.

734. ROSNY (J.-H.). 15 vol. in-12 et in-32, cart. et brochés (*Couvert.*).

> Daniel Valgraive. *Lemerre*, 1891. — L'Indomptée, *Chailley*, 1894. — L'autre femme. *Id.*, 1895. — Eyrimah. *Id.*, 1896. — Un double amour. *Id.*, 1896. — Les Xipehuz. *Mercure de France*, 1896, in-32. — Vamireh, roman des temps primitifs. *Kolb, s. d.* — L'impérieuse bonté. *Plon, Nourrit, s. d.* — Résurrection. *Id., s. d.* — Les profondeurs de Kyamo. *Id., s. d.* — Un autre monde. *Id., s. d.* — Une Reine. *Id., s. d.,* PAPIER DE HOLL. — Thérèse Degaudy, roman de mœurs mondaines. *Revue Blanche*, 1902. — Les deux femmes, roman. *Ollendorff*, 1902, cart. — Le Crime du docteur. *Charpentier*, 1903.
> ÉDITIONS ORIGINALES.
> Envoi de l'auteur à chaque volume.

735. ROSTAND (Edmond). Les Musardises. Les Songe-Creux. — Poésies diverses. — Le Livre de l'Aimée. *Paris, Lemerre*, 1890, in-12, broché (*Couvert.*).

> ÉDITION ORIGINALE, rare.
> Sur le faux-titre :
> *Au Maître José-Maria de Heredia, au prestigieux façonneur d'incomparables et somptueux sonnets.*
> *Hommage admiratif et respectueux.*
>
> EDMOND ROSTAND.

736. ROSTAND (Edmond). La Samaritaine, évangile en trois tableaux, en vers. *Paris, Charpentier et Fasquelle*, 1897, petit in-4, broché (*Couvert. illust.*).

> ÉDITION ORIGINALE.
> Sur le faux-titre :
> *A J.-M. de Heredia, admiration.*
>
> EDMOND ROSTAND.

737. ROSTAND (Edmond). Pour la Grèce, vers dits par l'auteur à la matinée de la Renaissance du 11 mars 1897. *Id.*, 1897, pet. in-4, oblong (*Couvert. illust.*). [Envoi d'auteur à M. J.-M. de Heredia]. — Un Soir à Hernani, 26 février 1902. *Paris, Charpentier*, 1902, in-12. Ens. 2 vol. broché (*Couvert.*).

> ÉDITIONS ORIGINALES.

738. ROSTAND (Edmond). L'Aiglon, comédie en six actes, en vers. *Paris, Charpentier et Fasquelle*, 1900, pet. in-8, broché (*Couvert.*).

> ÉDITION ORIGINALE.
> Sur le faux-titre :
> *A José-Maria de Heredia, Maître, mon admiration et mon respect.*
>
> EDMOND ROSTAND.

739. ROSTAND (Madame Edmond). Sous le pseudonyme de ROSEMONDE GÉRARD. Les Pipeaux. *Paris, Lemerre*, 1889, in-12, broché (*Couvert.*).

> ÉDITION ORIGINALE, très rare.
> Sur le feuillet de garde :
> *A José-Maria de Heredia, au sonnettiste impeccable, Hommage admiratif de l'auteur.*
>
> ROSEMONDE GÉRARD.

740. SADE (de). Dorci, ou la bizarrerie du sort, conte inédit par le marquis de Sade, publié sur le manuscrit, avec une notice sur l'auteur. *Paris, Charavay*, 1881, in-16, pap. de Holl., figure par G. Charpentier, cartonn, soie gren., non rog.

> Sur le feuillet de garde :
> *Au cher et excellent E. Christophe ce petit volume composé d'une nouvelle chaste mais bête, d'une eau-forte barbare et d'une noticule d'*
> ANATOLE FRANCE.

741. SAINT-PAUL (Albert). Scènes de bal. *Bruxelles, Deman*, 1889, pet. in-16 (PAPIER DU JAPON). — Pétales de nacre, poème. *Vanier*, 1891, in-8, PAPIER DE HOLL. — Ens. 2 vol. brochés (*Couvert.*).

> ÉDITIONS ORIGINALES.
> Envoi de l'auteur à chaque volume.

742. SAINT-POL-ROUX. Les Reposoirs de la procession. Tome premier. *Mercure de France*, 1893, pet. in-8. — Même livre. *Id.*, 1901, in-12. — Bouc émissaire. *Paris, s. d.*, in-4. — Ens. 3 vol. br. (*Couvert.*).

> ÉDITIONS ORIGINALES.
> Envoi de l'auteur à deux volumes.

743. SAINT-RÉAC (Vicomte Phoebus, Retoqué de). Mes états d'âme, ou les sept chrysalides de l'extase. Spicilège des œuvres incomplètes du vicomte Phoebus, Retoqué de Saint-Réac. *Avec privilège du Roy, Nanatour, éditeur*, 1895, pet. in-8, fig., br. (*Couvert.*).

744. SAMAIN (Albert). Au Jardin de l'Infante. *Paris, Édition du Mercure de France*, 1893, in-8 carré, br.

> ÉDITION ORIGINALE.
> Sur le faux-titre :
> *A José-Maria de Heredia, au Maître splendide et pur, hommage respectueux de son ami.*
> ALBERT SAMAIN.

745. SAMAIN (Albert). Au Jardin de l'Infante, augmenté de plusieurs poèmes. *Paris, Société du Mercure de France*, 1897, in-12, br. (*Couvert.*).

> Un des 12 exemplaires imprimés sur PAPIER DE HOLLANDE, avec l'envoi suivant sur le feuillet de garde :
> *A mon cher Maître, José-Maria de Heredia. Hommage de l'admiration la plus pure et de l'affection la plus profonde.*
> ALBERT SAMAIN.

746. SAMAIN (Albert). Aux Flancs du vase. *Paris, Édition du Mercure de France*, 1898, in-8, br. (*Couvert.*).

> ÉDITION ORIGINALE.
> Un des 30 exemplaires imprimés sur PAPIER DE HOLLANDE, avec l'envoi suivant sur le faux-titre :
> *A mon cher Maître, José-Maria de Heredia. Hommage d'admiration et d'affection profondes.*
> ALBERT SAMAIN.

Décembre 1898.

747. SAMAIN (Albert). Le Chariot d'Or. *Paris, Société du Mercure de France*, 1901, in-12, br. (*Couvert.*).

  ÉDITION ORIGINALE.

748. SAMAIN (Albert). Contes. Xantis. — Divine Bontemps. — Hyalis. — Rovère et Angisèle. *Paris, Société du Mercure de France*, 1902, in-12, br. (*Couvert.*).

  ÉDITION ORIGINALE.

749. SARCEY (Francisque). Journal de jeunesse (1839-1857) recueilli et annoté par Adolphe Brisson, et suivi d'un choix de chroniques (fagots, notes de la Semaine, grains de bon sens). Préface par O. Gréard. *Annales politiques et littéraires, s. d.*, in-12, br. (*Couvert.*).

  Exemplaire imprimé sur PAPIER DE HOLLANDE.
  Sur le faux-titre :
  A J.-M. de Heredia, en souvenir de Sarcey.

               AD. BRISSON.

750. SCHÉFER (Gaston). Le Roi, pièce en trois actes. Édition conforme à la représentation. *Paris, Librairie Molière, s. d.*, in-12, br. (*Couvert.*),

  Un des 20 exemplaires imprimés sur PAPIER DU JAPON, avec l'envoi suivant sur le feuillet de garde :
  Au poète illustre José-Maria de Heredia, respectueux hommage de ce pauvre débris.

            GASTON SCHÉFER.

751. SCHEFFER (Robert). L'Ile aux baisers. Illustrations de Foäche. *Paris, Borel*, 1900, in-16 allongé, br. (*Couvert.*)

  ÉDITION ORIGINALE.
  Exemplaire imprimé sur PAPIER DU JAPON d'un livre dédié à M. J.-M. de Heredia.
  Sur le faux-titre :
  A mon cher Maître José-Maria de Heredia, un de ses plus infimes admirateurs.

            ROBERT SCHEFFER.

752. SCHWOB (Marcel). 5 vol. in-12 et in-8, br. (*Couvert.*).

  Le Roi au masque d'or. *Ollendorff*, 1893. — Moll Flanders. Traduit de l'anglais de Daniel de Foe. *Id.*, 1895. — Spicilège. François Villon. Saint Julien l'hospitalier. Plangon et Bacchis. Dialogues sur l'amour, l'art et l'anarchie. *Mercure de France*, 1896. — La tragique histoire d'Hamlet, prince de Danemark. Traduction par Eug. Morand et M. Schwob. *Charpentier*, 1900, in-8.
  ÉDITIONS ORIGINALES.
  Envoi de l'auteur sur le faux-titre de chaque volume.

753. SCHWOB (Marcel). Mimes, avec un prologue et un épilogue. *Mercure de France*, 1894. — Le livre de Monelle. *L. Chailley*, 1894. — La Croisade des enfants. *Mercure de France*, 1896. — Ens. 3 vol. in-16, br. (*Couvert.*).

  ÉDITIONS ORIGINALES.

Envoi de l'auteur à chaque volume :
A José-Maria de Heredia, son admirateur.

Marcel Schwob.

754. SIENKIEWICZ (Jeanne). Les Flammes de la vie. *Paris, Vanier, s. d.,* in-16, br. (*Couvert.*).

Édition originale.
Sur le faux-titre :
A M. J.-M. de Heredia, en sentiment de profonde admiration.

Jeanne Sienkiewicz.

755. SIGNORET (Emmanuel). 5 vol. et brochures in-12 et in-8, br. (*Couvert.*).

Ode à Paul Verlaine. *L Vanier,* 1892, br. — Daphné, poèmes (avec un portrait de l'auteur par A. Séon). *La Plume,* 1894. — Vers dorés. *Id.,* 1896. — Le tombeau de Stéphane Mallarmé. Édition publiée par Calixte Toesca et offerte à la nation française par la ville de Puget-Théniers. *Saint-Graal,* 1899, broch. in-8. — La Souffrance des eaux (première partie) suivie du premier livre des sonnets, de trois élégies et de cinq poèmes. Avec un nouveau portrait de l'auteur. *La Plume,* 1899, in-8 carré.
Éditions originales, sauf l'*Ode à Verlaine.*
A chaque volume, envoi de l'auteur à M. J.-M. de Heredia.

756. SILVESTRE (Armand). Rimes neuves et vieilles. Avec une préface de George Sand. *Paris, Dentu,* 1866, in-12, br. (*Couvert.*).

Édition originale.
Au verso du titre « Sonnet païen » autographe, avec l'envoi suivant :
A J.-M. de Heredia, avec beaucoup d'admiration et de sympathie, je dédie ce sonnet.

Armand Silvestre.

757. SILVESTRE (Armand). Les Renaissances. *Paris, Lemerre,* 1870, in-12, br. (*Couvert.*).

Édition originale.
Exemplaire imprimé sur papier de Hollande. Sur le faux-titre :
Au cher et très noble poète, José-Maria de Heredia, son admirateur et son ami.

Armand Silvestre.

24 février 1870.

758. SILVESTRE (Armand). Poésies 1866-1874. Les Amours. La Vie. L'Amour. *Paris, Charpentier,* 1875, in-12, cart. toile bleue, non rog.

Sur le faux-titre :
Au très cher et très noble poète, José-Maria de Heredia, son admirateur et son ami.

Armand Silvestre.

... Et serves animae dimidium meae.
On y a joint un sonnet autographe d'A. Silvestre « Les Funérailles » adressé à M. de Heredia.

759. SILVESTRE (Armand). La Chanson des heures. Poésies nou-velles (1874-1878). *Paris, Charpentier*, 1878, in-12, cart. toile, non rog.

> ÉDITION ORIGINALE.
> Sur le faux-titre :
> *A José-Maria de Heredia, et nunc et semper.*
>
> ARMAND SILVESTRE.
>
> 2 *avril* 1878.

760. SILVESTRE (Armand). Poésies. *Paris, Lemerre et Kolb, Charpentier*, 1872-1900, 10 vol. in-8 et in-12, br. (*Couvert.*).

> La Gloire du Souvenir, poème d'amour. *Lemerre*, 1872, pet. in-12. — Les Ailes d'or, poésies nouvelles (1878-1880), 1880. — Le Pays des roses, poésies nouvelles (1880-1882), 1882. — Le Chemin des étoiles, poésies, 1885. — Roses d'octobre. Poésies nouvelles (1884-1889), 1890. — (A.) Silvestre et (E.) Morand. Griselidis, mystère en 3 actes, un prologue et un épilogue en vers libres. *Kolb*, 1891, in-8. — L'Or des couchants. Poésies nouvelles (1889-1892), 1892. — Les Aurores lointaines. Poésies nouvelles (1892-1895), 1896. — Les Tendresses, poésies nouvelles (1895-1898), 1898. — Les Fleurs d'hiver, poésies nouvelles (1898-1900), 1900.
> ÉDITIONS ORIGINALES (sauf l'*Or des couchants*).
> A chaque volume, envoi de l'auteur à M. J.-M. de Heredia.

761. SILVESTRE (Armand). Pour les amants. *Flammarion, s. d.*, in-32. — Les Mélancolies d'un joyeux. Avec un frontispice de Tofani. *Charavay*, 1883. — Au pays des souvenirs. Mes maîtres et mes maîtresses. *Frinzine*, 1887 (*Couvert. illustrée*). — Maïma. *Piaget*, 1888 (*Couv. illustrée*). — Un premier amant. *Charpentier*, 1889. Portraits et souvenirs (1886-1891). *Id.*, 1891. — Ens. 6 vol. in-32 et in-12, brochés (*Couvert.*).

> ÉDITIONS ORIGINALES, sauf *Les Mélancolies d'un joyeux*.
> Envoi de l'auteur à chaque volume.

762. SOULARY (Joséphin). Sonnets, poèmes et poésies. Nouvelle édition complète, revue, corrigée et augmentée, dédiée à la ville de Lyon. *Lyon, L. Perrin*, 1864, in-12, dos et coins mar. orange, tête dor., non rog. — Sonnets humouristiques. Nouvelle édition considérablement augmentée, précédée d'une préface en vers par Jules Janin. *Lyon, N. Scheuring*, 1869, in-12, port. cartonn. toile, non. rog. — Les Diables bleus, nouvelles poésies. *Paris, Lemerre*, 1870, in-12, broché (*Couvert.*) [ÉDITION ORIGINALE]. — Ens. 3 vol.

763. SOULARY (Joséphin). Œuvres poétiques. — I. Sonnets (1847-1871). — II. Poèmes et poésies (1847-1871). *Paris, A. Lemerre*, 1872, 2 vol., pet. in-12, brochés (*Couvert.*).

> Un des 20 exemplaires imprimés sur PAPIER DE CHINE.

764. SOREL (Albert). Lectures historiques. *Plon, Nourrit*, 1894. — Essais d'histoire et de critique. *Ibid., id.*, 1894. — Nouveaux

essais d'histoire et de critique. *Id.*, 1898. — Études de littérature
et d'histoire. *Id.*, 1901. — Ens. 4 vol. in-12, brochés (*Couvert.*).

ÉDITIONS ORIGINALES.
Envoi de l'auteur à chaque volume.

765. SOREL (Albert). Histoire de la Révolution française, 1re, 5, 6,
7 et 8e parties. *Plon, Nourrit et Cie*, 1893 1904, 5 vol. brochés. —
Bonaparte et Hoche. *Ibid., id.*, 1896, in-8, papier de Holl. — Ens.
6 vol., brochés.

766. STENDHAL (Henri-Beyle). De l'Amour. — Histoire de la
peinture en Italie. — Romans et nouvelles, précédés d'une notice
sur de Stendhal, par M. R. Colomb. — Le Rouge et le Noir,
chronique du xixe siècle. — Vie de Rossini. *Paris, Michel Lévy*,
1853-54, 5 vol. in-12, demi-rel. mar. rouge, tr. marb.

> On y a joint : Chroniques et nouvelles, *Librairie nouvelle*, 1855, pet.
> in-12, cartonn. toile, non rog. — Journal de Stendhal (Henri-Beyle),
> 1801-1814 (Œuvre posthume), publié par Casimir Stryienski et Fr.
> de Nion, *Charpentier*, 1888, in-12, port., broché (*Couvert.*). — Lucien
> Leuwen (œuvre posthume), roman reconstitué sur les manuscrits ori-
> ginaux et précédé d'un commentaire par Jean de Mitty. *Revue blanche*,
> 1901, in-12 broché (*Couvert.*). [Sur le feuillet de garde : *A José-Maria
> de Heredia, l'admiration et le souvenir de Jean de Mitty*]. — Napoléon.
> Notes et introduction par Jean de Mitty. *Id.*, 1898, in-12, broché (*Cou-
> vert.*). [Sur le feuillet de garde : *A José-Maria de Heredia, ce témoignage
> d'une profonde et déjà ancienne admiration, Jean de Mitty*]. —Vie de Henri
> Brulard, publiée par Casimir Stryienski, 1890, in-12, broché (*Cou-
> vert.*). — Ens. 5 vol.

767. TAILHADE (Laurent). Le Jardin des Rêves. Poésies. Préface
de Théodore de Banville. *Paris, Lemerre*, 1880, in-12, broché (*Couvert.*).

ÉDITION ORIGINALE.
Sur le faux-titre :
A José-Maria de Heredia, hommage de profonde admiration.
LAURENT TAILHADE.
17 avril 1880.

768. TAILHADE (Laurent). Au pays du Mufle, ballades et quator-
zains. Préface d'Armand Silvestre. *Paris, Vanier*, 1891, in-16,
papier de Holl., broché (*Couvert.*).

ÉDITION ORIGINALE.
Sur le faux-titre :
*A mon maître José-Maria de Heredia, j'offre humblement ces petits
vers.*

LAURENT TAILHADE.

769. TAILHADE (Laurent). Vitraux. *Paris, Vanier*, 1891, in-8
carré, pap. de Holl., broché (*Couvert.*).
ÉDITION ORIGINALE.

770. TAILHADE (Laurent). Vitraux. *Lemerre*, 1894, pet. in-12. —
Au pays du mufle. Nouvelle édition, revue et considérablement

augmentée. Préface d'Armand Sylvestre. Dessins d'Hermann Paul. *Bibliothèque artistique et littéraire*, 1894, in-16. — A travers les grouins. Frontispice de Léandre. *Stock*, 1899, pet. in-32 (Edition originale). — Ens. 3 vol., brochés (*Couvert.*).

A chaque volume envoi de l'auteur, à M. J.-M. de Heredia.

771. TAILHADE (Laurent). Imbéciles et gredins (1895-1900). *Maison d'art*, 1900, in-8 carré. — La Touffe de sauge. *La Plume*, 1901. — Pétrone. Le Satyricon, traduction de Laurent Tailhade. *Charpentier*, 1902. — Discours civiques (4 nivôse, an 109, 19 brumaire, an 110). Portrait par M. Félix Vallotton. *Stock*, 1902. — Ens. 4 vol. in 8 et in-12, brochés (*Couvert.*).

ÉDITIONS ORIGINALES.
A chaque volume, envoi de l'auteur à M. J.-M. de Heredia.

772. TAINE (H.). Histoire de la littérature anglaise. *Paris, Hachette*, 1863-1864, 4 vol. in-8, dos et coins mar. vert, tête jasp., non rog.

ÉDITION ORIGINALE.

773. TELLIER (Jules). Vers. Manuscrit, *s. d.*, in-8 de 9 feuillets, cart.

Ces vers autographes sont précédés de la dédicace :
Au poète grand-peintre, à l'orfèvre « grand initié », José-Maria de Heredia l'auteur dédie, avec la quintessence de son admiration, sans bornes, ces quelques vers.

JULES TELLIER.

774. THEURIET (André). Poésies. *Lemerre*, 1868-1898, 6 vol. et brochures in-12 et in-8, brochés (*Couvert.*).

Le Chemin des bois, 1868. — Les Paysans de l'Argonne (1792), 1870, broch. — Le bleu et le noir, poèmes de la vie réelle, 1874. — Le Livre de la payse, nouvelles poésies (1872-1882), 1883. — Jardin d'automne, *Id.*, 1894.
ÉDITIONS ORIGINALES. On y a joint : Discours de réception à l'Académie française, prononcé le 9 décembre 1897. *Lemerre*, 1898.
A chaque volume, envoi de l'auteur à M. J.-M. de Heredia.

775. THEURIET (André). Romans. *Lemerre*, 1894-1905, 14 vol. in-12, brochés (*Couvert.*).

Contes forestiers. Tentation, 1894. — Outre-mer, 1895, 2 vol. — Une Idylle tragique, 1896. — Cœurs meurtris, 1896. — Boisfleury, 1897. — Le Refuge, 1898. — Dorine, 1899. — Villa tranquille, 1899. — Claudette, contes et propos rustiques, 1900. — Sensations d'enfant. Monsieur Lulu, 1902. — Le Manuscrit du chanoine, 1902. — Chanteraine, 1904. — Les Revenants, 1905.
ÉDITIONS ORIGINALES, exemplaires imprimés sur papier *Alfa*.
A chaque volume, envoi de l'auteur.

776. THEURIET (André). Romans illustrés, 4 vol. in-12 et pet. in-12, brochés (*Couvert. illustrées*).

Mariannic. *Dentu, s. d.*, pet. in-12. — Jours d'été. *Ollendorff*, 1901,

pet. in-12. — La petite dernière, roman inédit. *Per Lamm, s. d.* —
Estève. Amours et tribulations d'un jeune plumitif. *Id., s. d.*
ÉDITIONS ORIGINALES.
Envoi de l'auteur à chaque volume.

777. THEURIET (André). Romans et nouvelles, 9 vol. in-12, brochés (*Couvert.*).

Nouvelles intimes. *Lemerre,* 1870. — Sous bois. *Charpentier,* 1878.
— Amour d'automne. *Lemerre,* 1888. — Deux sœurs. *Id.,* 1889. —
Contes de la primevère. *Id.,* 1897. — Lys sauvage. *Id.,* 1898. — His-
toires galantes et mélancoliques. *Flammarion, s. d.* — La Sœur de lait.
Id., s. d. — Souvenirs des vertes saisons. Années de printemps. Jours
d'été.
ÉDITIONS ORIGINALES (sauf *Sous Bois* et *Vertes Saisons*).
Envoi de l'auteur à chaque volume.

778. TIERCELIN (Louis). Le Rire de Molière, à-propos en un acte,
en vers, représenté à la Comédie-française, le 15 janvier 1888. *Lemerre,* 1888. — Sur la harpe. Poésies (1886-1896), *Id.,* 1897. —
Le Parnasse breton contemporain, publié par Louis Tiercelin et
J. Guy Ropartz. *Id.,* 1889, in-8. — Ens. 3 vol. in-12 et in-8, brochés (*Couvert.*).

ÉDITIONS ORIGINALES.
A chaque volume, envoi de l'auteur.

779. TIERCELIN (Louis). Poésies, théâtre, prose, 6 vol. et brochures in-12 et in-4, brochés (*Couvert.*).

Les Asphodèles. *Lemerre,* 1873. — Marguerite d'Ecosse, poème
dramatique en un acte, en vers. *Id.,* 1880. — L'Oasis, poésies, *Id.,*
1883. — La Mort de Brizeux, poème à l'occasion de l'érection de la
statue de Brizeux, à Lorient, le 9 septembre 1888. *Id.,* 1888. — Les
Jongleurs de Kermartin, poème. *Rennes, Caillière,* 1889, in-4. — La
Bretagne qui croit Pardons et pèlerinages (Première série). *Id.,* 1894.
— L'abbé Corneille, comédie en un acte, en vers.. *Id.,* 1895.
ÉDITIONS ORIGINALES.
A quatre volumes, envoi de l'auteur, à M. J.-M. de Heredia.

780. TINAN (Jean de). 5 vol. in-12, brochés (*Couvert.*).

Un Document sur l'impuissance d'aimer. Frontispice de Félicien
Rops. *Paris,* 1894 (ÉDIT. ORIG.). — Les Amphores de Pheidas, contes.
Erythrée. Orné par Maurice Delcourt. *Mercure de France,* 1896 (ÉDIT.
ORIG.). — Penses-tu réussir ! ou les diverses amours de mon ami Raoul
de Vallonges, roman. *Id.,* 1897 (ÉDIT. ORIG.). — L'exemple de Ninon
de Lenclos amoureuse, roman. Couverture en lithographie de Henri
de Toulouse-Lautrec. *Id.,* 1898. — Aimienne, ou le détournement de
mineure, roman. *Id.,* 1899, portrait.
Envoi de l'auteur à chaque volume.

781. TINAYRE (Marcelle). La Maison du péché. *Calmann Lévy,*
s. d. — La Vie amoureuse de François Barbazanges. *Id., s. d.*
Ens. 2 vol. in-12, brochés (*Couvert.*)

ÉDITIONS ORIGINALES.
A chaque volume, envoi de l'auteur.

782. TISSEUR (Clair). Pauca paucis. *Lyon*, 1889. — Modestes observations sur l'art de versifier. *Lyon, Bernoux et Cumin*, 1893. — Pauca paucis. Nouvelle édition, augmentée d'une seconde série. *Ib., id.*, 1894. 3 vol. in-8. — Poésies de Jean Tisseur, recueillies par ses frères. *Lyon, Pitrat*, 1885. — Poésies de Barthélemy Tisseur, recueillies par ses frères. *Ib., id.*, 1885. 2 vol. in-12. — Ens. 5 vol., brochés (*Couvert.*).

> A chaque volume, envoi de l'auteur ou des éditeurs à M. J.-M. de Heredia.

783. VACARESCO (Hélène). Carmen Sylva. Jéhovah, poème, traduit par Hélène Vacaresco. *Lemerre*, 1887, pet. in-12. — Le Rhapsode de la Dambovita. Chansons, ballades roumaines, recueillies par Hélène Vacaresco. *Bucarest, Socecu*, 1892. — L'Ame sereine. *Lemerre*, 1896. — Lueurs et flammes. *Plon, s. d.* — Ens. 4 vol. in-12 et petit in-12, brochés (*Couvert.*).

> Éditions originales.
> A chaque volume, envoi de l'auteur.

784. VACQUERIE (Auguste). L'Enfer de l'esprit. *Paris, Ebrard*, 1840, in-8, frontisp., cart., non rog. — Souvent homme varie, comédie en deux actes en vers. *Librairie nouvelle*, 1859, in-12. — Depuis. *Calmann Lévy*, 1894, in-8 (Envoi d'auteur à M. J.-M. de Heredia). — Ens. 3 vol. in-12 et in-8, cart. et br.

> Éditions originales.

785. VALABRÈGUE (Antony). Petits poèmes parisiens. *Lemerre*, 1880. — La Chanson de l'hiver. *Id.*, 1890. — L'Amour des bois et des champs. Notice par Émile Blémont. *Id.*, 1902. — Ens. 3 vol. in-12, brochés (*Couvert.*).

> Éditions originales.
> Envoi de l'auteur à M. J.-M. de Heredia, aux deux premiers volumes.

786. VALADE (Léon). A mi-côte. *Lemerre*, 1874. — Nocturnes, poèmes imités de Henri Heine. *Patay*, 1880 (Envoi d'auteur, à M. J.-M. de Heredia). — Ens. 2 vol. in-12, brochés (*Couvert.*).

> Éditions originales.

787. VANDAL (Albert). L'Odyssée d'un ambassadeur. Les voyages du marquis de Nointel (1670-1680). Avec quatre héliogravures. *Plon*, 1900. — L'Avènement de Bonaparte. I. La genèse du Consulat. Brumaire. La constitution de l'an VIII. *Id.*, 1902. — Ens. 2 vol. in-8, brochés (*Couvert.*).

> Éditions originales.
> A chaque volume, envoi de l'auteur.

788. VANDÉREM (Fernand). La Cendre, roman. *Paris, P. Ollendorff*, 1894. — Charlie, roman. *Ib., id.*, 1895. — Les deux rives, roman. *Ib., id.*, 1897. — Ens. 3 vol. in-12, brochés (*Couvert.*).

> Éditions originales.
> A chaque volume, envoi de l'auteur.

789. VAUCAIRE (Maurice). Poésies, 5 vol. in-32 et in-12, brochés (*Couvert.*).

> Arc-en-ciel. *Lemerre*, 1885. — Effets de théâtre. La scène et la salle. Le ballet. Cafés chantants. A la foire. *Id.*, 1886. — Parcs et boudoirs, Frontispice de Giacomelli, gravé à l'eau-forte par Mongin. *Id.*, 1887. — Un beau soir, comédie en un acte, en vers. *Id.*, 1892. — Petits chagrins. Frontispice de L. Métivet. *Ollendorff*, 1894, in-32 (*Couvert. illustrée*).
>
> Éditions originales.
> Envoi de l'auteur à chaque volume.

790. VERBRUGGHE (Louis). Coups de bâton. *Paris, Glady frères*, 1875, in-12, broché (*Couvert.*).

> Édition originale.
> Un des 10 exemplaires imprimés sur papier de Chine ; lettre d'envoi de l'auteur à M. de Heredia.

791. VERBRUGGHE (Louis). Les deux Singes, variations philosophiques. *Paris, Lemerre*, 1876, in-12, broché (*Couvert.*).

> Édition originale.
> Exemplaire imprimé sur papier Whatman ; sur le feuillet de garde :
>
> *Mon cher Heredia,*
>
> *Je vous avais promis une dédicace le jour où je serais, sinon célèbre, du moins connu, vous risquériez fort d'attendre toujours, j'aime donc mieux vous assurer aujourd'hui même de mon amitié pour l'homme, de mon admiration pour le poète.*
>
> *18 avril 76.*
>
> Louis Verbrugghe.

792. VERBRUGGHE (Louis). Les deux Singes. Variations philosophiques. *Paris, Lemerre*, 1876, in-12, broché (*Couvert.*).

> Édition originale.
> Papier de Chine.

793. VERBRUGGHE (Louis et Georges). Promenades et chasses dans l'Amérique du Nord. — Forêts vierges. Voyage dans l'Amérique du Sud et l'Amérique centrale. *Paris, Calmann Lévy*, 1879-1880, 2 vol. in-12, brochés (*Couvert.*).

> Papier de Hollande.
> Envoi des auteurs à chaque volume.

794. VERHAEREN (Émile). Les Campagnes hallucinées. *Bruxelles, Deman*, s. d. — Les Villes tentaculaires. *Id.*, s. d. — Les Aubes. *Id.*, s. d. — Ens. 3 vol. pet. in-4, brochés (*Couvert. illustrées*).

> Édition originale.
> Envoi de l'auteur à chaque volume.

795. VERHAEREN (Émile). Les Moines, poésies. *Lemerre*, 1886. — Poèmes. Les bords de la route. Les Flamandes. Les Moines. Augmentés de plusieurs poèmes. *Mercure de France*, 1895. — Poèmes (nouvelle série). Les Soirs. Les Débacles. Les Flambeaux noirs. *Id.*, 1896. — Poèmes (troisième série). Les Villages illu-

soires. Les Apparus dans mes chemins. Les vignes de ma muraille. *Id., s. d.* — Ens. 4 vol. in-12, brochés (*Couvert.*).

ÉDITIONS ORIGINALES.
Envois de l'auteur à chaque volume.
On y a joint Mockel. Émile Verhaeren, avec une notice par Vielé-Griffin. *Mercure,* 1895, in-12, br.

796. VERHAEREN (Émile). Les Villages illusoires. Volume orné de 4 images par G. Minne. *Bruxelles, Deman,* 1895, in-8 carré. — Les Heures claires. *Id.,* 1896. — Les Visages de la vie. *Id.,* 1899. — Le Cloître. *Id.,* 1900. — Philippe II, tragédie en trois actes. *Mercure de France,* 1901. — Ens. 5 vol. in-8, brochés (*Couvert.*).

ÉDITIONS ORIGINALES (sauf « les *Heures claires* »).
Envoi de l'auteur à chaque volume.

797. VERLAINE (Paul). Poèmes saturniens. *Paris, A. Lemerre,* 1866, in-12, demi-rel. mar. orange, tête dor., ébarbé (*Burnier*).

ÉDITION ORIGINALE.
Sur le feuillet de garde :
A José-Maria de Heredia, souvenir sympathique d'excellente confraternité.

P. VERLAINE.

798. VERLAINE (Paul). Jadis et naguère, poésies. *L. Vanier,* 1884. — Les Poètes maudits. Tristan Corbière. Arthur Rimbaud. Stéphane Mallarmé. *Id.,* 1884, portraits, sur Chine. — Ens. 2 vol. in-12, broch. et cartonn.

ÉDITIONS ORIGINALES.

799. VICAIRE (Gabriel). Émaux bressans. *Paris, Charpentier,* 1884, in-12, broché (*Couvert.*).

ÉDITION ORIGINALE.
Sur le faux-titre :
A José-Maria de Heredia, bien affectueusement.

G. VICAIRE.

800. VICAIRE (Gabriel) et BEAUCLAIR (Henri). Les Déliquescences, poèmes décadents d'Adoré Floupette. *Byzance (Paris), chez Lion Vanné (Léon Vanier),* 1885, in-16, broché (*Couvert.*).

ÉDITION ORIGINALE.
Sur le faux-titre :
A José-Maria de Heredia.

ADORÉ FLOUPETTE.

801. VICAIRE (Gabriel) et BEAUCLAIR (Henri). Les Déliquescences, poèmes décadents d'Adoré Floupette, avec sa vie par Marius Tapora. *Byzance (Paris), chez Lion Vanné (Léon Vanier),* 1885, in-16, broché (*Couvert.*).

Sur le faux-titre :
A José-Maria de Heredia, Cordial hommage.
GABRIEL VICAIRE. HENRI BEAUCLAIR.

802. VICAIRE (Gabriel). Poésies, 11 vol. in-12 et 1 brochure in-8, brochés (*Couvert.*).

> Quatre-vingt-neuf. *Lemerre*, 1888. — Le Miracle de Saint-Nicolas. *Id.*, 1888. — Marie-Madeleine. *Id.*, 1889. — L'Heure enchantée. *Id.*, 1890. — A la bonne franquette. *Id.*, 1892. — Au Bois joli. *Id.*, 1894. — Le Clos des fées. *Id.*, 1897. — Au pays des ajoncs. Avant le soir. *H. Leclerc*, 1901. — Etudes sur la poésie populaire. Légendes et traditions. *Id.*, 1902. — Gabriel Vicaire, par J. Tiersot. *Bourg-en-Bresse*, 1901, pièce, in-8. — Inauguration du buste de Gabriel Vicaire. Discours et vers. *Id.*, 1902, broch. — Corbel (H.). Un poète. Gabriel Vicaire (1848-1900). Eau-forte de Lalauze. Charge de Léandre. *Tallandier, s. d.* (port.).
> Editions originales.
> Envoi de l'auteur à la plupart des volumes.

803. VIELÉ-GRIFFIN (Francis). Diptyque. *Paris, mars* 1891, plaquette in-16, brochée (*Couvert.*).

> Edition originale.
> Sur le titre :
> *A Monsieur José-Maria de Heredia, en hommage respectueux et admirateur* DE L'AUTEUR.

804. VIELÉ-GRIFFIN (Francis). Poésies. 5 vol. in-8 carré et in-12, brochés (*Couvert.*).

> Les Cygnes (Poésies, 1885-86). *Alcan-Lévy, s. d.*, in-8. — Ancaeus, poème dramatique (1885-87). *Vanier, s. d.* —Joies. Poèmes (1888-89). *Tresse et Stock*, 1889, in-8. — Les Cygnes. Nouveaux poèmes (1890-91). *Vanier*, 1892. — La Chevauchée d'Yeldis et autres poèmes (1892). *Id.*, 1893.
> Editions originales.
> Envoi de l'auteur à chaque volume.

805. VIELÉ-GRIFFIN (Francis). Πάλαι, 1894, in-16. — Poèmes et poésies. Augmentés de plusieurs poèmes. *Mercure de France*, 1895. — La Clarté de vie. *Id.*, 1897. — Phocas le jardinier, précédé de Swanhilde, Ancaeus, les fiançailles d'Euphrosine. *Id.*, 1898 (mq. la couvert.). — Ens. 4 vol. in-16 et in-12, brochés (*Couvert.*).

> Editions originales.
> Envoi d'auteur à chaque volume.

806. VIGNY (Alfred de). Poèmes. Héléna, le Somnambule, la Fille de Jephté, la Femme adultère, le Bal, la Prison, etc. *Paris, Pélicier*, 1822, in-8, demi-rel. mar. noir, tr. dor. (*Couvert.*).

> Edition originale.

807. VIGNY (Alfred de). Eloa, ou la sœur des anges. Mystère. *Paris, A. Boulland et Cie*, 1824, in-8, demi-rel. mar. noir, tête dor. (*Burnier*).

> Edition originale.

808. VIGNY (Alfred de). Le More de Venise, Othello. Tragédie traduite de Shakspeare en vers français, par le comte Alfred de Vigny

et représentée à la Comédie-Française le 24 octobre 1829. *Paris, Levavasseur*, 1830, in-8, demi-rel. mar. noir, tête dor., ébarbé (*Burnier*).

> EDITION ORIGINALE.
> Sur le faux-titre :
> *A M. Saint-Aulaire, de la part de l'auteur.*

809. VIGNY (Alfred de). La Maréchale d'Ancre, drame. Représenté sur le théâtre royal de l'Odéon, le 25 juin 1831. *Paris, Ch. Gosselin et Barba*, 1831, in-8, ébarbé, frontispice lithog., demi-rel. mar. noir, tête dor. (*Burnier*).

> EDITION ORIGINALE.
> Sur le faux-titre :
> *A M. A. Dumas, son ami.*

ALFRED DE VIGNY.

810. VIGNY (Alfred de). *Paris, Librairie nouvelle*, 1856-59, 5 vol. in-8, demi-rel. mar. rouge ou bleu, tr. dor., non rog.

> Stello, 1856. — Servitude et grandeur militaires, 1857. — Théâtre complet. Chatterton. La maréchale d'Ancre. Quitte pour la peur. Le More de Venise, Othello. Shylock, 1858. — Cinq-Mars, ou une conjuration sous Louis XIII. Précédé de réflexions sur la vérité dans l'art. — Poèmes antiques et modernes, 1859.

811. VIGNY (Alfred de). Les Destinées, poèmes philosophiques, par le comte Alfred de Vigny. *Paris, Michel Lévy*, 1864, in-8, dos et coins mar. rouge, tête dor., non rog.

> EDITION ORIGINALE.

812. VILLIERS DE L'ISLE ADAM (Cte de). Le Nouveau-Monde, drame en 5 actes, en prose. *Paris, Ollendorff*, 1880, in-8, broché (*Couvert.*).

> EDITION ORIGINALE.

813. VILLIERS DE L'ISLE ADAM (Cte de). L'Amour suprême. *Paris, de Brunhoff*, 1886, in-12, broché (*Couvert.*).

> EDITION ORIGINALE.

814. VILLIERS DE L'ISLE ADAM (Cte de). Contes cruels. *Calm. Lévy*, 1883. — L'Ève future. *M. de Brunhoff*, 1886. — Ens. 2 vol. in-12, cartonn. toile rose, non rog.

> EDITIONS ORIGINALES.

815. VILLIERS DE L'ISLE ADAM (Cte de). Tribulat Bonhomet. *Paris, Tresse et Stock*, 1887, in-12, broché (*Couvert.*).

> EDITION ORIGINALE.

816. VILLIERS DE L'ISLE-ADAM (Cte de). Histoires insolites. *Paris, Librairie moderne*, 1888, in-12, broché (*Couvert.*).

> EDITION ORIGINALE.

817. VILLIERS DE L'ISLE-ADAM (Cte de). Axël. *Paris, Quantin*, 1890, in-8, broché (*Couvert.*).

> EDITION ORIGINALE.

818. VOGUÉ (Vte E. Melchior de). Histoires orientales. *Paris, Calmann Lévy,* 1880, in-12, **br.** (*Couvert.*).

> EDITION ORIGINALE.
> Sur le faux-titre : 20 vers autographes du vicomte de Vogüé adres-
> sés à **M. J.-M.** de Heredia.

819. VOGUÉ (Vte E. Melchior de). Syrie, Palestine, Mont Athos,
voyage aux pays du passé. Ouvrage illustré par J. Felcoq, d'après
des photographies. *Plon,* 1876. — Le Fils de Pierre le Grand.
Mazeppa. Un changement de règne. *Id.,* 1884. — Le Roman russe.
Plon, 1886, in-8. — Souvenirs et visions. *Plon, s. d.* — Cœurs
russes. *Colin,* 1893. — Ens. 5 vol. in-12 et in-8, brochés (*Couvert.*).

> EDITIONS ORIGINALES.
> Envoi de l'auteur, à 4 volumes.

820. VOGUÉ (Vte E. Melchior de). Histoires d'hiver. *Calmann Lévy,*
1885, in-16. — Vanghéli (Collection Myosotis). L. *Borel,* 1901,
pet. in-18, figures (*Envoi d'auteur*). — Ens. 2 vol., brochés (*Couvert.*).

> EDITIONS ORIGINALES.

821. VOGUÉ (Vte E. Melchior de). *Colin, s. d.* 5 vol. in-12, brochés (*Couvert.*).

> Heures d'histoire. — Devant le siècle. — Regards historiques et lit-
> téraires. Pages d'histoire. — Sous l'horizon. — Hommes et choses d'hier.
> ÉDITIONS ORIGINALES.
> Envois de l'auteur.

822. VOGUÉ (Vte E. Melchior de). Jean d'Agrève. *Colin, s. d.* —
Spectacles contemporains. *Id., s. d.* — Remarques sur l'Exposition
du Centenaire. *Plon,* 1889. — Le Rappel des ombres. *Colin, s. d.*
— Les Morts qui parlent. *Plon, s. d.* — Le Maître de la mer. *Id.,
s. d.* — Ens. 6 vol. in-12, brochés (*Couvert.*).

> ÉDITIONS ORIGINALES.
> Envoi de l'auteur, à chaque volume.

823. VOGUÉ (Marquis de). Villars d'après sa correspondance et des
documents inédits. Avec portraits, gravures et cartes. *Plon, Nourrit,* 1888. — Malplaquet et Denain. Avec deux cartes. *Champion,*
1892, pet. in-8. — Le duc de Bourgogne et le duc de Beauvillier.
Lettres inédites 1700-1708. Avec un portrait, deux fac-similés et
une carte. *Plon, Nourrit,* 1900. — Le véritable vainqueur de Denain.
L. de Soye, 1903. — Ens. 4 vol. in-12 et in-8, brochés (*Couvert.*).

> Trois volumes sont en ÉDITION ORIGINALE et avec envoi de l'auteur.

824. WALCKENAER (C. A.). Histoire de la vie et des ouvrages de
J. de La Fontaine. *Paris, A. Nepveu,* 1820, in-8, port. de La Fontaine, veau fauve, comp. dor. et à froid, dos orné, dent. int., tr.
dor. (*Simier*).

825. WALPOLE (H.). Réminiscences d'Horace Walpole. *Paris, Mon-*

gie aîné, 1826, in-12, figures, veau bleu, encad. à fr. et fil. dor., milieu à fr., dos orné, dent. int., tr. dor. (*Rel. de l'époque*).

Portrait, titre orné et figure lithographiés par *Feittet*.

826. WELLS (H. G.). La Machine à explorer le temps (the time Machine). Roman, traduit de l'anglais par Henry-D. Davray. *Paris, Société du Mercure de France, s. d.*, in-12, broché (*Couvert.*).

ÉDITION ORIGINALE. Un des 6 exemplaires imprimés sur PAPIER DE HOLLANDE.
Sur le feuillet de garde :
A José-Maria de Heredia, hommage d'admiration et d'affectueuse reconnaissance.

HENRY D. DAVRAY.

827. WILDE (Oscar). Salomé, drame, un acte. *Paris et Londres,* 1893, in-8 carré, broché (*Couvert.*).

ÉDITION ORIGINALE.
Sur le feuillet de garde :
A José-Maria de Heredia, hommage respectueux.

OSCAR WILDE.

828. ZOLA (Émile). Nana. *Paris, Charpentier,* 1880, in-12, broché (*Couvert.*).

ÉDITION ORIGINALE.
Exemplaire imprimé sur PAPIER DE HOLLANDE, avec cet envoi, sur le faux-titre :
A José-Maria de Heredia, son dévoué confrère.

ÉMILE ZOLA.

829. ZOLA (Émile). Pot-Bouille. *Paris, Charpentier,* 1882, in-12, broché (*Couvert.*).

ÉDITION ORIGINALE.
PAPIER DE HOLLANDE.

830. ZOLA (Émile). Germinal. *Paris, Charpentier,* 1885, in-12, broché (*Couvert.*).

ÉDITION ORIGINALE.
Exemplaire imprimé sur PAPIER DE HOLLANDE, avec l'envoi suivant sur le faux-titre :
A José-Maria de Heredia, son dévoué confrère.

ÉMILE ZOLA.

831. ZOLA (Émile). L'Œuvre. *Paris, Charpentier,* 1886, in-12, broché (*Couvert.*).

ÉDITION ORIGINALE.
Exemplaire imprimé sur PAPIER DE HOLLANDE, avec cet envoi sur le faux-titre :
A José-Maria de Heredia, son dévoué confrère.

ÉMILE ZOLA.

832. ZOLA (Émile). La Terre. *Paris, Charpentier*, 1887, in-12, broché (*Couvert.*).

> ÉDITION ORIGINALE.
> Exemplaire imprimé sur PAPIER DE HOLLANDE, avec cet envoi sur le faux-titre :
> *A José-Maria de Heredia, son dévoué confrère.*
> ÉMILE ZOLA.

833. ZOLA (Émile). Le Rêve. *Paris, Charpentier*, 1888, in-12, broché (*Couvert.*).

> ÉDITION ORIGINALE. PAPIER DE HOLLANDE.
> Sur le faux-titre :
> *A José-Maria de Heredia, son dévoué confrère.*
> ÉMILE ZOLA.

834. ZOLA (Émile). 6 vol. in-12, brochés (*Couvert.*).

> Alexis (P.). Émile Zola, notes d'un ami. Avec des vers inédits de Émile Zola, 1882. — La Bête humaine, 1890. — L'Argent, 1891. — La Débâcle, 1892. — Le Docteur Pascal, 1893. — Messidor, drame lyrique en quatre actes et cinq tableaux, poème de Émile Zola, musique de Alfred Bruneau, 1897.
> ÉDITIONS ORIGINALES.
> Envois de l'auteur à 4 volumes.

835. ZOLA (Émile). 6 vol. in-12, brochés (*Couvert.*).

> Lourdes, 1894 (Envoi d'auteur). — Rome, 1896 (Envoi d'auteur). — Paris, 1898 (Envoi d'auteur). — Fécondité, 1899 (Envoi d'auteur). — Travail, 1901. — Vérité, 1903.
> ÉDITIONS ORIGINALES.

836. ZOLA (E.). Guy de MAUPASSANT. — J.-K. HUYSMANS. — Henry CÉARD. — Léon HENNIQUE. — Paul ALEXIS. Les Soirées de Medan. *Paris, Charpentier*, 1880, in-12, cartonn. toile rouge, non rog.

> ÉDITION ORIGINALE.

LIVRES MODERNES ILLUSTRÉS

OUVRAGES RELATIFS AUX BEAUX-ARTS

837. AILES et FLEURS. Compositions de Hector Giacomelli. Poésies de Victor Hugo, Théophile Gautier, François Coppée, Alexandre Dumas fils, André Theuriet, Georges Lafenestre, Auguste Lacaussade, Ernest d'Hervilly, Alexandre Piedagnel, Gustave Mathieu. *Paris, Société anonyme de publications périodiques, s. d.*, in-4., planches, cartonn. toile verte (*Rel. de l'éditeur*).

> 22 compositions de *Giacomelli*.

838. ALBUM LEFÈVRE-UTILE. Première série. Les Contemporains

_ célèbres. Portraits. Autographes. Notices biographiques illustrées des célébrités contemporaines. *Paris, O. Beauchamp,* 1904, in-4, portraits. *(Cart. illust. de l'éditeur).*

> 28 portraits.

839. ARÈNE (Paul). Le Secret de Polichinelle, par Paul Arène. Enluminé par A. Robida. *Paris, H. Floury,* 1897, in-4. figures, broché *(Couvert. illust.).*

> Exemplaire sur papier vélin imprimé pour M. de Heredia, auquel on a ajouté 2 portraits de l'auteur dont l'un par *A. Lalauze,* l'autre, non signé, tiré sur papier du Japon.

840. AURIAC (Victor d'). Renaissance. Sonnets illustrés par A. Deroy, G. Fraipont, E. Grasset, E. Grivaz, F. Gueldry, Emile Mas, Louis Morin, H. Van Muyden, Daniel Parr, V. A. Poirson, Frédéric Régamey, Pierre Vidal. Préface de Catulle Mendès. *Paris, A. Lemerre,* 1887, in-4, figures, broché *(Couvert.).*

> Sur le feuillet de garde :
> *A José-Maria de Heredia, hommage respectueux.*
>
> Victor d'Auriac.

841. AVENTURES merveilleuses de Huon de Bordeaux, pair de France et de la belle Esclarmonde ainsi que du petit roi de féerie Auberon, mises en nouveau langage par Gaston Paris, de l'Académie française. Aquarelles de Manuel Orazi. *Paris, Didot, s. d.,* in-4, figures en couleurs, broché *(Couvert. illust.).*

> Sur le faux-titre :
> *A José-Maria de Heredia.*
>
> G. Paris.

842. BACCHYLIDE. Poèmes choisis, traduits en vers par Eugène d'Eichtal et Théodore Reinach. Texte grec revisé et notices par Théodore Reinach. Illustrations d'après des œuvres d'art contemporaines du poète. *Paris, E. Leroux,* 1898, in-4, figures, broché *(Couvert.).*

> Sur le faux-titre :
> *A Monsieur J. de Heredia, hommage des auteurs.*
> Eug. d'Eichtal.   Théodore Reinach.

843. BALZAC (Honoré de) Les Contes drolatiques. Cinquième édition, illustrée de 425 dessins par Gustave Doré. *Se trouve à Paris, ez bureaux de la Société générale de librairie,* 1855, in-8, figures, dos et coins mar. vert, ébarbé.

> Exemplaire de premier tirage.

844. BALZAC (H. de). Œuvres complètes. *Paris, A. Houssiaux,* 1855, 20 vol. in-8, figures, dos et coins mar. bleu, dos orné, tête dor., non rog.

845. BAUDELAIRE (Ch.). Les Fleurs du mal. Illustrations de Carlos Schwabe. *Paris, imprimé pour Charles Meunier,* 1900, gr.

in-8, figures en couleurs, veau violet, fleur mosaïquée et serpent sur le premier plat, non rog. (*Couvert. illust.*).

Imprimé à 77 exemplaires.

Exemplaire n° 65, sur papier vélin, au nom de M. J.-M. de Heredia. Il contient la suite des figures en noir, en tirage à part sur papier vélin et celui de la couverture sur papier de Chine.

846. BEAUMONT (E. de). L'Épée et les femmes, par Ed. de Beaumont. Cinq dessins de Meissonier tirés hors texte. *Paris, Librairie des Bibliophiles*, 1881, gr. in-8, figures, broché (*Couvert.*).

Sur le feuillet de garde :

A Don José-Maria de Heredia, E. DE BEAUMONT, *très reconnaissant.*

847. BEAUMONT. (E. de). Un Drame dans une carafe. Dessins par Louis Leloir. *Paris, Librairie des Bibliophiles*, 1882, pet. in-4, figures, cart. (*Couvert. illust.*).

Sur le feuillet de garde :

A mon cher ami Christophe, son très affectionné.

LOUIS LELOIR.

A mon ami Christophe son

E. DE BEAUMONT.

848. BEAUMONT (E. de). Fleur des belles épées. Notices par Edouard de Beaumont. *Paris, Boussod, Valadon et C*ⁱᵉ, 1885, in-fol., planches, en feuilles, dans un carton.

10 photogravures.

Texte imprimé sur PAPIER DE HOLLANDE et figures gravées sur PAPIER DE CHINE, collé.

849. BÉRARD (Victor). Les Phéniciens et l'Odyssée, *Paris, A. Colin*, 1902-1903, 2 vol. gr. in-8, figures et cartes, brochés (*Couvert.*).

Sur le feuillet de garde ;

A Monsieur J.-M. de Heredia, hommage très respectueux.

BÉRARD.

850. BERGERAT (Émile). Enguerrande, poème dramatique, précédé d'une préface par Théodore de Banville, avec un portrait de l'auteur, gravé à l'eau-forte par Henri Lefort et deux compositions du statuaire Auguste Rodin. *Paris, Frinzine, Klein et C*ⁱᵉ, 1884, in-4, broché (*Couvert.*).

Un des 75 exemplaires imprimés sur PAPIER WATHMAN.

Sur le faux-titre :

A José-Maria de Heredia, son bien dévoué ami.

ÉMILE BERGERAT.

851. BERTHEROY (Jean) (Mᵐᵉ Roy de Clotte). Femmes antiques. La Légende. L'Histoire. La Bible. Illustrations de Bouguereau, Adan, Falguière, Rochegrosse, H. le Roux, M. Leloir, G. Clairin, J.-P. Laurens, E. Toudouze, F. Lematte, gravées par E. Champollion. *Paris, Conquet*, 1892, in-8, fig., mar. vert foncé, dent. int., tête dor., non rog. (*Couvert.*).

Un des 200 exemplaires imprimés sur papier vélin teinté.

Sur le feuillet de garde :
Au poète illustre des Trophées, *à José-Maria de Heredia.*
J'offre ce livre en hommage d'affectueuse admiration.

JEAN BERTHEROY.

On y a joint une lettre autographe de Leconte de Lisle adressée à Mme Roy de Clotte, il lui annonce que ses vers ont été couronnés par l'Académie.

852. BERTRAND (Louis). Gaspard de la nuit. Précédé d'une préface par Jules de Marthold. Illustrations de Max Dutzauer. *Paris, imprimé pour Ch. Meunier, Maison du Livre,* 1904, gr. in-8, fig., dos et coins veau marb., non rog. (*Couvert. illustrée*).

Exemplaire imprimé sur papier vélin, pour M. J.-M. de Heredia.

853. BIBLIOTHEQUE ORIGINALE (De la). *Paris, Pincebourde,* 1864-1866, 9 vol. pet. in-12, br.

Béranger et son temps, par J. Janin. Frontispice avec portrait à l'eau-forte, de Staal. — Correspondance intime de l'armée d'Egypte, interceptée par la croisière anglaise. Introduction et notes par Lorédan Larchey. Frontispice à l'eau-forte de Ulm. — Fréron, ou l'illustre critique, par Ch. Monselet, sa vie, ses écrits, sa correspondance, sa famille, etc. Eau-forte d'Ed. Morin. — Grandet (Léon). Donaniel, poème. Eau-forte de Léop. Flameng. — L'Histoire du sieur abbé, comte de Bucquoy, singulièrement son évasion du For-l'Evêque et de la Bastille, par Mme du Noyer. Frontispice à l'eau-forte. — Les Mystifications de Caillot-Duval. Introduction et éclaircissements par Lorédan Larchey. Eau-forte de Faustin Besson. — Petrus Borel, le lycanthrope, sa vie, ses écrits, sa correspondance, poésies et documents inédits par J. Claretie. Frontispice à l'eau-forte avec portrait de Ulm. — La Vérité sur la mort d'Alexandre le Grand par E. Littré. — La Mort de César, par Nicolas de Damas. Frontispice avec portrait.

854. BLÉMONT (Emile). En mémoire d'un enfant. *Paris, Lemerre,* 1899, in-8. papier vélin, br. (*Couvert. illust.*).

Sur le faux-titre :
A José-Maria de Heredia, souvenir cordial de son bien dévoué

ÉMILE BLÉMONT.

Portrait gravé à l'eau-forte et illustrations sur bois de *Régamey.*

855. BLÉMONT (Emile). Wattignies, 15 et 16 octobre 1793. Illustrations de MM. Armand-Dumaresq, Dunki, H. Dupray, Moreau de Tours, Henri Pille. *Paris, Librairie illustrée,* 1899, in-4, br. (*Couvert.*).

Sur le faux-titre :
A José-Maria de Heredia,
Hommage cordial.

ÉMILE BLÉMONT.

856. BOUCHOR. Pervenche, conte par Maurice Bouchor, images de Léon Lebègue. *Paris, H. Floury,* 1900, in-4, fig. en couleurs, br. (*Couvert. illust.*).

Exemplaire sur PAPIER VÉLIN, imprimé pour M. de Heredia.

857. CERVANTES El ingenioso hidalgo Don Quijote de la Mancha, por Miguel de Cervantes Saavedra. *Paris, J. Didot,* 1827, in-16, veau olive, fil. dor., ornements à fr. dits à la Cathédrale, milieu orné et doré, représentant un trophée d'armures, dos orné or et à froid, dent. int. à fr., tr. dor. (*Simier, rel. du Roi*).

> Édition imprimée en caractères très fins, ornée d'un portrait et de 7 figures par *Stalker,* sur chine, collé.

858. CERVANTES. L'Histoire de Don Quichotte de la Manche. Première traduction française par C. Oudin et F. de Rosset, avec une préface par E. Gebhart. Dessins de J. Worms gravés à l'eau-forte par de Los Rios. *Paris, Jouaust,* 1884, 6 vol. in-12, fig., br. (*Couvert.*).

859. CLARETIE (Jules). Explication. Illustrée par A. Robida. *Paris, Librairie illustrée,* 1894, in-4, figures, broché (*Couvert. illust.*).

> Exemplaire sur PAPIER DU JAPON, imprimé spécialement pour M. J-M. de Heredia.

860. COLLECTION FIGDOR. Jeu de cartes satiriques de 1545. *S. l., n. d.,* album in-4, dos et coins mar. rouge, tête dor., non rog.

> Contient une triple suite de 12 planches de cartes lithographiées, dont une en noir et deux coloriées, l'une de ces dernières est sur PAPIER DU JAPON.

861. COLONNA. Le Songe de Poliphile, ou hypnérotomachie du frère Francesco Colonna, littéralement traduit pour la première fois, avec une introduction et des notes, par Claudius Popelin. Fig. sur bois, gravées à nouveau par A. Prunaire. *Paris, Isidore Liseux,* 1883, 2 vol. en 10 fascicules in-8, fig., pap. de Hollande, en feuilles dans des cartons.

> Sur l'un des feuillets de garde du premier fascicule :
> *A mon bon et cher ami, José-Maria de Heredia.*
>   CLAUDIUS POPELIN.

862. COMMANVILLE (Caroline). Souvenirs sur Gustave Flaubert. Texte et illustrations par Caroline Commanville. *Paris, Ferroud,* 1895, in-8, port., papier vélin, br. (*Couvert.*).

> Sur le feuillet de garde :
> *A José-Maria de Heredia, au poète impeccable des* Trophées.
>   CAROLINE COMMANVILLE.

863. D'ALLEMAGNE (Henry-René). Histoire des jouets. Ouvrage contenant 250 illustrations dans le texte et 100 gravures hors texte dont 50 planches coloriées à l'aquarelle. *Chez l'auteur, s. d.,* in-4, fig. et planches, cartonnage de l'éditeur.

> Exemplaire imprimé pour M. de Heredia.

864. D'ALLEMAGNE (Henry-René). Récréations et passe-temps. Ouvrage contenant 249 illustrations dans le texte et 132 gravures

hors texte dont 3o planches coloriées à l'aquarelle. *Paris, Hachette et C*^{ie}*, s. d.,* in-4, fig. et planches, cartonnage des éditeurs.

Exemplaire imprimé pour M. de Heredia.

865. D'ALLEMAGNE (Henry-René). Sports et jeux d'adresse. Ouvrage contenant 3a8 illustrations dans le texte et 100 gravures hors texte dont 29 planches coloriées à l'aquarelle. *Paris, Hachette et C*^{ie}*, s. d.,* in-4, figures et planches, cartonnage des éditeurs.

Exemplaire imprimé pour M. de Heredia.

866. DORVILLE (Noël). Le Monde politique. *Paris, imprimerie lithographique J. Thil, A. Cinqualbre, directeur,* 5o lithog. in-fol. dans un carton.

867. DOUCET (Jérôme). La Chanson des choses. Illustrations des principaux artistes de ce temps. *Paris, L.-H. May,* in-4, fig. en noir et en couleurs, br. (*Couvert. illust.*).

Exemplaire imprimé sur papier couché. Réservé à M. J.-M. de Heredia.
Sur le faux-titre :
A José-Maria de Heredia, en respectueuse admiration de
Jérome Doucet.

868. DOUCET (Jérôme). Contes de la fileuse. Illustrations de Alfred Garth Jones. *Paris, Tallandier, s. d.,* in-4, figures, broché (*Couvert.*).

Exemplaire imprimé sur papier du Marais.
Au verso du faux-titre :
Ex. de José-Maria de Heredia.
Respectueux hommage de
Jérome Doucet.

869. DE FOE (Daniel). Vie et aventures de Robinson Crusoé, par Daniel De Foë. Traduction de Petrus Borel. Avec huit eaux-fortes par Mouilleron. Portrait gravé par Flameng. *Paris, Librairie des Bibliophiles,* 1878, 4 vol. in-12, dos et coins mar. bleu, fil., tête dor., non rog.

870. GAUTIER (Judith). Poëmes de la libellule, traduits du japonais d'après la version littérale de M. Saionzi, conseiller d'Etat de S. M. l'Empereur du Japon, par Judith Gautier, illustrés par Yamamoto. *Paris, Gillot, s. d.,* in-4, cartonn. en étoffe japonaise (*Couvert. illustrée*).

Exemplaire imprimé sur papier du Japon.

871. GAUTIER (Judith). Poëmes de la libellule, traduits du japonais d'après la version littérale de M. Saionzi, conseiller d'Etat de S. M. l'Empereur du Japon, par Judith Gautier, illustrés par Yamamoto. *Paris, gravé et imprimé par Gillot,* in-4, broché (*Couvert. illustrée.*)

Exemplaire imprimé sur papier du Japon.

872. GAUTIER (Théophile). Le Pavillon sur l'eau. Compositions en couleur de Henri Caruchet. Préface par Camille Mauclair. *Paris, A. Ferroud,* 1900, in-8, figures en couleurs, broché (*Couvert. illust.*).

> Sur le faux-titre : *A José-Maria de Heredia, hommage admiratif et respectueux.*
>
> HENRI CARUCHET.

873. GOETHE. Les Souffrances du jeune Werther. Traduction nouvelle (par Labédoyère) ornée de trois gravures en taille-douce. *Paris, Didot,* 1809, in-8, veau rac., dent. dor., dos orné, tr. dor. (*Rel. anc.*).

> 3 figures par *Moreau* gravées par *Simonet,* AVANT LA LETTRE.

874. GRUYÈRE (F.-A.). Chantilly. Les portraits de Carmontelle. *Paris, Plon-Nourrit et C*^{ie}, 1902, in-4, figures, broché.

> Exemplaire réservé, imprimé pour Monsieur José-Maria de Heredia, membre de l'Institut.

875. GONSE (Louis). L'Art japonais. *Paris, A. Quantin,* 1883, 2 vol. in-4, figures de texte et planches en noir et en couleurs, cartonn. satin, non rog.

876. HANOTAUX (Gabriel). Centenaire de Victor-Hugo. Discours prononcé à la cérémonie du Panthéon par M. Gabriel Hanotaux, de l'Académie française, le 26 février 1902. Portrait gravé par A. Lepère, d'après A. Rodin. *Paris, Ferroud,* 1902, in-8, port., broché (*Couvert.*).

> Exemplaire imprimé sur PAPIER DU JAPON. Réservé à M. Hanotaux, avec le tirage hors texte des illustrations.
> Sur le feuillet de garde :
> *A mon cher grand poète J.-M. de Heredia, en toute amitié et gratitude pour sa constante vigilance.*
>
> G. HANOTAUX.

877. HANOTAUX (Gabriel) et VICAIRE (Georges). La Jeunesse de Balzac. Balzac imprimeur 1825-1828. Avec trois estampes et deux portraits gravés sur bois par A. Lepère. *Paris, Ferroud,* 1903, pet. in-8, broché (*Couvert.*).

> Sur le faux-titre ;
> *A mon cher poète et tendre ami José Maria de Heredia, de cœur.*
>
> G. HANOTAUX.

878. HAVARD (Henry). Dictionnaire de l'ameublement et de la décoration depuis le XIIIe siècle jusqu'à nos jours. Ouvrage illustré de 256 planches hors texte et de plus de 2 500 gravures dans le texte. *Paris, Quantin, s. d.,* 4 vol. in-4, figures, brochés.

879. HENRIVAUX (J.) Le Verre et le Cristal (Applications de chimie organique). *Paris, Dunod,* 1883, gr. in-8, figures et planches, veau fauve, non rog. — le plat du titre entièrement orné par la pyro-

gravure, aquarellé par E. Gatté et portant la devise « Tout homme enfle une bulle où se reflète un ciel ». — Victor Hugo.

Contient une dédicace aquarellée et une aquarelle : les Vendanges d'automne, vase en verre de Gatté.

Dédicace :

Envoi,..

> *Versez en nos fiers creusets*
> *Vos Sonnets !*
> *Créez des gemmes nouvelles,*
> *Des Spinelles*
> *Inconnus aux joailliers,*
> *Des colliers*
> *De pâtes roses bleuies,*
> *Inouïes,*
> *Maître Don José Maria*
> *Heredia.*

ÉMILE GATTÉ.

880. HOUCHART (E.). Estelle, poème en français et en provençal en regard. Illustré de planches artistiques hors texte. *Avignon, Aubanel frères, s. d.* In-8 broché (*Couvert. illust.*).

Sur le feuillet de garde :

A M. José-Maria de Heredia, hommage de respectueuse et bien artistique souvenir.

GENINA HOUCHART,
de l'Ac. de Vaucluse.

881. JACQUEMART. Histoire du mobilier. Recherches et notes sur les objets d'art qui peuvent composer l'ameublement et les collections de l'homme du monde et du curieux, par Albert Jacquemart. Ouvrage contenant plus de 200 eaux-fortes typographiques, procédé Gillot, par Jules Jacquemart. *Paris, Hachette,* 1876, gr. in-8, figures et planches, demi-rel. vélin blanc, dos orné, tête dor., non rog.

882. LIÉGEARD (Stéphen). Les Saisons et les Mois. Sonnets ornés de cinquante eaux-fortes par Paul Avril et d'un portrait de l'auteur gravé par Focillon. *Paris, Quantin,* gr. in-8, figures, broché (*Couvert.*).

Un des 12 exemplaires imprimés sur PAPIER DU JAPON.
Sur le feuillet de garde ;
Au maître du sonnet, à l'illustre poète José-Maria de Heredia qui a bien voulu en accepter la dédicace, cette modeste bluette d'un fervent admirateur, d'un ami dévoué.

STÉPHEN LIÉGEARD.

883. LIÉGEARD (Stéphen). Les Saisons et les Mois, même édition, gr. in-8, broché.

Exemplaire imprimé sur PAPIER WHATMAN.

884. LUGNIER (A.). Sonnets foréziens par Antonin Lugnier, illustrés en lithographie par Eug. Delâtre, avec un portrait de l'auteur par C. Bétout et une lettre-préface de Sully Prudhomme. *Paris,*

Bibliothèque du franc-parler, 1900, in-fol., en feuilles (*Couvert. illustrée*).

> Portrait, 7 dessins et 8 sonnets.
> Exemplaire imprimé pour M. José-Maria de Heredia, portant, sur le titre, la dédicace :
> *Au grand poète des « Trophées », au maître du sonnet bien respectueux hommage d'un petit rimeur de « quatorzains ».*
> Paris, 14 février 1900.
> ANTONIN LUGNIER.

885. MASSON (Frédéric). Joséphine, impératrice et reine. Illustrations d'après des documents contemporains. *Paris, Goupil,* 1899, in-4, frontispice en couleurs et planches, broché (*Couvert.*).

> Sur le faux-titre :
> *A José-Maria de Heredia, hommage de son admirateur et ami,*
> FRÉDÉRIC MASSON.

886. MASSON (Frédéric). L'Impératrice Marie-Louise. Illustrations d'après des documents contemporains. Planches imprimées en camaïeux divers. Frontispice en couleurs. *Paris, Goupil et Cie,* 1902, in-4, planches, broché.

> Sur le faux-titre :
> *A José-Maria de Heredia, profonde gratitude et affectueuse admiration.*
> FRÉDÉRIC MASSON.

887. MASSON (Frédéric). Napoléon et son fils. Illustrations d'après les documents contemporains. Planches imprimées en camaïeux. Deux planches fac-similé en couleurs. *Paris, Goupil et Cie,* 1904, in-4, planches, broché.

> Sur le faux-titre :
> *A José-Maria de Heredia, son ami et serviteur,*
> FRÉDÉRIC MASSON.

888. MASSON (Frédéric). Les Quadrilles à la cour de Napoléon Ier (1806-1813), par Frédéric Masson. Eau-forte et dessins par Eugène Courboin. *Paris, H. Daragon,* 1904, in-16, figures, broché (*Couvert. illustrée*).

> Sur le faux-titre :
> *A José-Maria de Heredia, souvenir d'affectueux dévouement.*
> FRÉDÉRIC MASSON.
>
> *Bis repetita placent...*

889. MILLE (LES) ET UNE NUITS, contes arabes, traduits en françois par Galland. Nouvelle édition, revue sur les textes originaux, et augmentée de plusieurs nouvelles et contes traduits des langues orientales par M. Destains ; précédée d'une notice historique sur Galland par M. Charles Nodier. *Paris, Galliot,* 1822, 6 vol. in-8, figures, veau olive, comp. de fil. et encad. à fr., rosaces dor., dos orné de fers dor. et à froid, fil. int., tr. marb. (*Hering*).

> 6 figures par *Westall*, gravées par *Finden, Watt, Robinson,*

890. MILLE (LES) ET UNE NUITS, contes arabes, traduits en français par Galland. Nouvelle édition, revue sur les textes originaux et augmentée de plusieurs nouvelles et contes traduits des langues orientales par M. Destains; précédée d'une notice historique sur Galland par M. Charles Nodier. *Paris, Galliot,* 1822-25, 6 vol. gr. in-8, fig. de Westall, dos et coins veau fauve, fil., dos ornés, non rog.

Exemplaire imprimé sur GRAND PAPIER et relié par GINAIN.

891. MISSEL des grandes fêtes, contenant : l'ordinaire de la messe, les Evangiles et épîtres de Noël, Pâques, Ascension, Pentecôte, Assomption, Toussaint. Messe de mariage. Compositions de Henri Caruchet. *Paris, H. Laurens,* in-12, figures coloriées, en feuilles, dans un cartonn. de vélin blanc.

Un des 44 exemplaires imprimés sur PAPIER DU JAPON.
Sur le faux-titre :
Au grand et cher poète José-Maria de Heredia, son admirateur et ami.
HENRI CARUCHET.

892. MISTRAL (F.). Le Secret des bestes. Trente compositions de Robida. *Paris, Floury,* 1896, in-16, broché (*Couvert. illust.*).

PAPIER DE JAPON (Ex. n° 1).

893. MOLIÈRE. Théâtre complet publié par D. Jouaust. Préface par M. D. Nisard. Dessins de Louis Leloir, gravés à l'eau-forte par Flaméng. *Paris, Librairie des Bibliophiles,* 1876-1883, 8 vol. in-8, figures, veau marb., fil., dos orné, fil. int., tr. dor. (*Domange*).

On y a joint 1 lettre de l'éditeur et 1 lettre de L. Flameng à M. Leloir, 1 lettre de M. Leloir à M. Christophe.

894. NISARD (D.). Promenades d'un artiste. Bords du Rhin, Hollande, Belgique (tome I). — Tyrol, Suisse, Nord de l'Italie (tome II) (par M. Désiré Nisard). *Paris, Renouard, s. d.* (1835), 2 vol. in-8, figures, veau bleu, comp. de fil. dor. et angles ornés, milieu orné à froid, dos orné, dent. int., tr. dor. (*Boutigny*).

52 gravures d'après *Stanfield* et *Turner.*

895. NOLHAC (P. de). La Création de Versailles, d'après les sources inédites. Étude sur les origines et les premières transformations du château et des jardins, par Pierre de Nolhac. Ouvrage illustré de 110 documents contemporains, estampes, dessins et plans manuscrits du service des bâtiments du Roi. *Versailles, Bernard,* 1901, gr. in-4, figures de texte et planches, broché.

Sur le feuillet de garde ;
Au cher poète et ami, José-Maria de Heredia,
Ces pages sans poésie.
NOLHAC.

896. NOTOR (G.). La Femme dans l'antiquité grecque. Texte et dessins de G. Notor. Préface de M. Eugène Muntz. Trente-trois reproductions en couleurs et 320 dessins en noir d'après les docu-

ments des musées et collections particulières. *Paris, Laurens,* 1901, gr. in-4, figures, broché.

897. PERRAULT (Charles). Les Contes des fées en prose et en vers. Deuxième édition revue et corrigée sur les éditions originales et précédée d'une lettre critique par Ch. Giraud. *Lyon, L. Perrin,* 1865, in-8, figures, dos et coins mar. bleu, tête dor., non rog. (*Burnier*).

898. PERRAULT (Charles). Les Contes des fées en prose et en vers. Deuxième édition revue et corrigée sur les éditions originales et précédée d'une lettre critique par Ch. Giraud. *Lyon, L. Perrin,* 1865, in-8, figures, dos et coins mar. rouge, tête dor., non rog.

899. PIN Y SOLER (J.). Sonets d'uns y altres. Ilustracions de J. Triado. Estampa de Joan Oliva y Mila Vilanova de la Geltru, 1904, in-8, texte encadré d'un filet rouge, broché (*Couvert. illust.*).

> Cette jolie publication, qui est un recueil de sonnets d'auteurs catalans contemporains, est imprimée sur beau papier vergé, avec illustrations, gravées sur bois, tirées sur Japon. Exemplaire au nom de M. de Heredia.

900. POÈMES ET BALLADES DU TEMPS PASSÉ. Jehan de Meung. Christine de Pisan. Charles d'Orléans. Villon. Ronsard. J. du Bellay. Plantin. Remy. Belleau. Louise Labé. Marie Stuart, etc. Préface de Jules de Marthold. Illustrations et eaux-fortes par A. Robida. Culs-de-lampe gravés sur bois par P. Gusman. *Paris, imprimé pour Charles Meunier, « Maison du livre »,* 1902, in-4, figures, cartonn., dos et coins veau marb. (*Couvert. illustrée*).

> Un des 12 exemplaires non mis dans le commerce, « offert à M. J.-M. de Heredia ».

901. PRÉVOST (abbé). Histoire de Manon Lescaut et du chevalier Des Grieux. Édition illustrée par Tony Johannot, précédée d'une notice historique sur l'auteur par Jules Janin. *Paris, E. Bourdin,* s. d. (1839), in-8, figures sur Chine, demi-rel. veau bleu, dos orné, tr. marb., couvert. illustrée (*Brigandat*).

> PREMIER TIRAGE.

902. PRÉVOST (abbé). Histoire de Manon Lescaut, avec une notice par M. A. France. *Paris, Lemerre,* 1878, port. et 4 figures par Monziès. — Voyage autour de ma chambre, par Xavier de Maistre. *Ibid., id.,* 1878, port. et 3 figures par F. Dupont. — Les Pastorales de Longus, ou Daphnis et Chloé. Traduction de messire J. Amyot, revue, corrigée, complétée par P.-L. Courier. Notice par A. France. *Ibid., id.,* 1879. — Ens. 3 vol. pet. in-8, brochés.

> Papier de Hollande.

903. PROUST (Marcel). Les Plaisirs et les jours. Illustrations de Madeleine Lemaire. Préface d'Anatole France et quatre pièces, pour

piano, de Reynaldo Hahn. *Paris, Calmann Lévy,* 1896, gr. in-8, planches, broché (*Couvert. illustrée*).

> AQUARELLE DE MADELEINE LEMAIRE, sur un feuillet de garde, avec cette dédicace :
> *A M. J.-M. de Heredia, bien affectueusement.*
> MADELEINE LEMAIRE.
>
> Et sur le feuillet de garde suivant:
> *A Monsieur J.-M. de Heredia, hommage de reconnaissance et d'admiration.*   *Son respectueux*
> Juin 1896.   MARCEL PROUST.

904. QUEYROY (A.). En Bourbonnais, 12 eaux-fortes par A. Queyroy. *Paris, imp. A. Delatre,* in-fol., cartonn. toile noire.

> Sur le feuillet de garde :
> *A Monsieur J. de Heredia, souvenir de Vichy.*
>   A. QUEYROY.
> *Juillet 1869.*

905. QUICHERAT (J.). Histoire du costume en France, depuis les temps les plus reculés jusqu'à la fin du XVIIIᵉ siècle. Ouvrage contenant 481 gravures dessinées sur bois d'après les documents authentiques par Chevignard, Pauquet et P. Sellier. *Paris, Hachette,* 1875, gr. in-8, figures et planches, demi-rel. vélin, dos orné, tête dor., non rog.

906. RAIMES (Gaston de). La Marche du Sacre. Aquarelles de Dupray et Lanos gravées par Romagnol. *Paris, A. Magnier,* 1896, gr. in-8, figures en couleurs, broché (*Couvert.*).

> Sur le faux-titre :
> *Au maître José-Maria de Heredia, au superbe poète des « Trophées ». Son admirateur et son humble ami.*
>   GASTON DE RAIMES.
> Cet ouvrage, tiré à 250 exemplaires, n'a pas été mis dans le commerce.

907. REYBAUD (L.). Jérôme Paturot à la recherche d'une position sociale, par Louis Reybaud. Edition illustrée par J.-J. Grandville. *Paris, Dubochet, Le Chevalier,* 1846, in-8, figures et planches, cart., tr. dor. (*Cartonn. des éditeurs*).
PREMIER TIRAGE.

908. REYBAUD (Louis). Jérôme Paturot à la recherche de la meilleure des républiques, par Louis Reybaud. Édition illustrée par Tony Johannot. *Paris, Michel Lévy,* s. d., gr. in-8, figures et planches, broché (*Couvert. illust.*).

909. RODIN. Les Dessins de Auguste Rodin. 129 planches comprenant 142 dessins reproduits en fac-simile par la maison Goupil. *Paris, J. Boussod, Manzi, Joyant et Cⁱᵉ,* 1897, 129 planches dans un carton.

910. ROUSSEAU (J.-J.). Les Confessions, avec une préface par Marc-Monnier. Treize eaux-fortes par Ed. Hédouin. *Paris, Librairie*

des Bibliophiles, 1881, 4 vol. in-8, veau rac., fil., dos ornés, fil.
int., tr. dor.

> Un des 170 exemplaires imprimés sur PAPIER DE HOLLANDE.
> Au verso du titre du tome premier se trouve un petit dessin à la
> plume d'Ed. HÉDOUIN, avec l'envoi suivant :
> *A mon bon ami E. Christophe.*
>
> E. HÉDOUIN.

911. **SAINTS EVANGILES (LES),** traduits de la Vulgate par
M. l'abbé Dassange, illustrés par MM. Tony Johannot, Cavelier,
Gérard-Séguin et Brevière. *Paris, L. Curmer,* 1836, 2 vol. gr. in-8,
figures, chag. vert, comp. de fil. dor. et à froid, dos orné, dent.
int., doublés de moire blanche, tr. dor.

> PREMIER TIRAGE, avec le frontispice, le fleuron et la grande initiale
> peints avec soin.

912. **SAINT-PIERRE (Bernardin de).** Paul et Virginie, par Bernardin de Saint-Pierre, avec une notice inédite sur sa vie, écrite
par lui-même. *Paris, Furne,* 1829, in-12, figures, demi-rel. veau
bleu, dos orné et mosaïqué de mar. rouge, vert, fauve et grenat
(*Rel. de l'époque*).

> 4 figures dessinées et gravées par *Cobould.*
> Jolie demi-reliure.

913. **SCHLUMBERGER (Gustave).** L'Épopée byzantine à la fin du
xe siècle. I. Guerre contre les Russes. Les Arabes. Les Allemands.
Les Bulgares. Luttes civiles contre les deux Bardas (969-989).
II. Basile II, le tueur de Bulgares. III. Les Porphyrogénètes Zoé
et Théodora (1025-1057). *Paris, Hachette,* 1896-1905, 3 vol. gr.
in-8, figures, brochés.

> Chaque volume porte un envoi autographe de l'auteur à M. de
> Heredia.

914. **SEM.** Charges, en couleurs. *S. l. n. d.,* 28 planches, doubles
et simples, en couleurs dans un carton.

> Sur le carton, au crayon bleu :
> *A Monsieur de Heredia, respectueux hommage.*
>
> SEM.

915. **SILVESTRE (Armand).** La Plante enchantée, illustrée par A.
Robida. *Paris, Librairie illustrée,* 1895, in-4, broché (*Couvert.
illust.*).

> Exemplaire sur PAPIER DU JAPON, tiré spécialement pour M. de
> Heredia.

916. **STERNE (Laurence).** Voyage sentimental en France et en
Italie. Traduction nouvelle par Alfred Hédouin. Six eaux-fortes par
Edmond Hédouin. *Paris, Librairie des Bibliophiles,* 1875, in-8,
dos et coins mar. rouge, fil., tête dor., non rog. (*Amand*).

> Un des 170 exemplaires imprimés sur PAPIER DE HOLLANDE, orné, sur

le faux-titre, d'un DESSIN à la plume et à l'encre de Chine, d'Alf. Hédouin, avec la dédicace :

A mon ami E. Christophe.

ED. HÉDOUIN.

Et plus haut : *A Ernest Christophe, son vieil ami.*

A. HÉDOUIN.

917. STIRBEY (Prince Georges). La Légende de saint Deodat, comédie en un acte. Illustrations de Maurice Leloir. *Paris, Firmin-Didot*, 1905, in-8, broché (*Couvert. illust.*).

Sur le faux-titre :

A Monsieur José-Maria de Heredia, membre de l'Académie française, Hommage de l'auteur.

GEORGES STIRBEY.

Jolie publication imprimée sur papier vélin, avec les illustrations gravées sur bois.

918. SURVILLE (Clotilde de). Poésies de Clotilde de Surville, poète français du xv° siècle. Nouvelle édition publiée par C. Vanderbourg, ornée de gravures d'après Colin, élève de Girodet. *Paris, Nepveu*, 1825, 2 vol. in-12, figures, veau olive, encadr. à fr. et fil. dor., dos orné, fil. int., tr. dor. (*Rel. de l'époque*).

16 figures par *Colin*.

919. SWIFT (Jonathan). Les quatre voyages du capitaine Lemuel Gulliver. Traduction de l'abbé Desfontaines, revue, complétée et précédée d'une notice par H. Reynald. Gravures à l'eau-forte par Lalauze. *Paris, Librairie des Bibliophiles*, 1875, 2 vol. in-8, figures, dos et coins mar. gren., fil., tète dor., non rog. (*Amand*).

Portrait et 8 figures par *A. Lalauze*.
Un des 170 exemplaires imprimés sur PAPIER DE HOLLANDE.

920. THOMPSON. Les Saisons, traduites par J. P. F. Deleuze. Nouvelle édition avec fig. *Paris, A. Bertrand*, 1817, in-18, frontispice par B. Roger, mar. rouge à longs grains, encad. dor., dos orné, tr. dor. (*Rel. anc.*).

921. UZANNE (Octave). L'Éventail. Illustrations de Paul Avril. *Paris, A. Quantin*, 1882, gr. in-8, figures, broché (*Emboîtage de l'éditeur*).

922. UZANNE (Octave). L'Ombrelle. Le Gant. Le Manchon. Illustrations de Paul Avril. *Paris, A. Quantin*, 1883, gr. in-8, figures, broché (*Emboîtage de l'éditeur*).

922 *bis*. VERLAINE (Paul). Fêtes galantes; ornées de 69 dessins par A. Gérardin, gravés sur bois par les membres de la Société. *Paris, Société artistique du livre illustré*, 1899, in-8, papier vélin, figures, broché (*Couvert.*).

Exemplaire non destiné au commerce, offert par la Société à Monsieur J.-M. de Heredia.

923. VIOLLET-LE-DUC. Dictionnaire raisonné de l'architecture

française du xie au xvie siècle. *Paris, Bance*, 1858-1868, 10 vol.
in-8, figures, dos et coins mar. rouge, tête dor., non rog.

924. VIOLLET-LE-DUC. Dictionnaire raisonné du mobilier français
de l'époque carlovingienne à la Renaissance. *Paris, A. Morel,*
1868-75, 6 vol. in-8, figures et planches en noir et couleurs, dos
et coins mar. vert, fil., tête dor., non rog. (*Amand*).

925. VOLTAIRE. Romans. *Paris, Librairie des Bibliophiles,* 1878,
5 vol. in-8, figures, dos et coins mar. rouge, fil., tête dor., non
rog., couvert. (*Amand*).

> Un des 170 exemplaires imprimés sur PAPIER DE HOLLANDE ; eaux-
> fortes de *La Guillermie.*

926. YRIARTE (Charles). Un Condottiere au xve siècle. Rimini.
Études sur les lettres et les arts à la cour des Malatesta, d'après
les papiers d'État des archives d'Italie. Orné de 200 dessins. *Paris,
J. Rothschild,* 1882, gr. in-8, figures et planches, demi-rel. vélin
blanc, dos orné, tête dor., non rog. (*Couvert.*).

LIVRES MODERNES

EN TOUS GENRES

927. D'AUBIGNÉ (Agrippa). Œuvres complètes, publiées pour la première fois d'après les manuscrits originaux, accompagnées de notices biographique, littéraire et bibliographique, de variantes, d'un
commentaire, d'une table des noms propres et d'un glossaire par
MM. Eug. Réaume et de Caussade. *Paris, A. Lemerre,* 1873-92,
6 vol. in-8, brochés.

> Un des 25 exemplaires imprimés sur PAPIER WHATMAN.

928. BEN JONSON, MASSINGER, BEAUMONT, FLETCHER,
WEBSTER et J. FORD, contemporains de Shakspeare, traduits
par Ernest Lafond, précédés de notices sur leur vie et leurs ouvrages. *Paris, J. Hetzel,* 1863-65, 5 vol. in-8, dos et coins mar.
rouge, tête dor., non rog. (*Amand*).

929. BIBLIOTHÈQUE d'un curieux (de la). *Lemerre,* 1871-1888,
24 vol. pet. in-12, brochés.

> ANGOT L'EPERONNIÈRE. Les nouveaux satires et exercices gaillards,
> 1877. — ARLOTTO. Contes et facéties, 1873. — BOUCHET (Guillaume).
> Les Sérées de Guillaume Bouchet, sieur de Brocourt. Tomes I, II, III,
> V, VI, 1874-1881, 5 vol. — (Les) COMPTES du monde adventureux,
> 1878, 2 vol. — Le CYMBALUM MUNDI, 1873. — DU FAIL (Noël). Les
> propos rustiques, 1878. — LÉRY (Jean de). Histoire d'un voyage faict en

la terre du Brésil, 1880, 2 vol. — Magny (Olivier de). Les Soupirs. Les Odes, 2 vol. Les Amours. Les Gayetés. Dernières poésies, 1884, 6 vol. — Maynard (François de). OEuvres poétiques, 1885-1888, 3 vol. — Ouville (d'). L'élite des contes du sieur d'Ouville. — Tahureau. Les Dialogues de Jacques Tahureau, gentilhomme du Mans, 1871.

930. BOCCACE. Le Décaméron de Boccace. Traduction complète par Antoine Le Maçon, secrétaire de la reine de Navarre (1545). *Paris, J. Liseux*, 1879, 6 vol. in-18, dos et coins mar. gren., fil., tête dor., ébarbé (*Amand*).

931. CHANTILLY. Le Cabinet des livres. Manuscrits I. Théologie. Jurisprudence. Sciences et art. II. Belles-Lettres, 2 vol. — Imprimés antérieurs au milieu du xvi⁰ siècle. *Paris, Plon-Nourrit*, 1900-1905. — Ens. 3 vol. in-4, brochés.

> Exemplaire réservé, imprimé pour M. de Heredia.

932. CHRISTIAN. Origines de l'imprimerie en France. Conférences faites les 25 juillet et 17 août 1900 par M. A. Christian. *Paris, Imprimerie nationale*, 1900, in-4, planches, broché.

> Sur le feuillet de garde :
> *A Monsieur José-Maria de Heredia, de l'Académie française, hommage.*
> Christian.
>
> Novembre 1900.

933. CHRISTIAN Origines de l'imprimerie en France. Même ouvrage, in-4, texte et planches dans un carton.

> Exemplaire imprimé pour M. J.-M. de Heredia.

934. CLARAC (Cᵗᵉ de). Description du Musée royal des antiques du Louvre, par M. le Cᵗᵉ de Clarac. *Paris, Vinchon*, 1830, in-12, mar. viol., comp. de fil. et coins ornés, dos orné, dent. int., tr. dor. (*Ginain*).

> « Ce catalogue, relié par Ginain, est précieux, par une remarquable étude sur les marbres et les matières employés pour la statuaire antique. » J.-M. de H.

935. CLAUDIN Histoire de l'imprimerie en France, au xvᵉ et au xviᵉ siècle. *Paris, Imprimerie nationale*, 1901-1904, 3 vol. in-fol., figures en noir et couleurs, en feuilles dans des cartons.

> Paris, 2 vol. — Lyon, premier volume. Tout ce qui a paru.

936. COLLECTION JANET-PICARD (de la). *Paris, Lemerre*, 1868-76, 6 vol. pet. in-12, dos et coins de mar., tête dor., non rog.

> Caylus (Mᵉ de). Nouvelle édition, soigneusement revue, par M. de Lescure. — Furetière (Antoine). Le Roman bourgeois, ouvrage comique, avec notice et notes par P. Janet, 2 vol. — La Fayette (Madame). La princesse de Clèves. — Lettres de Mademoiselle de Lespinasse. Nouvelle édition augmentée de dix lettres inédites, notice et index analytique par G. Isambert.

937. COLLECTION LAURENT. Tarlier, Tarride. *Bruxelles*, 1834-54, 17 vol. in-32, demi-rel. mar. rouge, tête dor., non rog.

> Barbier (A.). Iambes et poèmes. — Brizeux (A.), Marie. — Des-

CHAMPS (Antoni). Poésies. — GAUTIER (Th.). La Comédie de la mort. — HUGO (V.). Les Chants du Crépuscule. Odes et ballades. Les Feuilles d'automne, 2 vol. — LAMARTINE : Méditations. Recueillements. Chute d'un ange. Harmonies. Jocelyn, 5 vol. — MUSSET (A. de). Poésies. Poésies nouvelles, 2 vol. — RESSÉGUIER (comte de). Prismes poétiques, précédés des tableaux poétiques. — SAINTE-BEUVE. Joseph Delorme. Les Consolations. — Pensées d'août.

938. COLLECTION LEMERRE (de la). 1869-78, 8 vol. pet. in-12, dos et coins de mar., tête dor., non rog.

> BEAUMARCHAIS. Théâtre, avec une notice et des notes par Ch. Beauquier, 2 vol. — LA FONTAINE. Contes et nouvelles en vers et Fables, avec notice et notes par A. Pauly, 4 vol., port. — LONGUS. Les Amours pastorales de Daphnis et de Chloé, précédées d'une notice par E. Charavay (port.). — RÉGNIER (Mathurin). Œuvres. Texte original avec notice, variantes et glossaire par E. Courbet.

939. COLLECTION LISEUX (de la). 1875-1888, 19 vol. pet. in-12 et in-16, brochés (*Couvert.*).

> Aristenet. Les Epistres amoureuses, tournées de grec en français par Cyre Foucault, sieur de la Coudrière. Notice par A. P. Malassis. — Boccace. Le Décaméron, 7 vol. — Du Bellay (Joachim). Divers jeux rustiques et autres œuvres poétiques. — Erasme de Rotterdam. La Civilité puérile. Traduction nouvelle, par Alcide Bonneau. — Hedelin (François). Des satyres brutes, monstres et démons, de leur nature et adoration... — Jehan de Brie. Le Bon berger, avec une notice par Paul Lacroix. — La Mothe le Vayer. Hexaméron rustique. Avec la clé des personnages. Soliloques sceptiques. Réimprimé sur l'édition unique de 1670. — Livet. Les intrigues de Molière et celles de sa femme ou la fameuse comédienne. Histoire de la Guérin. — Passevent parisien respondant à Pasquin Romain. Réimprimé sur la 3ᵉ édition (Paris, 1556). — Pogge, florentin. Les Bains de Bade au xvᵉ siècle, traduit en français par A. Méray. — Les Facéties, traduites en français. 1ʳᵉ édition complète, 2 vol. — Sinistrari (le R. P. Louis Marie) d'Ameno. De la démonialité et des animaux incubes et succubes, traduit du latin par Isidore Liseux.

940. COLLETTA. Histoire du royaume de Naples, depuis Charles VII jusqu'à Ferdinand IV, 1734 à 1825, par le général Colletta, ancien ministre, traduite de l'italien sur la 4ᵉ édition par Chᵉˢ Lefèvre et L. B*. *Paris, Ladvocat*, 1835, 4 vol. in-8, mar. vert, fil., dos orné, dent. int., tr. dor. (*Rel. de l'époque*).

> Chiffre du prince Paul Demidoff sur un des plats de chaque reliure.

941. DEZOBRY (Ch.). Rome au siècle d'Auguste, ou voyage d'un gaulois à Rome à l'époque du règne d'Auguste et pendant une partie du règne de Tibère, accompagné d'une description de Rome sous Auguste et sous Tibère. Quatrième édition, revue, augmentée et ornée de divers plans et de vues de Rome antique. *Paris, Ch. Delagrave*, 1875, 4 vol. in-8, planches, demi-rel. mar. olive, tête dor., non rog. (*P. Vié*).

942. DU BELLAY. Œuvres choisies avec une introduction et des notes par Léon Séché, une notice biobibliographique par Camille Ballu et des sonnets-hommages des principaux poètes contemporains. Frontispice de Ludovic Alleaume. Dessin à la plume de Corabœuf. Le Petit Lyré mis en musique par Jules Bordier. *Paris, Edition du monument, Revue illustrée de l'Ouest,* 1894, in-4, figures, broché (*Couvert.*).

Un des 25 exemplaires imprimés sur PAPIER DU JAPON.

943. GROTE (G.). Histoire de la Grèce depuis les temps les plus reculés jusqu'à la fin de la génération contemporaine d'Alexandre le Grand, traduit de l'anglais par A.-L. de Sadous. Seule édition française autorisée par l'auteur. Avec cartes et plans. *Paris, A. Lacroix,* 1864-67, 19 vol. in-8, figures, demi-rel., mar. noir, tr. dor.

944. HUBBARD. Little journeys to the Homes of Great musicians Beethoven written by Elbert Hubbard and done into a book by the Boycrofters at their Shop, which is in est Aurora. *New-York, A.-D.,* 1901, in-8 carré, titre dans un encad. colorié, portrait, rel. cuir souple.

Sur le feuillet de garde :
To José Maria de Heredia, with compliments of his american and friend Admirer.

JAMES CARLETON JOUNG.

945. LABÉ (L.). Œuvres de Louise Labé. Nouvelle édition, publiée par M. Edvin Tross et imprimée en caractères dits de civilité. *Paris, Tross,* 1871, in-8, port. par Dubouchet, demi-rel., vélin blanc, non rog. (*Paul Vié*).

Jolie édition, tirée à petit nombre.

946. LA BRUYÈRE. Les Caractères, ou les mœurs de ce siècle, précédés des caractères de Théophraste traduits du grec par La Bruyère. Texte revu sur la neuvième édition originale de 1696, avec une notice et des notes par Ch. Asselineau. *Paris, A. Lemerre,* 1872, 2 vol. in-8, portrait en double épreuve, avant la lettre, brochés.

Un des 27 exemplaires imprimés sur PAPIER WHATMAN.

947. LA FONTAINE. Œuvres, d'après les textes originaux, suivies d'une notice sur sa vie et ses ouvrages, d'une étude bibliographique, de notes, de variantes et d'un glossaire, par Alphonse Pauly. *Paris, A. Lemerre,* 1875-1891, 7 vol. in-8, brochés.

Un des 25 exemplaires imprimés sur PAPIER WHATMAN.

948. LAI DE L'OISELET (Le). Poème français du XIIIe siècle, publié d'après les cinq manuscrits de la Bibliothèque nationale et accompagné d'une introduction par Gaston Paris. *Paris, G. Chamerot,* 1884, in-8, broché (*Couvert*).

Imprimé à petit nombre pour le mariage Depret-Bixio, 19 avril 1884.

949. MENAGIER DE PARIS (Le). Traité de morale et d'économie

domestique composé vers 1393 par un parisien pour l'éducation de sa femme, publié pour la première fois par la Société des bibliophiles françois. *Paris, Janet, Techener, Potier,* 1847, 2 vol. in-8, vélin blanc à rec., non rog. (*Couvert.*).

Longue introduction de M. le Bᵒⁿ Pichon qui a publié cette édition.

950. MOLIÈRE. Réimpression des éditions originales des pièces de Molière (1660-1672). *Paris, Librairie des Bibliophiles,* 1867-1877, 23 vol. pet. in-12, papier vergé, dos et coins mar. rouge, tête dor., couvert. (*Amand, Domange*).

951. MOMMSEN (Théodore). Histoire romaine, traduite par C.-A. Alexandre. *Paris, Herold,* 1863-72, 8 vol. in-8, dos et coins mar. rouge, tête dor., non rog. (*Amand*).

952. MONTAIGNE. Essais de Michel de Montaigne. Nouvelle édition avec les notes de tous les commentateurs choisies et complétées par M. J.-V. Le Clerc, précédée d'une nouvelle étude sur Montaigne par M. Prévost-Paradol. *Paris, Garnier frères,* 1865, 4 vol. in-8, port., demi-rel. mar. grenat, non rog.

953. MONTAIGNE. Les Essais, accompagnés d'une notice sur sa vie et ses ouvrages, d'une étude bibliographique, de variantes, de notes, de tables et d'un glossaire par E. Courbet et Ch. Royer. *Paris, A. Lemerre,* 1872-77, 4 vol. in-8, brochés (*Couvert.*).

Un des 26 exemplaires imprimés sur papier Whatman.

954. PASCAL (Blaise). Les Pensées. Texte revu sur le manuscrit autographe. Avec une préface et des notes par Auguste Molinier. *Paris, A. Lemerre,* 1877-79, 2 vol. in-8, brochés.

Un des 25 exemplaires imprimés sur papier Whatman.

955. PENGUILLY L'HARIDON. Catalogue des collections composant le musée d'artillerie. *Paris, Ch. de Mourgues frères,* 1862, in-8, vélin, plats et dos peints par l'auteur.

« Curieux exemplaire du peintre Penguilly l'Haridon, conservateur du musée d'artillerie et auteur de ce catalogue dont il s'est diverti à peindre la reliure.

J.-M. DE HEREDIA.

956. PETITS CHEFS-D'ŒUVRE (LES). *Paris, Académie des Bibliophiles,* 1866-87, 14 vol. in-12, dont 6 v. dos et coins mar., tête dor., non rog. (*Amand*) et 8 v. cartonn. toile, non rog.

DIDEROT. Est-il bon ? Est-il méchant ? comédie en quatre actes, avec une préface par Arsène Houssaye. — GRESSET. Le méchant, précédé d'une notice par G. d'Heylli. — LA BRUYÈRE. Le premier texte de La Bruyère, publié par D. Jouaust. — LA BOÉTIE. La servitude volontaire ou le contr'un réimprimé sur le manuscrit d'Henry de Mesmes par D. Jouaust. — LE SAGE. Turcaret, notice par F. de Marescot. — Lettres de Mˡˡᵉ Aïssé à Mᵐᵉ Calandrini, précédées d'une notice par A. Piédagnel. — Huit lettres de Mᵐᵉ de Lafayette à Mᵐᵉ de Sablé. — Lettres portugaises, avec une notice préliminaire par M. Piédagnel. — PERRAULT (Ch.). Mémoires, précédés d'une notice par P. Lacroix. — PIᴠᴏɴ (A.). La Métromanie, notice par F. de Marescot. — Poinsinet. Le cercle, ou la soirée à la mode, comédie en 1 acte publié par G. d'Heylli. — Rabelais. La chronique de Gargantua, premier texte du roman de Rabelais, précédé d'une notice par P. Lacroix. — Regnard (J.-F.). Voyage de Laponie, précédé d'une notice par A. Lepage. — Voyage de Chapelle et de Bachaumont, publié par D. Jouaust.

957. PETITS CONTEURS DU XVIII° SIÈCLE, publiés par O. Uzanne. *Paris, A. Quantin,* 1878 1883, 12 vol. in-8, dos et coins mar. gren., fil., tête dor., ébarbés (*Amand*).

D'Aucourt (Godard). Mémoires turcs. — Besenval (baron de). Contes. — Boufflers (chevalier de). Contes. — Caylus (comte de). Facéties. — Cazotte (Jacques). Contes : Mille et une fadaises. La Patte du Chat. Contes divers. — Crébillon fils. Contes dialogués. — Duclos (Pinot). Contes. — Fromaget. Contes. Le cousin de Mahomet. — La Morlière. Contes. Angola. — Moncrif (Augustin-Paradis de). Contes. — Restif de la Bretonne. Contes. Le pied de Fanchette ou le Soulier couleur de rose. — Voisenon (abbé de). Contes.

958. PETITE BIBLIOTHÈQUE LITTÉRAIRE. Auteurs contemporains. *Lemerre,* 1857-1905, 108 vol. pet. in-12, brochés, et 8 vol., rel. (*Couvert.*).

Ackermann. Pensées d'une solitaire. 1883. — Pensées d'une solitaire, précédées de fragments inédits. 1903. — Arène (Paul). Jean des Figues. 1884. — Bal (Georges). Rêves et chimères, poésies. 1887. Les Brumes d'or, poésies, 1888, 2 vol. — Banville (Théodore de). Poésies et comédies. 1872-1878, 7 vol. — Bouilhet. Festons et astragales. Melaenis. 1880, cartonn. toile. — Bonnetain (Paul). En mer. 1897. — Bourget (Paul). Poésies (1872-1876). 1885. — Breton (J.). Les Champs et la mer. Jeanne. 1887. Brizeux. Œuvres. 1874-75, 4 vol. — Byron. Traduction nouvelle par Daniel Lesueur. Œuvres parues. 1891-92, 2 vol. — Coppée (François). Poésies (1864-1886). 1870-79, 5 vol. — Daudet (Alphonse). Les Femmes d'artistes. Robert Helmont. Études et paysages. Lettres de mon moulin. — Le petit Chose, histoire d'un enfant. 1879-1885, 3 vol. — Daudet (Madame A.). 1878-1889. L'Enfance d'une parisienne. Enfants et mères. 1892. — Delthil (Camille). Les martyrs de l'idéal, poème. 1882. — Dierx (Léon). Œuvres complètes. 1894-96, 2 vol. — Dorchain (Auguste). Poésies (1881-1894). 1895. — Fabié (F.). Poésies (1888-1904). 1894-1905, 2 vol. — Fabre (F.). Monsieur Jean. 1889. Barnabé. 1890, 2 vol. — Flaubert (Gustave). L'Éducation sentimentale, 2 vol. La Tentation de Saint-Antoine. 1884, 1 vol. — France (Anatole). Les Poèmes dorés. Idylles et légendes. Les Noces corinthiennes, 1896. — Glatigny (Albert). Poésies complètes. Notice par A. France. 1879. — Goncourt (E. et J. de). Portraits intimes. 1857-58, 2 vol. — Renée Mauperin. Sœur Philomène. 1875, 2 vol. Germinie Lacerteux. 1876. Ens. 5 vol. cartonn. toile. — Gozlan (Léon). Aristide Froissart. 1873. Les émotions de Polydore Marasquin. 1875. Ens. 2 vol. — Grenier (E.). Poésies. 1895-96, 2 vol. — Gramont (Cᵗᵉ de). Sextines, précédées de l'histoire de la Sextine dans les langues dérivées du latin. 1872. — Haraucourt (Edmond). Les Ages. L'Espoir du monde. 1899. — Hervieu (Paul). Diogène le chien. L'Esquimau, etc. 1894. Théâtre. 1900-1902, 2 vol. Ens. 3 vol. — Horace. Œuvres. Traduction nouvelle par Leconte de Lisle, avec le texte latin. 1873, 2 vol. — Hugo (Victor). Poésie (Odes et ballades. Les Orientales. Les Contemplations. Les Voix intérieures. Les Rayons et les ombres. Les Feuilles d'automne. Les Chants du crépuscule. Les Châtiments. La Légende des siècles, 1re série). 1875, 8 vol. Théâtre (Cromwell. Hernani. Marion Delorme. Le Roi s'amuse. La Esmeralda. Ruy Blas. Les Burgraves). 1876, 3 vol. Ens. 11 vol. — Lafenestre. Poésies (1864-74). 1889. — Mérat (Albert). Poésies. 1898. — Mikhael (Ephraïm). Poésies. Poèmes en prose. 1890. — Mistral (Fr.). Mireille. Texte et traduction. 1887. — Musset (Alfred de). OEuvres. 10 vol. Biographie de Alf. de Musset par Paul de Musset. Ens. 11 vol. — Predl (Émile). Sonnets misanthropiques, précédés d'une préface par Th. de Banville. 1874. — Prévost (M.). Le Scorpion. 1894. — Renaud (Armand). Poésies. 1896-97, 2 vol. — Sainte-Beuve. Tableau de la poésie française au xvie siècle. 1876, 2 vol. — Scholl (Aurélien). Denise. 1894. — Silvestre (Armand). Poésies (1866-78). 1880-1887, 2 vol. — Soulary (Joséphin). Sonnets. Poèmes et poésies. 1872, 2 vol. — Sully-Prudhomme. 5 vol. — Theuriet (André). Poèmes (1860-1894). 1880-96, 2 vol. — Vigny (Alfred de). Poésies. 1883. — La Madeleine (Jules de). Le marquis des Saffras. 1878. — Leconte de Lisle. Derniers poèmes. 1899, cartonn. demi-rel. vélin, dos orné, tête dor. — Lemaitre (J.). Poésies. 1896. — Lemoyne (André) (1855-1896). 1871-1897, 4 vol. Une idylle normande. Le Moulin des Prés. Ens. 5 vol. — Lesueur (Daniel). Poésies. 1896. — Le Livre des sonnets. Quatorze dizains de sonnets choisis. 1875.

959. PETITE BIBLIOTHÈQUE LITTÉRAIRE (De la). *Paris, A. Lemerre*, 1868-1879, 35 vol. pet. in-12, brochés.

Beaumarchais. Théâtre, 2 vol. — Boileau. OEuvres. Texte de 1701, 2 vol. — Chénier. OEuvres poétiques de André de Chénier, 3 vol. — Hamilton. Mémoires du comte de Grammont, 1 vol. — La Fontaine. Fables, Contes et nouvelles, 4 vol. — La Rochefoucauld. Réflexions, ou sentences et maximes morales. — Le Livre du Bibliophile. — Molière. OEuvres. La première représentation du Misanthrope, 4 juin 1666, 9 vol. — Longus. Daphnis et Chloé, traduit par Jacques Amyot. Texte de 1559. — Histoire du chevalier des Grieux et de Manon Lescaut. — Racine (Jean). OEuvres, 5 vol. — Régnier (Mathurin). OEuvres. — Saint-Pierre (Bernardin de). Paul et Virginie. — Voltaire. Romans. Avec notice, notes et variantes par F. Dillaye, 3 vol.

Exemplaires imprimés sur papier Whatman.

960. PETITE BIBLIOTHÈQUE LITTÉRAIRE (De la). Classiques français. *Lemerre*, 1870-1899, 33 vol. pet. in-12, papier vergé, brochés.

Beaumarchais. Théâtre, 2 vol. — Boileau. OEuvres, 1875, 2 vol. — Chénier (André). OEuvres poétiques, 1899, 2 vol. — Hamilton. Mémoires du comte de Grammont, 1876. — La Rochefoucauld. Réflexions ou sentences et maximes morales, 1870. — Le Sage. OEuvres (Gil Blas, 4 vol. Le Diable boiteux, 2 vol. Théâtre, 1 vol.), 1878-79, 7 vol. — Longus. Les Amours pastorales de Daphnis et de Chloé, 1872. — Maistre (Xavier de). Voyage autour de ma chambre. Le Lépreux de la cité d'Aoste. La jeune Sibérienne, etc., etc., 1876, 1 vol. — Molière. OEuvres, *s. d.*, 8 vol. — Prévost (abbé). Histoire du chevalier des Grieux et de Manon Lescaut, 1870. — Racine. OEuvres, *s. d.*, 5 vol. — Régnier (Mathurin). OEuvres, 1869. — Saint-Pierre (Bernardin de). Paul et Virginie, 1876.

961. RABELAIS. Les Quatre livres de maistre François Rabelais, suivis du manuscrit du cinquième livre, publiés par les soins de MM. A. de Montaiglon et Louis Lacour. *Paris, Académie des Bibliophiles*, 1868-72, 3 vol. in-8, papier vergé, dos et coins mar. vert, non rog. (*Amand*).

> On y a joint : *Rabelais et son œuvre. Étude historique et littéraire ornée d'un portrait à l'eau-forte par Gilbert.* Librairie des bibliophiles, 1870, in-8, dos et coins mar. rouge, non rog.

962. RABELAIS. Œuvres, accompagnées d'une notice sur sa vie et ses ouvrages, d'une étude bibliographique, de variantes, d'un commentaire, d'une table des noms propres et d'un glossaire, par Ch. Marty-Laveaux. *Paris, A. Lemerre,* 1868-81, 4 tomes en 5 vol. in-8, brochés.

> Un des 22 exemplaires imprimés sur PAPIER WHATMAN.

963. RÉGNIER (Mathurin). Œuvres complètes, accompagnées d'une notice biographique et bibliographique, de variantes, de notes, d'un glossaire et d'un index par E. Courbet. *Paris, A. Lemerre,* 1875, in-8, broché.

> Un des 30 exemplaires imprimés sur PAPIER WHATMAN.

964. ROMANS CLASSIQUES DU XVIII° SIÈCLE (les), publiés par G. d'Heilly et F. Steemackers. *Paris, Jouaust,* 1867-73, 6 vol. in-8, dos et coins de mar. tête dor., non rog.

> (Bernardin de) SAINT-PIERRE. Paul et Virginie, précédé d'une préface par Jules Janin (4 figures par V. Foulquier). — LE SAGE. Le Diable boiteux. — LE SAGE. Histoire de Gil Blas de Santillane. Réimpression de l'édition de 1747, précédée d'une introduction par F. Sarcey et ornée d'un portrait de l'auteur, 2 vol. — PRÉVOST (abbé). Histoire du chevalier des Grieux et de Manon Lescaut. — VOLTAIRE Candide, ou l'optimisme. Edition originale, suivie d'une lettre de M. Démard et de notes et variantes, port.

965. SHAKESPEARE. Œuvres complètes, traduites, par François-Victor Hugo. *Paris, L. Lemerre, s. d.,* 16 tomes en 17 vol. pet. in-12, frontispice par Boilvin en double épreuve (noir et sanguine) avant la lettre, brochés.

> Exemplaire imprimé sur PAPIER WHATMAN.

966. SHAKESPEARE (W.). Œuvres complètes. François-Victor Hugo, traducteur. *Paris, Pagnerre,* 1859-1866, 18 vol. in-8, dos et coins mar. bleu, fil., tête dor., non rog. (*Domange*).

> Exemplaire imprimé sur PAPIER DE HOLLANDE.

967. VATEL (Charles). Histoire de Madame du Barry, d'après ses papiers personnels et les documents des archives publiques, précédée d'une introduction sur madame de Pompadour, le parc-aux-cerfs, et Mademoiselle de Romans. *Versailles, L. Bernard,*

1883, 3 vol. in-12, portraits, fac-sim. cartonn. toile orange, non rog.

968. VOLTAIRE. Œuvres complètes. Édition dédiée aux amateurs de l'art typographique. *Paris, J. Didot,* 1827-1829, 4 vol. in-8, dos et coins mar. vert, fil., dos orné, tr. marb. (*Rel. de l'époque*).

Édition imprimée avec des caractères d'une très grande finesse.

---

969. BIBLIOTHÈQUE en bois noir, avec fronton, 3 portes vitrées, le bas à panneau plein.

Hauteur 2^m,5o, largeur 2 mèt., profondeur o^m,42.

970. 2 BIBLIOTHÈQUES en poirier ciré, intérieur érable, à 3 portes vitrées.

Hauteur 1^m,20, largeur 2 mètres.

DESSINS ET GRAVURES

971. BAUDRY. Etude pour les dessus de porte de l'Opéra, petit dessin au crayon noir, signé.

972. BERCHERE. Vue du Caire, dessin à la mine de plomb et à la sanguine ($0^m,28 \times 0^m,20$).

973. BRACQUEMOND. Fables de La Fontaine, d'après Gustave Moreau.

> Suite complète de 6 pièces. Très belles épreuves sur PARCHEMIN, signées, AVANT la lettre.

974. BRACQUEMOND. L'Amour et la Discorde. Eau-forte d'après Gustave Moreau, encadrée.

> Épreuve AVANT la lettre avec envoi de Bracquemond à M. de Heredia.

975. BRESDIN (Rodolphe). Guerriers tartares, dessin à la plume et à l'encre de Chine, encadré.

976. CAJOL. Paul Verlaine, vu de dos. Lithographie sur Japon.

> Avec cet envoi au crayon bleu :
> *En hommage au poète José-Maria de Heredia. N° 23. Cazol, 94.*

977. CHÉRET (Jules). Jeune femme, en costume de ville, assise sur un banc. Dessin ($0^m,40 \times 0^m,23$) à la sanguine, relevé de blanc, encadré.

978. CLESINGER. Marais Pontins. — Campagne de Rome, 2 dessins au crayon noir, relevés de blanc, encadrés.

> ($0^m,50 \times 0^m,30$).

979. DELACROIX (E.). Education d'Achille. — Diane et Endymion, 2 dessins à la plume, encadrés.

980. DELACROIX (E.). Amour portant un trophée, petit dessin au crayon noir.

981. DELACROIX (E.). 17 estampes et un portrait de Goethe lithographiés d'après les dessins d'Eugène Delacroix pour FAUST. *Paris, Motte et Vilain,* in-fol. en feuilles.

> A toutes marges.

982. GONCOURT (DE). Eau-forte d'après *la Lecture* de Fragonard.

> Envoi au crayon de Jules de Goncourt à Théophile Gautier. Épreuve avant l'adresse de Delâtre.

983. **JANINET** (F.). *Mademoiselle du T...* (Duthé), d'après Lemoine. Se vend à Paris chez Basan et Poignant, M^ds d'Estampes, rue et Hôtel Serpente. Estampe ovale, gr. in-4.

> Épreuve IMPRIMÉE EN COULEURS, collée sur son encadrement gravé, avec marges.
> Très rare dans cette condition.

984. LAMBERT. Chatte jouant avec ses trois petits qui sont sur un siège, en partie, recouvert d'un tapis d'Orient.

> Jolie aquarelle ($0^m,30 \times 0^m,25$) encadrée.

985. LANSYER. Bouquet de fleurs des champs, dans une carafe, 1871, aquarelle encadrée.

> ($0^m,44 \times 0^m,28$).

986. LANSYER. Bouquet de pavots, oreilles d'ours et lierre, dans un vase en porcelaine bleue de Chine, 1872, aquarelle encadrée.

> ($0^m,55 \times 0^m,42$).

987. LOS RIOS. Fleuron et 9 figures gravées à l'eau-forte pour illustrer *la Dame aux Camélias*, in-4.

> Épreuves en deux états : eaux-fortes pures et avant lettre.

988. MARTINON (Percz de). Portrait de pape, gravure sur bois d'après la peinture de Velasquez au Musée Doria à Rome, épreuve sur Chine, encadrée, avec l'envoi suivant :

> Al insigne poeta D.-J.-M. de Heredia su amigo.
>
> PEREZ DE MARTINON.

989. MORIN (Edmond). Scène de patinage, 1872, importante aquarelle, animée de nombreux personnages, encadrée.

> ($0^m,70 \times 0^m,32$).

990. MORIN (Edmond). Femme à cheval au bord de la mer, par un temps d'orage, aquarelle encadrée.

> ($0^m,48 \times 0^m,15$).

991. TIEPOLO (?). Antoine et Cléopâtre, dessin à l'encre de Chine, relevé de sépia, encadré.

> ($0^m,47 \times 0^m,31$).

992. Sous ce numéro on vendra les dessins et gravures non catalogués.

Paraîtra en 1906

JOSÉ-MARIA DE HEREDIA

SOUVENIRS PERSONNELS

PAR

GABRIEL HANOTAUX

DE L'ACADÉMIE FRANÇAISE

Tirage à petit nombre, illustrations dessinées
et gravées sur bois par A. Lepère.

Vente des 25, 26 et 27 Juin 1906

(28, RUE DES BONS-ENFANTS, SALLE Nº 3)

PAR LE MINISTÈRE DE Mᵉ HENRI BERNIER, COMMISSAIRE-PRISEUR

CATALOGUE

DE

IVRES MODERNES

ET DE

LIVRES ANCIENS

PROVENANT DE LA BIBLIOTHÈQUE

DE

FEU M. JOSÉ-MARIA DE HEREDIA

DE L'ACADÉMIE FRANÇAISE

ADMINISTRATEUR DE LA BIBLIOTHÈQUE DE L'ARSENAL

DEUXIÈME PARTIE

PARIS

LIBRAIRIE HENRI LECLERC

219, RUE SAINT-HONORÉ, 219

ET 16, RUE D'ALGER

—

1906

CATALOGUE

DE

LIVRES MODERNES

ET DE

LIVRES ANCIENS

LA VENTE AURA LIEU

LES LUNDI 25, MARDI 26 ET MERCREDI 27 JUIN 1906

A 8 heures précises

28, RUE DES BONS-ENFANTS

Salle N° 3

Par le ministère de M° **HENRI BERNIER**, commissaire-priseur

II, RUE SAINT-LAZARE, II

Assisté de **M. HENRI LECLERC**, libraire

219, RUE SAINT-HONORÉ, 219

ET 16, RUE D'ALGER

VOIR L'ORDRE DES VACATIONS A LA FIN DU CATALOGUE

CONDITIONS DE LA VENTE

La vente se fait au comptant.

Les acquéreurs paieront 10 pour 100 en sus des enchères.

Les livres vendus devront être collationnés dans les vingt-quatre heures de l'adjudication. Passé ce délai, ils ne seront repris pour aucune cause.

M. Leclérc se réserve la faculté, dans l'intérêt de la vente, de réunir ou de diviser les numéros du catalogue. Il remplira les commissions qu'on voudra bien lui confier.

CATALOGUE

DE

LIVRES MODERNES

ET DE

LIVRES ANCIENS

PROVENANT DE LA BIBLIOTHÈQUE

DE

FEU M. JOSÉ-MARIA DE HEREDIA

DE L'ACADÉMIE FRANÇAISE

ADMINISTRATEUR DE LA BIBLIOTHÈQUE DE L'ARSENAL

DEUXIÈME PARTIE

PARIS

LIBRAIRIE HENRI LECLERC

219, RUE SAINT-HONORÉ, 219

ET 16, RUE D'ALGER

1906

CATALOGUE

DE

LIVRES MODERNES

ET

LIVRES ANCIENS

1. AFRIQUE (Voyages en) et études sur l'Afrique, 15 vol. in-12 et in-8, br.

> AUBERT (G.). Le Transvaal et l'Angleterre en Afrique du Sud, 1898. — BERCHÈRE (N.). Le désert de Suez. *S. d.* — CARRÈRE (J.). La Guerre du Transvaal. *S. d.* 2 vol. — DU CAMP (M.). Le Nil. Egypte et Nubie. *S. d.* — ESTANCELIN. Recherches sur les voyages et découvertes des navigateurs normands en Afrique, 1832, in-8. — LE ROUX (Hugues). Prisonniers marocains. *S. d.* — LORIOT (F.). Explorations et missions dans l'Afrique équatoriale, 1890. — POMMEROL (J.). Islam saharien. Chez ceux qui guettent. *S. d.* in-8, etc., etc.
> Envois d'auteurs.

2. AGRIPPAE (Henrici Cornelii), armatae militiae equitis aurati, utriusque juris doctoris, sacrae Caeserae majestatis a consiliis et archivis indiciarii Orationes X (quorum catalogum versa exhibebit pagella). Ejusdem de duplici coronatione Caroli V Caesaris apud Bononiam, historiola. Ejusdem ac aliorum doctorum virorum epigrammata. *Joannes Soter excudebat Coloniae,* anno 1535, in-8 réglé, demi-rel. veau fauve.

> Exemplaire entièrement non rogné, condition rare pour un livre du XVIᵉ siècle.

3. ALDRETE. Varias antiguedades de España, Africa y otras provincias, por el doctor Bernardo Aldrete. *En Amberes, Juan Hasrey,* 1614, in 4, titre gravé, veau fauve, dos orné *(Rel. anc.).*

> A la fin du volume : De ludis lermensibus epistola, authore Michaele Riberio, avenionensi. *Madriti,* 1617, 20 ff.

4. ALMANACH DES POÈTES. Années 1896, 1897, 1898. *Paris, Mercure de France,* 1896-98, 3 vol. in-16, figures de Donnay et Rassenfosse, brochés *(Couvert.).*

> A chaque volume, envoi autographe de Robert de Souza à M. J.-M de Heredia.

5. AMELOT DE LA HOUSSAYE. Histoire du gouvernement de Venise. *Paris, Fr. Léonard,* 1676, in-8, veau br. (*Rel. anc.*). — Même ouvrage. Avec le supplément et l'examen de la liberté originelle de Venise. *Sur la copie, à Paris, Fr. Léonard,* 1677, pet. in-12, vél. (*Rel. anc.*). — La ville et la République de Venise (par Alexandre-Toussaint de Limojon, sieur de Saint-Didier). *Paris, G. de Luynes,* 1680, in-12, veau br., dos orné (*Rel. anc.*). — Ens. 3 vol.

> Le dernier volume porte sur un feuillet de garde cette note autographe :
> *Édition originale de ce joli livre.*
>
> J.-M. DE H.

6. ANGLETERRE (Histoire d') 4 vol.

> CELLIEZ (A). Les Reines d'Angleterre. *Lehuby, s. d.,* gr. in-8, lithog., demi-rel. chag., tr. dor. — HIPPEAU (C.). Mémoires inédits du comte Leveneur de Tillières, ambassadeur en Angleterre sous la cour de Charles Ier. *Poulet-Malassis,* 1862, in-12, br. — STAR (Maria). Quinze jours à Londres. Photographies de l'auteur. *Ollendorff,* 1898, in-8, br. — THUREAU-DANGIN. La Renaissance catholique en Angleterre au xixe siècle. *Plon-Nourrit,* 1903, in-8 br.

7. ANTHOLOGIE des poètes français du xixe siècle. 1762-1866. *Lemerre, s. d.,* 4 vol. in-8, portraits ; cartonnage en toile de l'éditeur.

8. APULÉE. The golden ass of Apuleius, translated out of latin by William Adlington, anno 1566 with an introduction by Ch. Whibley. *London, D. Nutt,* 1863, pet. in-8, cartonn., demi-rel. toile, non rog.

> Envoi du traducteur à M. de Heredia.

9. ARCHÉOLOGIE. Mélanges. 5 vol. in-12 et in-8, br. et rel.

> BOISSIER (G.). L'Afrique romaine. *Hachette,* 1901. — DIEHL (Ch.). Excursions archéologiques en Grèce. *Colin,* 1890. — FERRY (H.). L'obélisque de Louxor. Traduction littérale des inscriptions hiéroglyphiques. *Borssat,* 1868. — MARRAST (A.). La vie byzantine au vie siècle, in-8 cartonn. toile. — SCHLUMBERGER (G.). Le tombeau d'une impératrice bysantine à Valence, en Espagne. *Plon,* 1902, in-8.

10. ARGENSOLA. Histoire de la conquête des isles Moluques par les Espagnols, par les Portugais et par les Hollandais. *Amsterdam, J. Desbordes,* 1706, 3 vol. in-12, veau br., dos orné (*Rel. anc.*).

11. ASSELINEAU (Charles). Mélanges tirés d'une bibliothèque romantique. Illustrés d'un frontispice à l'eau-forte de Célestin Nanteuil et de vers de MM. Th. de Banville et Charles Baudelaire. *Paris, René Pincebourde,* 1866, in-8 ; frontispice, demi-rel. mar orange, tête dor., non rog. (*Burnier*).

> Sur le faux-titre, envoi de l'auteur à M. J.-M. de Heredia.

12. ASTRONOMICA veterum scripta isagogica graeca et latina.

Auct. graeci : Procli sphaera. Arati solensis phenomena a prognostica. Leontius mechanicus de constructione arateae sphaerae. Latini : Aratea phaenomena cum poetica interpretatione Ciceronis, Fusti Rufi, etc. *In officina sanctandreana*, 1689, pet. in-8, veau fauve, dos orné, tr. marb. (*Thouvenin*).

Figures sur bois.

13. AUTEURS GRECS ET LATINS. 4 vol. reliés.

Polybii historiographi historiarum libri quinque, Nic. Perotto interprete. *Lugduni, Seb. Gryphius*, 1548, in-16, veau fauve, comp. de fil. (*Rel. du xvie siècle*). — Sallustii (C. Crispi). De L. Sergii Catilinae conjuratione, ac bello Jugurthino historiae. *Lugduni, Gryphius*, 1542, in-8, vélin, tr. dor. (*Rel. anc.*). — Senecae (L. Annei) Cordubensis tragoediae decem. *Id.*, 1536, in-8, vélin vert (*Rel. anc.*). — Valerii Maximi diatorum factorumque memorabilium exempla. Etc. *Lugduni, A. Vincentius*, 1560, in-16, veau br., comp. de fil. (*Rel. datée de 1566*).

14. AUTEURS LATINS. 6 vol. reliés.

Arresta amorum LI accuratissimis Benedicti Curtii Symphoriani commentariis ad utriusque juris rationem, etc. *Lugduni, Seb. Gryphius*, 1546, in-8, veau br. — Ausonii (D.) magni Burdigalensis opera. *Amst., Blaeu*, 1669, pet. in-18, vélin. — Ciceronis ad familiares epistolarum libri XVI. *Argentorati, J. Dupuys*, 1581, in-8, vélin à rec. fil. dor., milieu orné, dos orné, tr. dor. — Commentariorum de bello gallico libri VIII et de bello civili Pompeiano libri III et de bello Alexandrino liber I, etc., etc. Cum correctionibus Pauli Manutii. *Venetiis*, 1559, in-8, cart. — Epigrammatum deleatus ex omnibus tum veteribus, tum recentioribus poetis accurate decerptus, etc. *Parisiis, Savreux*, 1659, pet. in-12, veau fauve (*Rel. anc.*). — Vergilii (Polydori) urbinatus de rerum inventoribus libri VIII. *Ludg. Bat.*, 1644, pet. in-12, vélin (*Rel. anc.*).

15. AVENEL (Vte G. d'). Richelieu et la monarchie absolue. *Paris, Plon-Nourrit*, 1895, 4 vol. in-8, brochés.

16. AVENEL (Vte G. d'). Le mécanisme de la vie moderne, 1re, 3e, 4e séries. *Colin*, 1896-1902, 3 vol. — La Noblesse française sous Richelieu. *Id.*, 1901. — Les Français de mon temps. *Plon*, 1904. Ens. 5 vol. in-12, brochés.

A chaque volume, envoi de l'auteur à M. J.-M. de Heredia.

17. AVIANI (Flavii) fabulae, cum commentariis selectis. *Amstelodami, Martinus Schagen*, 1731. — Pantheum mythicum, auctore D. Fr. Pomey. *Amstel. A. Schonenburg*, 1730, in-12. — Theocrito, Mosco, Bione poeti greci Siciliani volgarizzati de Domenico Regolotti. *Torino, G.-B. Chais*, 1728 (tr. dor. et ciselées). — Ens. 3 vol. in-12 et in-8, vélin, fil. et dent. dor., milieux ornés (*Rel. anc.*).

18. BALZAC (J.-L. Guez de). Les Entretiens de feu Monsieur de Balzac. *Paris, Augustin Courbé*, 1657 [Édition originale]. — Aristippe, ou la cour. *Id.*, 1658. — Ens. 2 vol. in-4, veau brun.

19. BALZAC (H. de) [et ouvrages relatifs à], 7 vol. in-12 et in-8, brochés et rel.

> Le médecin de campagne. *Charpentier*, 1845, in-12, demi-rel. chag. — Études de mœurs : Histoire des treize. César Birotteau. La maison Nucingen, 1 vol. — Un début dans la vie. Albert Savarus, etc., etc., 1 vol. *Michel Lévy*, 1869, 2 vol. in-8. — Biré (Edmond). Honoré de Balzac. *Champion*, 1897, in-8. — Gozlan (L.). Balzac en pantoufles. *Michel Lévy*, 1856, in-32, cartonn. toile, non rog. — Balzac chez lui. Souvenirs des Jardies. *Id.*, 1862, in-12, demi-rel. mar. br. — Spoel-berch de Lovenjoul. Une page perdue de H. de Balzac. Notes et documents. *Ollendorff*, 1903, in-12.

20. BANDELLO (Matteo). Le second tome des histoires tragiques, extraites de l'italien de Bandel, par François de Belleforest, comingeois. *Paris, Robert le Mangnier*, 1571, in-16, vélin à rec., dos et plats entièrement ornés, tr. dor. et cisel. (*Rel. anc.*).

> Jolie reliure du xvie siècle.

21. BANVILLE (Théodore de). Les Camées parisiens (1re et 3e séries). Frontispice avec portraits à l'eau-forte de Ulm. *Pincebourde*, 1866-1873, 2 vol. pet. in-12 br. [*Envoi de l'auteur à M. J.-M. de Heredia*]. — Emaux et camées. *Didier*, 1853, in-18, cartonn. toile, non rog.

22. BAPST (Germain). Histoire des joyaux de la couronne de France, d'après des documents inédits. Ouvrage orné de 50 gravures. *Paris, Hachette*, 1889, gr. in-8, dos et coins, chag. gren., tête dor., non rog.

23. BARINE (Arvède). Etudes et portraits, 6 vol. in-12, brochés.

> Portraits de femmes, 1887. — Bourgeois et gens de peu, 1894. — Névrosés, 1898. — La jeunesse de la Grande Mademoiselle, 1901. — Saint François d'Assise et la légende des trois compagnons, 1901. — Louis XIV et la Grande Mademoiselle (1652-1693), 1906.
> Éditions originales.
> A chaque vol., envoi de l'auteur à M. J.-M. de Heredia.

24. BARTHELEMY (Cte Edouard de). Les correspondants de la marquise de Balleroy d'après les originaux de la Bibliothèque Mazarine. *Paris, Hachette*, 1883, 2 vol. in-8, demi-rel. toile bleue, non rog.

25. BASSOMPIERRE. Mémoires. *Cologne, P. du Marteau*, 1692, 2 vol., veau fauve, dos orné (*Rel. anc.*). — Montresor. Mémoires. *Cologne, J. Sambix*, 1654, 2 vol., veau rac., dos orné, tr. jasp. (*Rel. anc.*). — Rohan (Duc de). Mémoires. *S. l.*, 1644, vélin à rec. (*Rel. anc.*). — La Rochefoucauld. Mémoires. *Cologne, P. Van Dyck*, 1664, vélin à rec. (*Rel. anc.*). — Ens. 6 vol. pet. in-12.

26. BEAUMONT (Ed. de). L'Epée et les Femmes. Cinq dessins de Meissonier, tirés hors texte. *Paris, Librairie des Bibliophiles*, 1881, gr. in-8, planches, broché.

27. BEAUX-ARTS. 5 vol. in-8 et in-12, broch. et rel.

> Vitet (L.). Etudes sur les Beaux-Arts. Essais d'archéologie et fragments littéraires. *Charpentier,* 1847, 2 vol. in-12, demi-rel. chag. — Guillaume (Eug.). Etudes d'art antique et moderne. *Perrin,* 1888. — Nouvelles archives de l'art français, année 1903. *Schemit,* 1904. — Soubies (A.) Les membres de l'Académie des Beaux-Arts, depuis la fondation de l'Institut. 1re série 1795-1816. *Flammarion,* 1904.
> Envois d'auteur.

28. BERLIOZ (H.). Mémoires. Avec un beau portrait de l'auteur. *Paris, Michel-Lévy,* 1870, in-8, port., dos et coins mar. gren., fil. dor., dos orné, tête dor., non rog. (*Domange*). — Correspondance inédite 1819-1868. Avec une notice biographique par Daniel Bernard. *Paris, Calm. Lévy,* 1879, in-12, toile rouge, non rog. — Lettres intimes, avec une préface par Charles Gounod. *Id.,* 1882, in-12, toile bleue, non rog. — Ens. 3 vol.

29. BERNIS (Cardinal de). Mémoires et lettres (1715-1758), publiés avec l'autorisation de sa famille, d'après les manuscrits inédits, par Fr. Masson. *Paris, Plon,* 1878, 2 vol. gr. in-8, brochés (*Couvert.*).

> Envoi de M. F. Masson à M. de Heredia.

30. BERTHELOT. Introduction à l'étude de la chimie des Anciens et du moyen âge. *Steinheil,* 1889, gr. in-8, br. — Chevalier (Arthur). L'étudiant micrographe. Traité pratique du microscope. *Delahaye,* 1864, in-12, cartonn. toile, non rog. — Hoefer (F.). Dictionnaire de physique et de chimie. *F. Didot,* 1860, in-12, *id.* — Ens. 3 vol.

31. BERTIN (L.-E). Les grandes guerres civiles du Japon. Les Minamoto et les Taïra. Les Mikados et les Siogouns (1156-1392), précédée d'une introduction sur l'histoire ancienne et les légendes. *Paris, E. Leroux,* 1894, gr. in-8, figures et planches, broché.

> Sur le feuillet de garde :
> *A Monsieur José-Maria de Heredia, de l'Académie française, l'auteur vibrant du « Samouraï » un modeste historien des Samouraïs.*
> L.-E. Bertin.

32. BIBLIOTECA HISPANO-ULTRAMARINA. *Madrid,* 1876-1885, 7 vol. in-8, dont 6 vol. br. et 1 vol. cart., non rog.

> Viajes a las regiones austriales. — Historia de los Incas. — Guerras piraticas de Filipinas, etc.

33. BIBLIOTHÈQUE DES MERVEILLES (De la). *Paris, Hachette,* 1867-1890, 9 vol. in-12, brochés.

> Castel (Albert). Les Tapisseries. — Dieulafait (L.). Diamants et pierres précieuses. — Jacquemart (A.). Les Merveilles de la céramique. Occident (2 ex.). — Lacombe (P.). Les Armes et les armures. — Landrin (A.). Les monstres marins. — Lasteyrie (F. de). L'orfèvrerie. — Pottier (E.). Les statuettes de terre cuite dans l'antiquité. — Sourel (L.). Le fond de la mer.

34. BIBLIOTHÈQUES. Histoire du livre, Imprimerie, 5 vol. in-12 et in-8, br.

> Le Livre, par Jules Janin. *Plon,* 1870. — Histoire du livre, depuis ses origines jusqu'à nos jours, par E. Egger. *Hetzel, s. d.,* in-12. — Les origines de l'imprimerie et son introduction en Angleterre, par A. Quantin. *Quantin,* 1877. — Manuel pratique du bibliothécaire, par A. Maire. *A. Picard,* 1896. — Congrès international des bibliothécaires. *Welter,* 1901.

35. BIBLIOTHÈQUE DES BEAUX-ARTS (De la). *Paris, Quantin,* 3 vol. in-8, br. et rel.

> L'Archéologie grecque, par Max Collignon, rel. — La Peinture italienne, par G. Lafenestre, rel. — La Tapisserie, par Eug. Müntz.

36. BIBLIOTHÈQUE ELZÉVIRIENNE (De la). *Paris, Janet et Plon,* 1853-1893, 30 vol. in-16 dont 1 vol. br., 1 vol. demi-rel., mar. br., les autres cart.

> Bertaut. Œuvres poétiques. — Branthome. Œuvres complètes, 7 vol. — Bussy-Rabutin. Histoire amoureuse des Gaules. — Courcelles (Mme de). Mémoires. — Furetière. Le roman bourgeois. — Jean d'Arras. Mélusine. — La Guette (Mme de). Mémoires. — La Rochefoucauld. Réflexions, sentences et maximes morales. — Navarin. Aventures de don Juan de Vargas. — Oliva (le P. Anello). Histoire du Pérou. — La Relation de trois ambassades de Monseigneur le comte de Carlisle, demi-rel. mar. gren. — Restif de la Bretonne. Mes inscriptions, journal intime (1780-87). — Saint-Amant. Œuvres complètes, 2 vol. — Scarron. Le roman comique, 2 vol. — Tabarin, Œuvres complètes, 2 vol. — Villars. Mémoires de la cour d'Espagne. Villon (Fr.). Œuvres complètes, broché, — Viollet-le-Duc. Six mois de la vie d'un jeune homme (1797).

37. BIBLIOTHÈQUE SCIENTIFIQUE INTERNATIONALE (De la). 4 vol. in-8, cartonn. toile, non rog.
> Daubrée (A.). Les régions invisibles du globe et des espaces célestes, 1888, fig. — Lubbock. Fourmis, abeilles et guêpes, 1883, 2 vol., fig. — Quatrefages (de). L'espèce humaine, 1877.

38. BLANC (Louis). Histoire de dix ans. *Pagnerre,* 1846, 3 vol. in-8, demi-rel. chag. brun.

39. BONEFONI (Joannis) Arverni, poetae venustissimi, Basia, tam latino quam gallico idiomate edita. *Lugduni Batavorum, ex typ. Nicolai Herculis,* 1659, pet. in-12, cartonn. vélin (*Rel. anc.*).
> Sur le feuillet de garde :
> *Ce joli volume qui contient avec la* Pancharis *de Bonfons, les imitations françaises et autres poésies du jurisconsulte Gilles Durant, sieur de la Bergerie, l'un des auteurs de la* Satyre Ménippée, *m'a été donné par mon ami Gabriel Hanotaux dont il porte ci-contre l'ex libris.*
> Paris, ce 12 décembre 1898.
>
> J.-M. de Heredia.

40. BONNAFFÉ (Edmond). 11 vol. in-12 et in-8, br. et rel.
> Les collectionneurs de l'ancienne France. *Aubry,* 1873. — Inventaire des meubles de Catherine de Médicis en 1589. *Id.,* 1874. — Cau-

series sur l'art et la curiosité. *Quantin*, 1878, gr. in-8, cartonn. toile, non rog. — Physiologie du curieux. *J. Martin*, 1881. — Les Propos de Valentin. *Lib. de l'art*, 1886. — Eugène Piot, *Charavay*, 1890, gr. in-8, fig. — Voyages et voyageurs de la Renaissance. *Leroux*, 1895. — Le Commerce de la curiosité. *Champion*, 1895, in-8. — Collection E. Bonnaffé. *Paris*, 1897, gr. in-8, pl. — Études sur la vie privée de la Renaissance. *May*, 1898, in-8 (papier de Hollande). — Études sur l'art et la curiosité. *Éditions d'art*, 1902, in-8.

A la plupart des volumes, envoi de l'auteur à M. J.-M. de Heredia.

41. BORDEAUX (Henry). La Vie et l'art. Ames modernes. *Perrin*, 1895, in-12. — La Voie sans retour. *Plon-Nourrit*, in-12. — La Peur de vivre. *Fontemoing*, 1902. — Les Ecrivains et les mœurs. *Plon*, 1902. — La petite Mademoiselle. *Id.*, *s. d.* — L'Amour en fuite. *Id.*, *s. d.* — Le Lac noir. *Id.*, *s. d.* — Ens. 7 vol. in-12 et in-8, brochés (*Couvert.*).

> Editions originales.
> A chaque vol., envoi de l'auteur à M. J.-M. de Heredia.

42. BOSSARD et de **MAULDE.** Gilles de Rais, maréchal de France, dit Barbe-Bleue (1404-1440), par l'abbé Eugène Bossard, d'après les documents inédits, réunis par M. René de Maulde. *Champion*, 1886, in-8 pl., broché.

43. BOYER D'AGEN. Le Livre d'heures d'un cadet de Gascogne. *Paris, Société d'éditions artistiques*, 1902, in-8, figures, broché (*Couvert.*).

> Héliogravures et encadrements. Sur le faux-titre, envoi de l'auteur à M. J.-M. de Heredia.

44. BRANTOME (Pierre de Bourdeille, seigneur de). Memoires, contenant les vies des hommes illustres et grands capitaines françois de son temps. *Leyde, J. Sambix, le jeune, à la Sphère*, 1692, 6 vol. in-12, veau fauve, dos orné, tr. marb. (*Rel. anc.*).

> On y a joint: Vies des Dames illustres, *Leyde*, 1665. — Vies des Dames galantes. *Amsterdam*, 1689-1690, 2 vol. — Ens. 3 vol., même reliure.

45. BRANTOME. Œuvres. Avec des remarques historiques et criques (par Le Duchat, Lancelot et Prosp. Marchand). *La Haye, aux dépens du libraire*, 1740, 15 vol. pet. in-12, veau fauve, fil. dor., dos ornés, tr. marb. (*Rel. anc.*).

46. BOUDHISME, ISLAMISME, etc., 6 vol.

> BARTHÉLEMY-SAINT-HILAIRE. Le Boudha. *Didier*, 1862, in-12, demi-rel. chag. — Au pays des Boudhas. *P. Dupont*, 1901, in-8, br. — IRVING (W.). Vie de Mahomet, traduit par H. Georges. *Lacroix*, 1865, in-8 br. — MARTIN (L.-A.). Les civilisations primitives en Orient. *Didier*, 1851, in-8, carton. toile, non rog. — BARTHÉLEMY-SAINT-HILAIRE. Mahomet et le Coran. *Id.*, 1865, cart. — MASPERO (G.). Histoire ancienne des peuples de l'Orient. *Hachette*, 1878, in-12, cartonn. toile, non rog.

47. BUCKLE (Henry-Thomas). Histoire de la civilisation en Angleterre. Traduction autorisée, par A. Baillot. *Paris, A. Lacroix,* 1865, 5 vol. in-8, dos et coins mar. brun, tête dor., non rog. (*Amand*).

48. BURNOUF (Émile). Histoire de la littérature grecque. *Paris, Delagrave,* 1869, 2 vol. in-8, dos et coins mar. brun, tête jasp., non rog.

49. BURTY (Philippe). Les Emaux cloisonnés anciens et modernes. *Martz,* 1868, in-12, br. — Grave imprudence. *Charpentier,* 1880, in-12, br. — Même ouvrage. Même édition in-12, dos et coins mar. citron, fil. dor., dos orné, tête dor., non rog. (un des 10 exemplaires imprimés sur PAPIER DE HOLLANDE). — Collection Ph. Burty. Objets d'art japonais et chinois. *Durand-Ruel,* 1891, gr. in-8, br.

   A 3 vol., envoi d'auteur à M. J.-M. de Heredia. On y a joint une lettre autographe.

5o. CAHUN (Léon). Introduction à l'histoire de l'Asie. Turcs et Mongols. Des origines à 14o5. *Paris, Colin,* 1896, in-8, broché.

   Ouvrage dédié à M. J.-M. de Heredia.
   Exemplaire avec envoi et lettres autographes de l'auteur.

51. CALDERON. Las Comedias de D. Pedro Calderon de La Barca, cotejadas con las mejores ediciones hasta ahora publicadas, corregidas y dadas a luz por Juan Jorge Keil. *Leipsique, Fleischer,* 1827-183o, 4 vol. gr. in-8 à 2 col., port., dos et coins mar. vert.

   Bonne édition.

52. CAMILLI. Impresse illustri di diversi, coi discorsi di Camillo Camilli et con le figure intagliate in rame di Girolamo Porro padouano. *Venetia, Fr. Ziletti,* 1586, in-4, figures sur bois, vélin, fil. et milieu doré, dos orné, tr. dor. (*Rel. anc.*).

   1o8 jolis emblèmes de *G. Torro,* gravés sur cuivre.

53. CARLYLE (Thomas). Histoire de la Révolution française, traduit de l'anglais par MM. Elias Regnault, Odysse Barot et Jules Roche. *Paris, Germer Baillière,* 1865-67, 3 vol. in-12, dos et coins mar. rouge, tête dor., non rog.

   ÉDITION ORIGINALE de cette traduction, devenue rare.

54. CASTIGLIONE (Baldessar). Il libro del Cortegiano. *In Venetia nelle casa de figlioli di Aldo,* 1545, in-fol., vélin, fil. dor., milieu orné, tr. dor. (*Rel. du XVIe siècle*).

55. CATALOGUES. Coll. des Goncourt. Arts de l'Extrême-Orient. Objets d'art du XVIIIe siècle. *Paris,* 1897, 2 vol. gr. in-8, planches. — Collection H. V. (Henri Vever). Catalogue de tableaux modernes de premier ordre. Pastels, aquarelles. Dessins. Œuvres importantes de : Besnard, Borian, Carrière, Cazin, Corot, Daubigny,

Daumier, Degas, Diaz, Forain, Harpigines, Lebourg, Meissonier, Millet, Monet, Puvis de Chavannes, Théodore Rousseau, Renoir, Sisley, etc. Sculptures par Barye, Carriès, Dalou, Gémito, Rodin. Exemplaire imprimé pour Monsieur José-Maria de Heredia. *Paris,* 1897, gr. in-8, planches. — Brenot, 1903. — A. Houssaye, 1896. — E. Piot, 1890. Ex. sur Japon. — Etc. — Ens. 3 vol., br.

56. CELLINI (Benvenuto). Due trattati uno intorno alle otto principali arti dell' oreficeria. L'altro in materia dell' arte della scultura ; dove si veggono infiniti segreti nel la vorar le figure di Marmo et nel gettarle di bronzo. *In Fiorenza, Valente Panizzii a Marco Peri,* 1568, in-4, demi-rel. veau bleu.

> Édition originale.
> Nombreuses et belles initiales gravées sur bois.

57. CELLINI (Benvenuto). Œuvres complètes, traduites par Léopold Leclanché. *Paulin,* 1847, 2 vol. — Palissy (Bernard). Œuvres complètes. Edition conforme aux textes originaux imprimés du vivant de l'auteur avec des notes et une notice historique par Paul-Antoine Cap. *Dubochet,* 1844, in-12. — Ens. 3 vol., dos et coins mar. rouge, tête dor., non rog.

58. CÉRAMIQUE, VERRERIE. 7 vol.

> Champfleury. Histoire des faïences patriotiques sous la Révolution. *Dentu,* 1867, in-12, br. — Fontenelle (J. de) et Malepeyre (F.). Nouveau manuel complet du verrier et du fabricant de glaces, cristaux, etc. *Roret,* 1854, 2 vol. pet. in-12, cartonn. vélin bl. à rec., dent. dor., non rog. — Jacquemart. Les merveilles de la céramique. Orient. Occident. *Hachette,* 1866-68, 2 vol. in-12, demi-rel. chag. — Neri (Antoine). De arte vitraria libri septem, etc. *Amstelodami,* 1668, pet. in-12, cartonn. vél. (*Rel. anc.*). — Sauzay (A.). La verrerie depuis les temps les plus reculés jusqu'à nos jours. *Hachette,* 1868, in-12, demi-rel. chag.

59. CERVANTES. Histoire de l'admirable Don Quixotte de la Manche (trad. Filleau de Saint-Martin). *Paris, Ve Barbin,* 1704, 5 vol. pet. in-12, veau br., dos ornés (*Rel. anc.*).

60. CERVANTES. Vida y hechos del ingenioso hidalgo Don Quixote de la Mancha. *En Haia, P. Gosse y A. Moetjens,* 1744, 4 vol., in-12, veau marb., fil., tr. dor. (*Rel. anc.*).

> Figures gravées par *Fokke, Folkema, Tanjé.*

61. CERVANTES. Don Quichotte. Traduction Louis Viardot. *Hachette, s. d.,* 2 vol. in-12, demi-rel. mar. bleu. — Même édition. Exempl. broché. — Essai sur la vie et les œuvres de Cervantes, d'après un travail inédit de D. Luis Carreras. *Lemerre,* 1897, in-12 (Envoi d'auteur). — Une énigme littéraire. Le Don Quichotte d'Avellaneda, par P. Groussac. *A. Picard,* 1903, in-12. — Hommage à Cervantes. Stances par Alfred Pereire. *Emile Paul,* 1905, in-4. — Ens. 7 vol. br. et rel.

62. CHAMARD (Henri). Joachim du Bellay, 1522-1560. Thèse présen-

tée à la faculté des lettres de Paris. *Lille, Le Bigot,* 1900. — GRENTE
(Georges). Jean Bertaut, abbé d'Aunay, premier aumônier de la
Reine, évêque de Séez (1552-1611). *Paris, V. Lecoffre,* portrait.
— JASINSKI (Max). Histoire du sonnet en France. Thèse présentée
à la faculté des lettres de Paris. *Douai,* 1903. — Ens. 3 vol. in-8,
brochés.

63. CHAMPOLLION-FIGEAC (A). Captivité du roi François Ier.
Paris, Imprimerie royale, 1847, in-4, cart., non rog. — GUIFFREY
(G.). Chronique du Roy François premier de ce nom. *Paris,
Renouard,* 1860, in-8, br. — Ens. 2 vol.

64. CHANSON DE ROLAND (La). Poème de Théroulde. Texte
critique accompagné d'une traduction, d'une introduction et de
notes par F. Génin. *Paris, Imp. nat.,* 1850, gr. in-8, demi-rel.
mar. rouge, tête dor., non rog.

65. CHANSON DE ROLAND (La). Texte critique accompagné,
d'une traduction nouvelle et précédé d'une introduction historique par Léon Gautier. Avec eaux-fortes par Chiffard et V. Foul-
quier et un fac- simile. *Tours, Alf. Mame,* 1872, gr. in-8, figures
sur Chine, dos et coins mar. rouge, dos orné, tr. dor.

66. CHANSONS POPULAIRES recueillies dans les Alpes françaises
(Savoie et Dauphiné) par Julien Tiersot. *Grenoble, Falque et
Perrin, et Moutiers, Ducloz,* 1903, in-4, frontisp., texte et musique,
broché.

67. CHARLES-QUINT. Chronique de sa vie intérieure et de sa vie
politique, de son abdication et de sa retraite dans le cloître de
Yuste, par Amédée Pichot. *Paris, Furne,* 1854. — Relation des
ambassadeurs vénitiens sur Charles-Quint et Philippe II par
M. Gachard. *Bruxelles, Hayes,* 1855. — Retraite et mort de
Charles-Quint au monastère de Yuste. Lettres inédites publiées
d'après les originaux conservés dans les archives royales de Simancas par M. Gachard. *Bruxelles, Gand, Leipzig, Muquardt,* 1854-
55, 3 vol. — Ens. 5 vol. in-8, cartonn. toile verte, non rog.

68. CHATEAUBRIAND. Les Natchez. — Opinions et discours. —
Discours historiques. — Mélanges historiques. — Analyse raisonnée
de l'Histoire de France. — Essai sur la littérature anglaise, suivi
de la traduction du Paradis perdu. *Paris, Eug. et Victor Penaud,*
s. d., 6 vol. in-8, demi-rel. veau violet, tr. bleues. — Les Martyrs,
éditions de 1809 et 1834, 4 vol. rel.

> On y a joint : Itinéraire de Paris à Jérusalem par Julien, domesti-
> que de M. de Chateaubriand. Avec introduction et notes par Edouard
> Champion. *H. Champion,* 1904, in-8, pl., broché. — Envoi de l'au-
> teur à M. J.-M. de Heredia.

69. CHEFS-D'ŒUVRE D'ART (Les), à l'exposition universelle 1875,

mai 1878-mars 1879. *Paris, L. Baschet.* 1878-79, 40 livraisons
in-fol., planches, br.

> Papier de Hollande.

70. CHEFS-D'ŒUVRE (Les) inconnus. — Cabinet du Bibliophile.
Paris, Jouaust, 1872-88, 8 vol. in-12, brochés.

> Bastide (J.-F. de). La petite maison. — Buttet (M.-C. de). Œuvres
> poétiques, 2 vol. — La Muse chrestienne de Pierre Poupo. — Paris
> au xviiie siècle. Les promenades à la mode — Romieu (Marie de).
> Œuvres poétiques. — Le traicté de Getta et d'Amphitrion. — Voise-
> non (abbé de). Anecdotes littéraires.

71. CHÉNIER (André). Œuvres complètes. *Paris, Baudouin,* 1819,
in-8, demi-rel. veau fauve, tr. marb. (*Rel. de l'époque*).

> Sur le feuillet de garde :
> *Edition originale, sur grand papier vélin, très rare.*
> J.-M. de Heredia.
>
> *Ces ex. sur papier vélin ne sont jamais suivis du morceau de musique
> qui doit accompagner les ex. sur papier vergé. Il en a été fait un tirage
> très restreint, sans doute pour être offert en présent.*
> J.-M. de H.

— Poésies d'André Chénier. *Id.,* 1820, in-8, demi-rel. veau bleu
(*Rel. de l'époque*).

> Sur le feuillet de garde :
> *2e édition, la 1re en petit format. Rare, plus rare peut-être que la 1re.*
> J.-M. de H.

— Œuvres d'André de Chénier. *Id.,* 1822, in-18, demi-rel. veau bleu,
tr. marb. (*Rel. de l'époque*).

> *Cette 3e édition est des plus rares. Très bien imprimée. Ex. de mon vieil
> ami Ch. Asselineau avec son ex-libris.*
> J.-M. de Heredia.

72. CHÉNIER (André). Poésies posthumes et inédites. *Paris, Eug.
Renduel,* 1833, 2 vol. in-8, brochés (*Couvert.*).

> Edition publiée par H. de La Touche.

73. CHÉNIER (André). Poésies posthumes et inédites. *Paris, Renduel,* 1833, 2 vol. in-8, dos et coins veau vert, dos orné (*Rel. de
l'époque*). — *Edition Charpentier,* 1840, in-12, demi-rel. vélin
blanc, dos orné, tête dor. (*P. Vié*). — *Charpentier,* 1847, in-12, br.
Poésies. Edition critique. Etude sur la vie et les œuvres d'André
Chénier, variantes, notes et commentaires, lexique et index par
L. Becq. de Fouquières. — *Charpentier,* 1862, in-8, dos et coins
marb. fauve, tête dor., non rog. (*Burnier*). — *Charpentier,* 1872,
in-12, demi-rel. vélin blanc, dos orné, tête dor., non rog. (*P. Vié*).
— Becq. de Fouquières. Documents nouveaux sur André Chénier.
Id., 1875, in-12, br. — Ens. 7 vol.

> On y a joint : Choix de poésies diverses de M.-J. Chénier. *Baudouin,*
> 1820, 2 part. en 1 vol. in-12, bas. tr. marb.

74. CHEVIGNÉ (Comte de). Les Contes rémois. Dessins de E. Meissonier. Sixième édition. *Paris, Michel Lévy,* 1864, in-16, figures, pap. vergé, broché (*Couvert.*).

75. CHINE ET JAPON. 12 vol. in-8 et in-12, br. et rel.

> Aston (W.-G.). Littérature japonaise. Traduction de Henry-D. Davray. *Colin,* 1902. — Bellessort. La Société japonaise. *Perrin,* 1902. — Bousquet (Georges). Le Japon de nos jours et les échelles de l'Extrême-Orient. *Hachette,* 1877, 2 vol. in-8. — Ducrocq. Pauvre et douce Corée. *Champion,* 1904, fig. — Farjenel (F.). Le peuple chinois. Ses mœurs et ses institutions. *Chevalier,* 1904. — Ferrière (Th. de). Le Vayer. Une ambassade française en Chine. *Amyot,* 1854, in-8, cartonn. toile, non rog. — Gautier (Judith). Les peuples étranges. *Charpentier,* 1879, cart., non rog. — Guizot. La Chine et le Japon. *Michel Lévy,* 1860, 2 vol. in-8. — Luidan (R.). Un voyage autour du Japon. *Hachette,* 1864. — Negroni (L. de). Souvenirs de la campagne de Chine. *Renou,* 1864, in-8. — Chine et Japon, de l'*Univers pittoresque.* — Envois d'auteurs à quelques vol.

76. CHOIX DE CHRONIQUES et mémoires sur l'Histoire de France. *Paris, A. Desrez,* 1836, 7 vol. gr. in-8 à 2 col., demi-rel. veau bleu, tr. marb.

> Commines (Phil. de). Mémoires sur les règnes de Louis XI et Charles VIII. Guillaume de Villeneuve. Olivier de la Marche. Georges de Chastelain. J. Bouchet. — Chastelain (G.). Œuvres historiques inédites. Enguerrand de Monstrelet. Chroniques. Gaspard de Saulx. Tavanes. Mémoires. Boyvin du Villars. Mémoires. — Palma Cayet, 2 vol. — Salignac (R. de). Colligny (G. de). La Chastre. G. de Rochechouart. Michel de Castelnau.

77. CLASSIQUES GRECS ET LATINS (traductions). 12 vol. in-12, rel. cart. toile ou demi-chag.

> Apulée. Œuvres complètes, traduites par V. Bétolaud. *Garnier,* 1862, 2 vol. — César. Trad. Arbaud. *Id.,* 1862. — Hérodote. Histoire, trad. Larcher. *Charpentier,* 1845, 2 vol. — Homère. Trad. Pessonneaux. *Id.,* 1862, 2 vol. — Moralistes anciens. *Lefèvre,* 1840. — Suétone. Trad. Baudement. *Dubochet,* 1845. — Virgile. *Garnier, s. d.* — Xénophon. Traductions Dacier, Dumas, Larcher, etc. *Id.,* 1842, 2 vol. On y a joint : Chassang. Apollonius de Tyane.

78. CLAUDIANI (Cl.) opera quam diligentissime castigata. *Venetiis, in aedibus Aldi et And. Asulani soceri,* 1523, in-8, veau fauve, fil. dor., dos orné, tr. marb. (*Rel. anc.*).

79. COCK. Relacion del viaje hecho por Felipe II, en 1585, a Zaragoza, Barcelona y Valencia escrita por Henrique Cock, y publicada par Alfredo Morel-Fatio y Antonio Rodriguez Villa. *Madrid,* 1876, in-8, cartonn. toile, non rog.

> Sur le faux-titre :
> *Al Sor D. Jose Maria de Heredia docto hispan.*
> *b. l. m.*
> *su buen amigo.*
> A M.-F.

80. COLLECTION CAZIN (De la). 42 vol. in-18, veau marb., fil. dor., dos ornés (*Rel. anc.*).

> Gessner. — Grécourt. — Sterne. — J.-J. Rousseau. Les Confessions. — Daphnis et Chloé. — Werther. — Le Cousin de Mahomet. — Soirées du bois de Boulogne, etc.

81. COLLECTION CHARAVAY (De la). 5 vol. in-12, brochés.

> Contes des fées par Robert de Bonnières, 1881, fig. cartonn. soie. — Ch. Baudelaire et Alf. de Vigny, candidats à l'Académie. Etude par Et. Charavay, 1879. — Lettres grecques de Madame Chénier, sa vie par R. de Bonnières, 1879. — Saint-Evremond. La Comédie des Académiciens. Préface par R. de Bonnières, 1879. — Giulietta et Romoe, nouvelle de Luigi da Porto. Traduction Henry Cochin, 1879.
> A quatre vol., envoi de l'auteur à M. J.-M. de Heredia.

82. COLLECTION des voyages des souverains des Pays-Bas, publiée par M. Gachard. Chroniques belges inédites. *Bruxelles, F. Hayez,* 1874-1876, 2 vol. in-4, cart., non rog. (*Carlonn. de l'éditeur*).

83. COLLECTION LEMERRE (De la). 1868-1881, 16 vol. pet. in-8, brochés (*Couvert.*).

> AUBIGNÉ (Agrippa d'). Œuvres Tomes I et II, 2 vol.— LA BRUYÈRE. Caractères, 2 vol. — LA FONTAINE. Fables, 2 vol. — MOLIÈRE. Œuvres. Tome 1. — MONTAIGNE. Essais. Tomes I, III, IV. — RABELAIS. Œuvres. 4 tomes en 5 vol. — REGNIER (Mathurin). Œuvres, 1 vol.

84. COLLECTION LEMERRE (De la). 21 vol. pet. in-12, rel. et br.

> ASSELINEAU (Ch). Les sept péchés capitaux de la littérature. — COPPÉE. Poésies (1864-1869). — LECONTE DE LISLE. Histoire populaire du christianisme. — LEDRAIN. Histoire d'Israël, 2 vol., dos et coins, mar. bleu, tête dor., non rog. — LEMOYNE (A.). Poésies. — MARTY-LAVEAUX. Grammaire historique. — Le livre des sonnets (PAPIER DE CHINE). — SHAKESPEARE. Œuvres, traduction de Fr. V. Hugo. Tomes I-IV.

85. COLLECTION LE MONNIER. Littérature italienne. *Firenze, Le Monnier,* 1857-1870, 28 vol. in-12, brochés.

> ARDUINI. La Primogenita di Galileo Galilei revelata dalle sue lettere. — CELLINI (B.). Y trattati dell' oreficeria e della scultura. La vita di Benvenuto Cellini scritta da lui medesimo, 2 vol. — CENNINI. Il libro dell' arte o trattato della pittura. — LEOPARDI. Opere, 2 vol. — LUIGI DA PORTO. Lettere storiche. — MANZONI (A.). I promessi sposi. — MARCO POLO. I viaggi. — NARDI (Jacopo). Istorie di Firenze, 2 vol. — VARCHI (Benedetto). Storia fiorentina, 3 vol. — VASARI (G.). Le vite de' piu eccellenti pittori, scultori e architetti, 14 vol.

86. COLONIES FRANÇAISES, 9 vol., in-8 et in-12, br. et rel.

> ARÈNE (P.). Vingt jours en Tunisie, 1884. — BOULÉ (L.). Dos d'âne, 1903. — DAMPIERRE (J. de). Essai sur les sources de l'histoire des Antilles françaises, 1904, in-8. — DARGÈNE (J.). Le feu à Formose. Roman de l'escadre Courbet, 1897, gr. in-8, rel. toile. — DOUMER (P.). Situation de l'Indo-Chine (1897-1901), 1902, gr. in-8. — DOUMER. L'Indo-Chine française. Souvenirs, 1905, gr. in-8. — LAMY

(E.). La France du Levant, 1900. — Vibert (P.). La colonisation pratique et comparée, 1904-1905, 2 vol. in-8.
Envois d'auteur.

87. COLONA (Vittoria). Tutte le rime della illustriss. et excellentiss. signora Vittoria Colonna, marchesana di Pescara. Con l'espositione del signor Rinaldo Corso, novamente mandate in luce da Girolamo Ruscelli. *In Venetia, G. B. et M. Sessa,* in-8, réglé, veau fauve, fil., dos orné, tr. dor. (*Rel. anc.*).

88. COMMINES. Les mémoires, contenans l'histoire des Roys Louys XI et Charles VIII, depuis l'an 1464 jusques en 1498. Revus et corrigés, par Denys Godefroy. *Paris, imprimerie royale,* 1649, in-fol., veau fauve, dos orné (*Rel. anc.*).

Exemplaire aux armes de A.-J. de Vignerot du Plessis, duc de Richelieu.
Reliure fatiguée.

89. CONTARINI (F.). Amorose proposte di Francesco Contarini, dedicate all' illustrissimo et reverendiss. sig. Federico Cornaro... *In Venetia,* 1601, pet. in-12, mouton vert (*Rel. anc.*).

Aux troisièmes armes de J.-A. de Thou.

90. CONTES ET NOUVELLES, 7 vol. in-12, rel.

Hoffmann. Contes fantastiques. Contes nocturnes. Traduction Christian. *Morizot,* 1861-1862, 2 vol., figures par Gavarni, dos et coins mar. rouge, non rog. (*Amand*). — Nodier (Ch.). Romans. *Charpentier,* 1855, rel. toile, tr. dor. — Souvestre (E.). Le foyer breton. Contes et récits populaires. *Michel Lévy,* 1864, 2 vol., cartonn. toile, non rog. — Valon (Alexis de). Nouvelles et chroniques. *Dentu,* 1851, demi-rel., veau, non rog. — Vivant-Denon. Point de lendemain. *Liseux,* 1876, pet. in-12, dos et coins mar. bleu, fil. dor., tête dor., non rog. (*Amand*).

91. CORROZET. Hécatomgraphie de Gilles Corrozet, libraire parisien (1540), chez Denys Janot. Préface et notes critiques de Ch. Oulmont. *Paris, H. Champion,* 1905, in-16, broché (*Couvert.*).

Sur le feuillet de garde, envoi de l'auteur à M. J.-M. de Heredia.

92. CORTÈS (Fernand). Correspondance de Fernand Cortès avec l'empereur Charles-Quint sur la conquête du Mexique, traduite par M. le Vte de Flavigny. *En Suisse, chez les libraires associés,* 1779, in-8, figure, veau br. — Cartas y relationes de Hernan Cortès. *Paris, Chaix,* 1866, gr. in-8, demi-rel. vel. blanc. — Autre exempl., cartonn. toile, non rog. — Lettres de Fernand Cortez à Charles-Quint sur la conquête du Mexique. *Dreyfous,* 1879, in-12, br. — Ens. 4 vol.

93. COSTA DE BEAUREGARD. La jeunesse du roi Charles-Albert. — Les dernières années du roi Charles-Albert. *Paris, Plon,* 1890-1892. — Ens. 2 vol. in-8, portraits, brochés.

94. **COTTIN (Paul).** Toulon et les Anglais en 1793, d'après des documents inédits. *Ollendorff,* 1898. — Une Maison de discipline à Paris, en 1777. *Bouillant,* 1901, brochure. — Le Roman d'amour de Sophie de Monnier et Mirabeau, 1776-1781. *Plon-Nourrit,* 1902, brochure. — La Correspondance secrète de Mirabeau et de Sophie de Monnier (1779-1781)., *Paris,* 1902, brochure. — Mirabeau à Vincennes et Sophie de Monnier aux Saintes-Claires de Gien. *Le Carnet,* 1902, brochure. — Sophie de Monnier et Mirabeau, d'après leur correspondance secrète inédite (1775-1789). *Plon,* 1903. — Ens. 6 vol. br. et brochures.

95. **COUSIN (Victor).** Philosophie et mémoires. *Didier,* 1856-67, 9 vol. in-8 et in-12, br. et rel.

> Du vrai, du beau et du bien (portrait). — Histoire de la philosophie, in-12, dos et coins mar. gr. — La Société française au xviiᵉ siècle, 2 vol. — Jacqueline Pascal, 1 vol. — Madame de Hautefort (portrait). Madame de Longueville (portrait). Madame de Sablé. Madame de Chevreuse. 4 vol. demi-rel. chagrin vert.

96. **DARWIN (Ch.).** De l'origine des espèces. Traduction Royer. *Guillaumin,* 1862, in-12, dos et coins mar. vert, non rog. — Les Récifs de corail, leur structure et leur distribution. Traduction Cosserat. Avec 3 planches hors texte. *Germer Baillière,* 1878, in-8, planches, cartonn. toile. Ens. 2 vol.

97. **DAUDET (Alphonse).** Numa Roumestan. Mœurs parisiennes. *Paris, G. Charpentier,* 1881, in-12, cartonn. toile bleue, non rog. (*Couvert.*).

> Edition originale.
> Sur le faux-titre :
> *A José-Maria de Heredia.*
>
> Alphonse Daudet.

98. **DAVILLIER (Bᵒⁿ Ch.).** 7 vol. et broch. in-4 et in-8, br. et rel.

> Les Arts décoratifs en Espagne. — La Vente du mobilier du château de Versailles, pendant la Terreur. — Notas sobre los gueros decordoba guadamaciles de España, etc. — Les Porcelaines de Sèvres de Mᵐᵉ du Barry. — Les origines de la porcelaine en Europe, ses fabriques italiennes du xvⁱᵉ au xviiᵉ siècle, etc.

99. **DECHARME (P.).** Mythologie de la Grèce antique. Ouvrage orné de quatre chromolithographies et de 178 figures d'après l'antique. *Paris, Garnier,* 1879, in-8 ; figures et planches, dos et coins mar. gren., fil., dos orné, tête dor., non rog. (*Domange*).

100. **DELACROIX (Eugène).** Lettres d'Eugène Delacroix (1815 à 1863), recueillies et publiées par M. Philippe Burty. Avec facsimile de lettres et de palettes. *Paris, Quantin,* 1878, in-8, portrait de Delacroix par lui-même gravé par F. Villot, broché.

> Un des 50 exemplaires imprimés sur papier de Hollande.

101. DELISLE (Léopold). Le triomphe et les gestes de Mgr Anne de Montmorency, connétable, grand maître et premier baron de France. Poème de Jean de Luxembourg, publié d'après le manuscrit original de l'ancienne librairie de Chantilly appartenant à M. le marquis de Lévis. *Paris, Imp. nat.*, 1904, in-4, cart.

> Publication de M. Léopold Delisle, ornée d'une héliogravure représentant une des miniatures du manuscrit.

102. DÉPRET (Louis). Vous et moi. *Ollendorff*, 1886, in-32. — De part et d'autre. Notes psychologiques. *Librairie illustrée*, 1888, in-8. Ens. 2 vol. br.

> Sur le feuillet de garde de chaque vol., envoi de l'auteur à M. de Heredia.

103. DESCHAMPS (Gaston). La Vie et les Livres, 1re, 2e, 3e et 6e séries. *Paris, Colin*, 1894-1903, 4 vol. in-12, brochés (*Couvert.*).

> A chaque vol., envoi de l'auteur à M. J.-M. de Heredia.

104. DESJARDINS (Gustave). Le petit Trianon. Histoire et description. *Versailles, L. Bernard*, 1885, gr. in-8, planches, broché.

105. DESLANDRES (Paul). L'ordre des Trinitaires pour le rachat des captifs. *Toulouse, Privat et Paris, Plon*, 1903, 2 vol. in-8, planches, brochés.

106. DICTIONNAIRE DE l'ACADÉMIE FRANÇOISE. *Paris, J.-B. Coignard*, 1694, 2 vol. in-8, frontisp. et vign., brochés.

> Réimpression fac-similé de la première édition faite par les soins de M. Paul Dupont.

107. DICTIONNAIRE des antiquités romaines et grecques. Accompagné de 2 000 gravures d'après l'antique, par Antony Rich. Traduit de l'anglais sous la direction de M. Chéruel. *Firmin-Didot*, 1859. — Même ouvrage. *Id.*, 1873. — Dictionnaire de biographie, mythologie, géographie anciennes. Accompagné de près de 1 000 gravures d'après l'antique. Traduit, en grande partie, de l'anglais du docteur Smith par N. Thiel. *Id.*, 1865. — Ens. 3 vol. gr. in-12, dos et coins mar. rouge, tête dor., non rog.

108. DIDEROT (Denis). Œuvres complètes. *Paris, J.-L-J. Brière*, 1821, 20 vol. in-8, demi-rel. veau rose, dos orné, tr. marb. (*Thouvenin*).

> Bel exemplaire.

109. DIODORI SICULI Bibliothecae historicae libri qui supersunt (graece et latine), interprete Laurentio Rhodomano, Fulvii Ursini. etc., etc. *Amstelodami, Jacob. Wetstenius*, 1746, 2 vol. in-fol., frontisp. gravé et portrait de Wesseling, vélin blanc, comp. de fil à fr. et milieu orné.

> Bel exemplaire.

110. BELLAY (Du). Les Mémoires de mess. Martin du Bellay, seigneur de Langey. Contenant le discours de plusieurs choses advenues au Royaume de France l'an 1513, jusques au trépas du Roy François premier, ausquels l'autheur a inséré trois livres et quelques fragmens des Ogdoades de mess. Guillaume du Bellay, seigneur de Langey son frère. *Paris, Th. Périer,* 1582, in-fol., demi-rel. vélin blanc.

111. DUQUET (Alfred). Guerre de 1870-1871. *Paris, Charpentier,* 1890-98, 7 vol. in-12, cartes, brochés.

> Le Quatre-septembre et Chatillon, 2 septembre-19 septembre. — Chevilly et Bagneux, 20 septembre-20 octobre. — La Malmaison, le Bourget et le Trente et un octobre, 21 octobre-1er novembre. — Thiers, le plan Trochu et l'Hay, 2-29 novembre 1870. — Les batailles de la Marne, 30 novembre-8 décembre. — Second échec du Bourget et perte d'Avron, 9-31 décembre. — Le bombardement de Buzenval, 1-22 janvier 1871.

112. DU VERDIER. La Bibliothèque d'Antoine du Verdier, seigneur de Vauprivas. Avec un discours sur les bonnes lettres servant de préface et à la fin un supplément de l'Epitome de la Bibliothèque de Gesner. *Lyon, Barth. Honorat,* 1585, in-fol., veau fauve, fil., dos orné, tr. dor. (*Rel. anc.*).

113. ÉCONOMIE POLITIQUE. 5 vol. in-12 et in-8, brochés et rel.

> CHASLES (Philarète). La psychologie sociale des nouveaux peuples. *Charpentier,* 1875, cartonn. — DELAFOSSE (Jules). Théorie de l'ordre. *Plon,* 1901, in-8, br. (*Envoi d'auteur*). — DROZ (J.). Economie politique. *Renouard,* 1846, demi-rel. mar. gren. — EICHTAL (Eug. d'). Socialisme, communisme et collectivisme. *Guillaumin,* 1901 (*Envoi d'auteur*). — GUIZOT. Histoire générale de la civilisation en Europe. *Didier,* 1842, in-8, demi-rel. mar. gr., tête dor., non rog.

114. ELZÉVIRS (Auteurs latins, imprimés par les). 6 vol. pet. in-12, reliés.

> (Auli) GELLII noctes atticae. *Amst.,* 1651, veau br. — HORATII (Quinti) Flacci poemata, scholiis sive annotationibus, instar commentarii illustrata a Joanne Bond. *Blaeu,* 1636, vél. — LUCAIN. La Pharsale, en vers françois, par M. de Brébœuf. *Leide,* 1658, veau fauve. — LUCANI (M. Annaei). Pharsalia. *Amstel.,* 1671, mar. fauve, fleurdelisé, tr. dor. — VELLEIUS PATERCULUS, cum notis Gerardi Vossii. *Lugd. Bat.,* 1654, mar. fauve, fleurdelisé. — VIRGILII Maronis opera. *Id.,* 1636, veau br.

115. ÉMAUX (Ouvrages relatifs aux). 4 vol.

> LABORDE (de). Notice des émaux exposés dans les galeries du Musée du Louvre. *Vinchon,* 1852, in-8, demi-rel. mar. gren., non rog. — POPELIN (Ch.). L'Art de l'émail. *Dupuis,* 1868, gr. in-8, br. Alberti (Leon-Battista). *J. Claye,* 1868, gr. in-8, dos et coins mar. rouge, fil. dor., tête dor., non rog. — Claudius Popelin et la Renaissance des émaux peints. *Gazette des Beaux-Arts,* 1893, in-8, fig., br.

116. EPIGRAMMATA ET POEMATIA VETERA. Quorum pleraque nunc primum ex antiquis codicibus et lapidibus, alia sparsim antehac errantia, jam undecumque collecta emendatiora eduntur. *Parisiis, Dionys. Duvallius*, 1590, 1 tome en 2 vol. pet. in-12, veau fauve, fil., dos orné (*Rel. anc.*).

> Sur le feuillet de garde :
> *Recueil rare, donné par le savant P. Pithou et composé de plusieurs pièces, telles que les frag. d'Ennius, les poèmes de C. Severus, de Nemésien et l'Itin. de Rutilius, publ. pour la première fois d'après les mss.*
>
> J.-M. DE HEREDIA.

117. ERASME. Les Entretiens familiers. *Genève, Herman Widerhold*, 1669, 2 vol. pet. in-12, vélin (*Rel. anc.*). — Colloquia. *Lugd. Bat.*, 1643, petit in-12, veau fauve, fil. (*Rel. anc.*). — CORDIER. Nouvelle traduction des Colloques de Mathurin Cordier. *La Haye*, 1727, pet. in-12, veau fauve (*Rel. anc.*). — Ens. 4 vol.

118. ERASME. Éloge de la folie. Traduit par Victor Develay, *Paris, Librairie des Bibliophiles*, 1872, in-8, figures d'Holbein, broché.

119. ESPAGNE. Histoire et voyages, etc. 15 vol. in-12 et in-8, br. et rel.

> Elogio de la Reina catolica Dona Isabel, al que siguen varias ilustraciones sobre su Reinado, por Diego Clemencin. *Madrid*, 1821. — Libro de la Camara real del principe Don Juan, por Gonçalo Fernandez de Oviedo. *Id.*, 1870, in-8, pl., cart. — Documentos ineditos para la historia de Espana. *Id.*, 1861, in-8, cartonn. toile, non rog. — Comtesse d'Aulnoy. Voyage d'Espagne. *Plon*, 1874, in-8, dos et coins mar. vert, tête dor., non rog. — Bouchet. Souvenirs d'Espagne. — A. de Latour. Espagne. Traditions, mœurs et littérature, 1 vol. Etudes sur l'Espagne. Séville et l'Andalousie, 2 vol. Ens. 3 vol. — Lecomte (G.). Espagne, — Caldine Coindas de Toros. — Voyage en Espagne, par le marquis de Langle, 2 vol. in-12, demi-rel. veau viol. Etc., etc.

120. ESPION ANGLAIS (L'), ou correspondance entre deux milords sur les mœurs publiques et privées des Français (par Jean-Toussaint Merle). *Paris, L. Colin*, 1809, 2 vol. in-8, demi-rel. mar. La Vall., fil., dos orné, tête dor., non rog.

121. ESTIENNE (Henri). L'Introduction au traité de la conformité des merveilles anciennes avec les modernes, ou traité préparatif à l'Apologie pour Hérodote. *L'an MDLXVI, au mois de novembre*, in-8, veau br., fil. dor. et dent. à fr., dos orné.

> Réimpression sous la même date que l'édition originale.

122. ESTIENNE (Henri). Apologie pour Hérodote. Avec introduction et notes par P. Ristelhuber. *Paris, Liseux*, 1879, 2 vol. in-8, brochés (*Couvert.*).

123. EXPOSITION 1900. D'ALLEMAGNE (H.). Exposition rétrospective de la classe 75. Musée du luminaire. *Paris*, 1900, gr. in-8, rel. toile. — *Id*. La serrurerie ancienne à l'exposition universelle

de 1900. *Belin,* 1902, in-4, dos et coins mar. rouge, tête dor., non
rog. — Duval (G.). Musée rétrospectif du groupe X. Alimenta-
tion, gr. in-8, br. — Ens. 3 vol.

> Nombreuses illustrations.

124. FAURIEL. Histoire de la croisade contre les hérétiques albi-
geois, écrite en vers provençaux par un poète contemporain, traduite et publiée par M. C. Fauriel. *Paris, imprimerie royale,* 1837,
in-4, demi-rel. mar. br., tr. marb.

125. FOLK-LORE. 5 vol. br. et rel.

> Contes populaires de la Grande-Bretagne, par Loys Brueyre. *Ha-
> chette,* 1875, gr. in-8, dos et coins mar. rouge, tête dor., non rog.
> (*Amand*). — Croyances et légendes du centre de la France. Souvenirs
> du vieux temps, par Laisnel de la Salle. *Chaix,* 1875, 2 vol. in-8, car-
> tonn. toile, non rog. — Mendès (C.). Les Lieds de la France. Avec
> 10 musiques d'Alf. Brunneau et 10 dessins de R. Mendès. *Flammarion,*
> s. d., in-12, fig., br. — Barzaz Breiz. Chants populaires de la Bre-
> tagne, recueillis, traduits et annotés par le vicomte Hersart de la Ville-
> marqué. *Didier,* 1867, in-8, demi-rel. mar. rouge, tr. marb.

126. FORAIN. La Comédie parisienne. 250 dessins. *Paris, Charpentier,* 1892, in-12, figures, broché (*Couvert. illustrée*).

> Édition originale.
> Sur le faux-titre, envoi de l'auteur à M. J.-M. de Heredia.

127. FOUINET (Ernest). La Caravane des morts. *Paris, Masson et
Dufrey,* 2 vol. in-8 brochés (*Couvert.*).

> Édition originale.

128. FOUQUET (Fernand). A travers la vie (notes de littérature).
Préface de E. Ledrain. *Paris, A. Lemerre,* 1896, in-12, broché
(*Couvert.*).

> Papier de Hollande.
> Sur le feuillet de garde :
> *A Monsieur José-Maria de Heredia,*
> *Au magnifique esprit qui a écrit les* Trophées, *au noble cœur que nous
> vénérons tous et au grand ami de mon ami Rémy Saint-Maurice qu'il me
> soit permis d'offrir humblement ces pages fragiles en témoignage d'une
> admiration robuste et d'une reconnaissance solide.*
> Fernand Fouquet.

129. FRAIPONT. Le Monde végétal. Fleurs, plantes, fruits. Texte,
dessins et aquarelles de G. Fraipont. Avec une préface par André
Theuriet. *Paris, Flammarion,* s. d., gr. in-8, figures, broché
(*Couvert. illustrée*).

> Sur le faux-titre, envoi de l'auteur à M. J.-M. de Heredia.

130. FRANCE (Frédéric de). Edmond van Offel. *Paris, L. Borel,*
1902, gr. in-4, 37 gravures, broché (*Couvert.*).

> Sur le faux-titre, envoi de l'auteur à M. J.-M. de Heredia.
> Ce volume est orné de gravures sur bois de Van Offel, tirées en rouge
> et noir.

131. FRANÇOIS (René). Essay des merveilles de nature et des plus nobles artifices. *Rouen, Romain de Beauvais et Jean Osmont,* 1622, in-4, titre gravé et fig. dans le texte, veau brun.

La Venerie. — La Fauconnerie. — L'Orfèvrerie. — Les Fleurs. — Les Armoiries, etc.

132. FROISSART. Chroniques publiées pour la Société de l'histoire de France par Siméon Luce. *Paris, J. Renouard,* 1869-78, 7 tomes en 8 vol. in-8, brochés.

133. FURETIÈRE. Recueil des factums d'Antoine Furetière, de l'Académie française contre quelques-uns de cette Académie, avec une introduction et des notes historiques et critiques par M. Charles Asselineau. *Paris, Poulet-Malassis,* 1858-59, 2 vol. in-12, brochés (*Couvert.*).

134. GACHARD. Don Carlos et Philippe II. *Michel Lévy,* 1867. — IRVING (Washington). Histoire de la conquête de Grenade. Traduction nouvelle de l'anglais, précédée d'une étude sur les ouvrages de Washington Irving par Xavier Eyma. *Lacroix,* 1865, 2 vol. — PRESCOTT (W.-H.). Histoire du règne de Philippe II, traduit de l'anglais par G. Renson et P. Ithier. *Paris, Didot,* et *Bruxelles, F. van Meenen,* 1860, 5 vol. — Ens. 8 vol. in-8, brochés.

135. GALERON (Edmond). Eloge de Reims, avec une notice par le prince Alexandre Bibesco. *Paris, A. Lemerre,* 1896, in-4, port., broché (*Couvert.*).

Un des 98 exemplaires imprimés sur PAPIER DE HOLLANDE.
Envoi du prince Bibesco à M. de Heredia.

136. GALIANI (Abbé). Correspondance inédite pendant les années 1765 à 1783. *Paris, Dentu,* 1818, 2 vol. in-8, veau marb., pet. dent., dos orné, tr. marb. (*Rel. anc.*).

Exemplaire aux armes de Louis XVIII, avec le cachet de la Bibliothèque du Roi au Palais royal et l'ex-libris gravé de Berryer.

137. GAUTIER (Léon). Les Epopées françaises. *Paris, V. Palmé,* 1865-1868, 3 vol. gr. in-8, brochés.

138. GAY (Ernest). L'Algérie d'aujourd'hui. *Combet, s. d.,* 2 ex. — Nouvelle édition revue et augmentée. *Id., s. d.* — Ens. 3 vol. in-8, fig., broch.

Envoi de l'auteur.

139. GERSON. De l'Imitation de Jésus-Christ, traduite d'après un manuscrit de 1440, par l'abbé Delaunay. *Paris, Tross,* 1869, in-8, demi-rel. vélin blanc, non rog.

Texte dans des bordures gravées sur bois.

140. GIDE (André). Les poésies d'André Walter (œuvre posthume). *Paris, l'Art indépendant,* 1892, pet. in-4, broché (*Couvert,*).

Édition originale. Papier du Japon.
On y a joint : *Les Cahiers d'André Walter*. Paris, Perrin, 1891, in-12, br.
Envois de l'auteur.

141. GLOUVET (J. de). Histoires du vieux temps. Extraits du manuscrit de l'écuyer Loys de Cussière, gentilhomme angevin. *Saumur, P. Godet*, 1866. — Le Forestier. *Calm. Lévy*, 1880. — Le Marinier. *Id.*, 1881. — Le berger. *Id.*, 1882. — Histoires du vieux temps. Nouvelle édition. *Id.*, 1882. — La famille Bourgeois. *Id.*, 1883. — L'Idéal. *Id.*, 1884. — Croquis de femmes. *Id.*, 1884. — Le Père. *V. Havard*, 1886. — Ens. 9 vol. in-12, cartonn. toile verte, non rog.

Éditions originales.
A tous les vol., dédicace autographe de l'auteur, Quesnay de Beaurepaire, à M. de Heredia.

142. GOBINEAU (Cte de). Histoire des Perses d'après les auteurs orientaux, grecs et latins et particulièrement d'après les manuscrits orientaux inédits, les monuments figurés, les médailles, les pierres gravées, etc. *Paris, H. Plon,* 1869, 2 vol. in-8, brochés.

143. GOETHE (et ouvrages relatifs à). 10 vol. in-12 et in-8, rel. et broch.

Faust. Traduction complète en prose et en vers par Gérard. *Dondey-Dupré,* 1835, pet. in-12, demi-rel. chag. — Théâtre. Traduction X. Marmier. *Charpentier,* 1848, 2 exempl., demi-rel. chag. et cartonn. toile, non rog. — Faust. Traduction Blaze, 1861. — Faust. Traduction Gérard de Nerval. 1868, 2 vol. cartonn. toile, non rog. — OEuvres scientifiques de Goethe analysées et appréciées par Ern. Faivre. *Hachette,* 1862, gr. in-8, dos et coins mar. noir, non rog. — Poèmes et romans. Traduit par J. Porchat. *Hachette,* 1870, gr. in-8, demi-rel. mar. rouge. — Mémoires de Goethe, trad. B^onne A. Carlowitz. *Charpentier,* 1857, 2 vol.

144. GOMEZ (Ant.-Enriquez). El siglo pitagorico, y vida de D. Gregorio Guadaña Dedicado a monseñor François Bassompierre, por Ant. Henrriquez Gomez. *En Roan, Laurens Maurry,* 1644. — Politica angelica, Primera parte dividida en 5 dialogos. *Ibid., Id.,* 1647. — Ens. 2 vol. in-4, vélin.

145. GONCOURT (Les). 6 vol. et broch. cart. et brochés.

Manette Salomon. *Lacroix,* 1868, 2 vol. cart. toile, non rog. (*Envoi des auteurs*). — Charles Demailly. *Lacroix,* 1868, cartonn. toile, non rog. — La Femme au dix-huitième siècle. *Charpentier,* 1877. — La Lorette. Avec un dessin de Gavarni gravé par Jules de Goncourt. *Charpentier,* 1883 (*Envoi d'Edmond de Goncourt*). — A bas le progrès, bouffonnerie satirique en un acte. *Id.,* 1893, br. (*Edition orig.*) (*Envoi de l'auteur*).

146. GRACIEN (Baltasar). L'Homme universel, traduit de l'espagnol.

Paris, Noël Pissot, 1723, pet. in-8, veau fauve, dos orné (*Rel. anc.*).

Exemplaire au chiffre des ROHAN-SOUBISE.

147. GRAETZ. Histoire des juifs. Traduit de l'allemand par M. Wogue et Moïse Bloch. *Paris, A. Lévy, A. Durlacher*, 1882-1893, 4 vol. in-8, brochés.

148. GRANDS ÉCRIVAINS FRANÇAIS (Les). *Paris, Hachette*, 1890-1905, 22 vol. in-12, portraits, brochés.

> Beaumarchais. — Chénier. — Diderot. — Dumas (A.) père. — Fontenelle. — Flaubert. — Gautier (Théophile). — Hugo (Victor). — Raphaël Lévy. — La Bruyère. — J. de Maistre. — Malherbe. — Marivaux. — Mirabeau. — Musset (Alf. de). — Pascal. — Rabelais. — Saint-Pierre (Bernardin de). — Saint-Simon. — Staël (Mme de). — Vigny (A. de). — Villon (Fr.).
> Nombreux envois d'auteur à M. J.-M. de Heredia.

149. GRÈCE et ORIENT. 10 vol. in-12 et in-8, rel. et br.

> BUCHON. La Grèce continentale et la Morée, 1844. — FLORENTIN-LORIOT. La faillite des Dieux, 1900. — MARMIER (X.). Du Danube au Caucase, 1854. — RAMBAUD (A.). L'Empire grec au xe siècle, in-8, 1870. — REYNAUD (Ch.). D'Athènes à Balbek, 1853, demi-rel. mar. — RIZA KHAN DANISCH. Perles d'Orient, 1904, gr. in-8, cartonn. mar. — SCHLUMBERGER. Les Iles des princes, 1884, *Id.* Expéditions des « Almugavares » ou rouliers catalans en Orient, in-8, 1902. Renaud de Châtillon, prince d'Antioche, in-8, 1898. — VLAHOUTZA (A.). La Roumanie pittoresque, 1903.

150. GUAZZO. La civile conversation. Tournée d'italien en françois par F. Belleforest Commingeois. Nouvellement augmentée par l'auteur d'infinis beaux et utiles enseignemens adjoustez à ceste édition par Jacques Esprinchard R. (*Genève*). *Pour Jacob Stœr*, 1598, in-16, mar. vert, fil., tr. dor. (*Rel. anc.*).

151. GUEVARE (A. de). Les Epistres dorées et discours salutaires, traduict d'espagnol en françois par le seigneur de Guterry. *Paris, Abel l'Angelier*, 1580, in-8, vél., fil. dor., milieu orné, dos orné, tr. dor. (*Rel. anc.*). — Libro llamado menosprecio de corte y Alabança de aldea (texte espagnol, et trad. en italien et français). *Jean de Tournes*, 1591, in-16, veau brun. — NUNEZ DE CASTRO (Don Alonso). Libro historico politico. *Madrid, And. Garcia de la Iglesia*, 1658, in-4, vél. — Ens. 3 vol.

152. GUIFFREY (Jules). La Vie de la Vierge. Monographie sur les tapisseries de la cathédrale de Strasbourg. *Id., s. d.*, in-4, et album gr. in-4 oblong. — LAUGEL (A.). Biographies alsaciennes. Théophile Schuler. *Id., s. d.*, in-4. — POLLINGER. A quelle race appartiennent les Alsaciens ? *Strasbourg, Noiriel*, gr. in-8.

153. HARIVANSA, ou histoire de la famille de Hari, ouvrage formant un appendice du Mahabharata et traduit sur l'original sanscrit

par M. A. Langlois. *Paris et Londres*, 1834-35, 2 vol. in-4, demi-rel. veau fauve.

154. HARRY (Myriam). La Conquête de Jérusalem. Roman moderne. *Paris, Calmann Lévy, s. d.* — Petites épouses. *Id., s. d.* Ens. 2 vol. in-12, brochés (*Couvert.*).

    ÉDITIONS ORIGINALES.
    A chaque vol., envoi de l'auteur à M. de Heredia.

155. HATZFELD et DARMESTETER. Dictionnaire général de la langue française du commencement du xviiᵉ siècle jusqu'à nos jours, précédé d'un traité de la formation de la langue. *Paris, Ch. Delagrave, s. d.*, 2 vol. gr. in-8, demi-rel. mar. rouge, tête dor., non rog.

156. HISTOIRE CONTEMPORAINE, 5 vol. in-8, br. et rel.

    LA BRUNETIÈRE (A. de la). La souveraineté du peuple en France. *Lethielleux, s. d.* — LÉOUZON LE DUC. Ce que l'État doit à l'Église. *Plon-Nourrit, 1905.* — NOTOVITCH (N.). L'Europe et l'Égypte. *Ollendorff, 1898.* — IDEM. La Pacification de l'Europe et Nicolas II. *Id., 1899.* — SIMON (Ed.). Histoire du prince de Bismarck, 1847-1887. *Id., 1887,* in-8, cartonn. toile, non rog.

157. HISTOIRE CONTEMPORAINE, 7 vol. in 12 et in-8, br. et rel.

    DURET (Ch.). Histoire de France de 1870 à 1873, 2 vol. — IMBERT DE SAINT-AMAND. La France et l'Italie. Marie-Amélie et la société française en 1847, 2 vol. — MICHELS (baron des). Souvenirs de carrière (1855-1886), in-8. — QUINET (Edg.). Correspondance, 2 vol. in-8, cartonn. toile, non rog.

158. HISTOIRE CONTEMPORAINE, mélanges, 28 vol. in-12, br, (*Couvert.*).

    BENOIST (Ch.). Souverains, Hommes d'État, Hommes d'Église. — BERNARD LAZARE. Figures contemporaines. — BRUNETIÈRE. Discours de combat. — DOUMIC. Hommes et idées du xixᵉ siècle. — LEYGUES. L'École et la vie. — CHEVALLEY. Victoria, sa vie, son rôle, son règne. — WALDECK-ROUSSEAU. Associations et congrégations. — LEROY-BEAULIEU. Les doctrines de haine. — OLLIVIER (E.). L'Empire libéral. — MUN (A. de). Contre la séparation. — RAMBAUD (L.). Le Testament d'un latin. — RIBOT. Discours politiques, 2 vol. Etc., etc.
    A la plupart des volumes, envoi d'auteur à M. J.-M. de Heredia.

159. HISTOIRE DE FRANCE, 6 vol. pet. in-12 et in-8, rel.

    FERRONI (Arnoldi) Burdigalensis, de rebus gestis Gallorum libri IX. *Parisiis, apud Vascosanum, 1550,* in-8, demi-rel. vél. — Dialogue d'entre le malheustre et le manant. *S. l., 1594,* in-8, veau br., dent., dos orné, tr. dor. (*Rel. anc.*). — Nouveaux intérêts des princes de l'Europe. *Cologne, P. du Marteau, 1660,* veau fauve. — Recueil de diverses pièces servans à l'histoire de Henry III. *Id., 1660, veau fauve.* — Recueil historique contenant diverses pièces curieuses de ce temps. *Cologne, Chr. van Dyck, 1666.* — Satyre Ménippée de la vertu du Catholicon d'Espagne et de la tenue des Estats de Paris. *Ratisbonne, M. Kerner, 1677,* veau fauve (sans fig.).

160. HISTOIRE GÉNÉRALE DES VOYAGES, ou nouvelle collection de toutes les relations de voyages par mer et par terre, qui ont été publiées jusqu'à présent dans les différentes langues de toutes les nations connues, etc... (par l'abbé A.-F. Prévost, A. Deleyre, A.-G. Meusnier de Querlon et J.-P. Rousselot de Surgy). *Paris, Didot*, 1746-1770, 20 vol. in-4, dont 1 de cartes, veau marb.

161. HISTOIRE RELIGIEUSE, 11 vol. in-12 et in-8, br. et rel.

BORROW (G.). — La Bible en Espagne, traduit de l'anglais. *Amyot*, 1845, 2 vol. in-8, cartonn. toile, non rog. — EYZAGIURRE. El catolicismo en presencia de sus disidentes. *Barcelona*, 1856, 2 vol. in-12, demi-rel. mar. — FÉNELON. Lettres de direction. *Poussielgue*, 1902. — FONTENELLE (Fr.). La Bible I. d'Adam à Jésus. *Rennes*, 1898, in-8. — FRÉMONT (G.). Lettres à l'abbé Loisy. *Blond*, 1904. — L. DE COMBES. La vraie croix perdue et retrouvée. *L'Art et l'Autel*, 1902, in-8, br. — VORAGINE (J. de). La légende dorée, traduite avec notes par Th. de Wysewa. *Perrin, s. d.*, in-8, br., etc., etc.

162. HORATII (Quinti) Flacci opera, cum novo commentario ad modum Joannis Bond. *Parisiis, F. Didot*, 1855, photog. — VIRGILII (Publii) Maronis carmina omnia perpetuo commentario ad modum Joannis Bond explicuit Fr. Dubner. *Id.*, 1858, fig. — Ens. 2 vol. in-18, cartonn. toile, non rog.

163. HUBER (François). Nouvelles observations sur les abeilles. *Paris, Paschoud et Genève*, 1814, 2 vol. in-8, demi-rel. mar. bleu, tête dor., non rog.

164. HUBNER (baron de). Promenade autour du monde, 1871. *Paris, Hachette*, 1873, 2 vol. in-8, brochés (*Couvert.*).

165. HUGO (Victor) [et ouvrages relatifs à], 11 vol., rel. et br.

Les Châtiments. *Hetzel, s. d.* — Châtiments, 1853. *Genève et New-York*, in-18, demi-rel. mar. rouge, tr. marb. — Le beau Pécopin et la belle Bauldour. *V. Lecou*, 1855, in-32, cartonn. toile, non rog. — John Brown. *Dentu*, 1861, in-8. — Les Orientales. Les Feuilles d'automne. Les Chants du crépuscule. *Hachette*, 1875, rel. toile, tr. dor. — Huguet (Edmond). Le sens de la forme dans les métaphores de Victor Hugo. *Hachette*, 1904, in-8. — Legay (Tristan). Les Amours de Victor Hugo. *La Plume*, 1901, port. et autog. — Lesclide (Richard). Victor Hugo intime. *Juven, s. d.* — Renouvier (Ch.). Victor Hugo, le poète. *Colin, s. d.* — La Couronne poétique de Victor Hugo. *Charpentier*, 1902 (2 exempl.).
Envois d'auteurs à quelques vol.

166. HUGO (Victor). Œuvres. *Paris, Renduel*, 1832-1836, 17 vol. in-8, dos et coins veau fauve, dos orné, tr. marb. (*Rel. de l'époque*).

POÉSIE. Odes et ballades, 2 vol. — Les Orientales. Les Chants du crépuscule. Les Feuilles d'automne. — DRAME. Cromwell, 2 vol. Marie Tudor. — ROMAN. Bug-Jargal. Han d'Islande, 2 vol. Le dernier jour d'un condamné. Notre-Dame de Paris, 3 vol. (figures). — LITTÉRATURE et philosophie mêlées, 2 vol.

167. HUYSMANS (J.-K.). A rebours. *Paris, Charpentier,* 1884, in-12, broché (*Couvert.*).

> ÉDITION ORIGINALE.
> On y a joint : La Cathédrale. *Paris, Stock,* 1898, in-12, broché (*Couvert.*).

168. INDE et dans l'Extrême-Orient (Voyages dans l'), 13 vol. in-12 et in-8, br. et rel.

> ANQUETIL (Th.). Aventures et chasses dans l'Extrême-Orient, 1874-75, 2 vol. — BELLESSORT. En escale. Une promenade à Ceylan, Singapour, etc. *Perrin,* 1900. — BIOVÈS (A.). Les Anglais dans l'Inde. Warden Hastings, 1772-1785, 1904, in-8. — COURTELLEMONT (Gervais). Voyage au Yunnan, 1904, pl. — HUC (M.). Souvenirs d'un voyage dans la Tartarie, le Thibet et la Chine (1844, 1845, 1846), 1853, 2 vol. demi-rel. mar. — KARAZINE. Scènes de la vie terrible dans l'Asie centrale. *S. d.* — Voyages dans l'Asie centrale, par le même. *S. d.*, 2 vol. cartonn. toile, non rog. — Journal du voyage de Siam fait par M. l'abbé de Choisy. *Trévoux,* 1742, in-12, veau fauve, dos orné (*Rel. anc.*), etc., etc.

169. JANNETTAZ (Ed.), VANDERHEYM (Em.), FONTENAY (E.), COUTANCE (A.). Diamant et pierres précieuses. Cristallographie. Descriptions. Emplois. Evaluation. Commerce. Bijoux. Joyaux. Orfèvreries, au point de vue de leur histoire et de leur travail. Ouvrage orné de 350 vignettes et d'une planche en couleur. *Paris, J. Rothschild,* 1881, in-8, planches et figures, dos et coins mar. vert, fil., tête dor. (*Domange*).

170. JANSSEN (J.). La chimie céleste. Un observatoire au Mont-Blanc. L'âge des étoiles, etc. Rapports lus à l'Institut. *F. Didot,* 1873-1902, 5 op. en 1 vol. in-4, demi-rel. chag. — Lectures académiques. Discours. *Hachette,* 1903, in-8, br. — Ens. 2 vol.

171. KAEMPFER (Engelbart). Histoire naturelle, civile et ecclésiastique de l'empire du Japon : composée en allemand et traduite en françois sur la version anglaise de Jean-Gaspar Schenchzer. Ouvrage enrichi de quantité de figures dessinées d'après le naturel par l'auteur même. *La Haye, P. Gosse et J. Neaulme,* 1729, 2 vol. in-fol., planches, veau marb., dos orné (*Rel. anc.*).

> Bon exemplaire.

172. LA BRUYERE. Les Caractères (septième, neuvième et dixième éditions). *Paris, Estienne Michalet,* 1692, 1696, 1699, 3 vol. in-12. — Même ouvrage. *La Haye, A. Moetjens,* 1698, in-12. — Les Caractères de La Bruyère, avec des notes par M. Coste. *Paris, Hochereau et Panckoucke,* 1765, in-4, port. — La Rochefoucauld. Réflexions ou sentences morales. Sixième édition. *Paris, Ch. Barbin,* 1693, in-12. — Vauvenargues. Introduction à la connaissance de l'esprit humain. *Paris, Briasson,* 1747. — Ens. 7 vol. reliés en veau.

173. LA BRUYERE. Les Caractères. *Librairie nouvelle,* 1861, 2 vol.

in-12, dos et coins, chag. vert. dos orné, tête dor., non rog. —
Les caractères. Avec notes par Ch. Asselineau. *Lemerre*, 1871, 2
vol. pet. in-8, port. dos et coins mar. brun, tête dor., non rog.
LA ROCHEFOUCAUD. Réflexions ou sentences et maximes morales.
Edition L. Lacour. *Jouaust*, 1868, in-8, papier vergé, dos et coins
mar. noir, tête dor., non rog. — Ens. 5 vol.

174. LA CASE (De). Galatée, ou l'art de plaire dans la conversation, traduit d'italien en françois par M. Duhamel. *Paris, René
Guignard*, 1668, in-12, mar. rouge, comp. de fil. à la Du Seuil,
dos orné, tr. dor. (*Rel. anc.*).

175. LACOMBE (Paul). Bibliographie des travaux de M. Léopold
Delisle, membre de l'Institut, administrateur général de la Bibliothèque nationale. *Paris, Imp. nat.*, 1902, in-8, portrait, broché.

> On y a joint : *Jubilé de M. Léopold Delisle. Discours et adresses*, broch.
> in-8.

176. LAFENESTRE (G.). Maîtres anciens. Etudes d'histoire et d'art.
Renouard, 1882, in-8, demi-rel. vélin blanc, tête dor. non rog. —
Artistes et amateurs. *Paris, s. d.*, in-8, br. — Les Primitifs à
Bruges et à Paris, 1900-1902-1904. *L'art ancien et moderne, s. d.*,
in-8, br. — La peinture en Europe. Venise. *Quantin, s. d.*, in-8,
100 planches photographiques, cartonn. toile, non rog. — Ens.
4 vol.

> A tous ces vol., envoi de l'auteur à M. de Heredia.

177. LAMARTINE. 8 vol. in-12 et in-8, br. et rel.

> Méditations poétiques. Seconde édition. *Paris*, 1820, in-8 cart.
> (2ᵉ édition en partie originale). — Nouvelles méditations poétiques.
> *Canel*, 1823, in-8 (ÉDITION ORIGINALE). Souvenirs, impressions, pen-
> sées et paysages pendant un voyage en Orient (1832-1833). *Gosselin* et
> *Furne*, 1835, 4 vol. in-8, dos et coins, veau gren., fil., dos orné (1ʳᵉ
> édition in-18). — Raphaël, pages de la vingtième année. *Perrotin*,
> 1857, demi-rel. chag. — Lectures pour tous. *Hachette*, 1877, demi-
> rel. chag.

178. LARGUIER (Léo). La Maison du poète. *Paris, Storck*, 1903,
in-12, broché (*Couvert.*).

> ÉDITION ORIGINALE. Envoi et lettre autographes de l'auteur.
> On y a joint 16 pages du manuscrit de l'auteur.

179. LAURENT, de l'Ardèche. Histoire de l'empereur Napoléon.
Illustrée par Horace Vernet. *Paris, Dubochet*, 1839, in-8, figures,
demi-rel., basane rouge.

> PREMIER TIRAGE.

180. LAUZUN (Duc de). Mémoires. Edition complète précédée d'une
étude sur Lauzun et ses mémoires par Georges d'Heylli. Eaux-
fortes par de Malval. *Paris, Ed. Rouveyre*, 1880, pet. in-8, pap.
vergé, broché.

181. LAZARILLE DE TORMES (Vie de). Traduction nouvelle et préface de A. Morel-Fatio. Nouvelles illustrations et eaux-fortes de Maurice Leloir. *Paris, H. Launette*, 1886, in-8, figures, broché.

182. LE COMTE (Noel). Mythologie, c'est-à-dire explication des fables, contenant les généalogies des Dieux, les cérémonies de leurs sacrifices, leurs gestes, advâtures, amours et presque tous les préceptes de la philosophie naturelle et morale. Extraitte du latin de Noël le Comte par J. de Montlyard. *Lion, P. Frellon*, 1612, 1 tome en 2 vol. in-4, figures, vélin (*Rel. anc.*).

Beau titre gravé en taille-douce par *L. Gaultier* et figures, dans le texte, gravées sur bois.

183. LECONTE DE LISLE. Poèmes et poésies. *Dentu*, 1855, in-12, demi-rel., veau fauve, dos orné. — Homère, Iliade et Odyssée. Traduction nouvelle. *Lemerre*, 1867-1868, 2 vol. in-8, vélin à rec. — Les Erinnyes. Tragédie antique en deux parties, en vers. *Id.*, 1873, in-12, br. — Ens. 4 vol.

Éditions originales.

184. LECONTE DE LISLE. Œuvres de Horace, traduction nouvelle, avec le texte latin. *Paris, A. Lemerre*, 1873, 2 vol. in-12, brochés.

Un des 100 exemplaires imprimés sur papier Whatman.

185. LEDRAIN (E.). La Bible. Traduction nouvelle, d'après les textes hébreu et grec. *Paris, Lemerre*, 1886-1893, 7 vol. in-8, brochés (*Couvert.*).

186. LENORMAND (François). Manuel d'histoire ancienne de l'Orient. *Paris, A. Lévy*, 1869, 3 vol. in-12, dos et coins mar. noir, non rog.

187. LEROY-BEAULIEU (Anatole). L'Empire des Tsars et les Russes. Le Pays et les habitants. Les Institutions. *Paris, Hachette*, 1881-1882, 2 vol. in-8, demi-rel. toile, non rog.

188. L'ESTOILLE (A. de). La Chanson de l'alouette. *Paris, A. Lemerre*, 1880, 3 vol. — La chanson de l'alouette. *Lyon, A. Storck*, 1895. — Ens. 4 vol. in-8, brochés (*Couvert.*).

Sur le feuillet de garde du dernier vol :
Au Poète Heredia, souvenir d'un poète qui fut Louis de Lyvron.

Comtesse de L'Estoile.

Paris, mars 1895.

189. L'ESTOILE (Pierre de). Mémoires. — Journaux publiés par MM. Brunet, Champollion, Halphen, Paul Lacroix, Charles Read, Tamizey de Larroque, Tricotel. Edition conforme aux manuscrits originaux et suivie d'une notice et d'une table alphabétique. *Paris, A. Lemerre*, 1888-1896, 12 vol. in-8, brochés (*Couvert.*).

190. L'ESTOILE (Pierre de). Journal du règne de Henri III, roy de France et de Pologne. *La Haye* et *Paris*, 1744, 5 vol. in-8, veau jaspé. — Journal du règne de Henri IV. *La Haye, Vaillant,* 1741, 4 vol. in-8, veau marb. (*Rel. anc.*).

191. LITTERATURE ANGLAISE. 14 vol in-8 et in-12 br. et rel.

Gosse (Ed.). Histoire de la littérature anglaise, 1900. — Byron (Lord). Œuvres. Traduction Benjamin Laroche, 1854, 4 vol. — Sterne. Tristram Shandy, Traduction de Wailly, 1869. — Guerle (Edm. de). Milton, sa vie et ses œuvres, 1868, in-8. — Muller (Max). La science du langage, 1854, in-8, cartonn. toile, non rog. — Holmes (D. T.). French essays on British poets, 1902. — Maturin (Ch. R.). Melmoth, l'homme errant, 1867, in-8, cartonn. toile, non rog., etc.

192. LITTERATURE DE L'INDE. 5 vol.

Le Mahabharata. 11 épisodes tirés de ce poème épique, traduits par Ed. Foucaux. *Dufour,* 1862, in-8, br. — Le Ramayana, poème sanscrit de Valmiky, traduit par H. Fauche. *Lacroix,* 1864, 2 vol. in-12, dos et coins mar. noir, non rog. — Œuvres choisies de Kalidasa, traduites par le même. *Id.*, 1865, in-12, cartonn. toile, non rog. — Essai critique sur la littérature indienne et les études sanscrites, avec des notes bibliographiques, par A. Ph. Soupé Durand, 1856, in-12, cartonn. toile, non rog.

193. LITTERATURE DU MOYEN-AGE. 9 vol. in-12 et in-8 rel.

Chanson (la) de Roland. Traduction de Al. de Saint-Albin. *Lacroix,* 1865, in-12, dos et coins mar. rouge, non rog. — Chronicque de la traïson et mort de Richard deux, roy Dengleterre mise en lumière par Benjamin Williams. F. S. M. *Londres,* 1846, in-8, dos et coins veau bleu, tête dor., non rog. — Les Fées du Moyen-Age. Recherches sur leur origine, leur histoire et leurs attributs, par Alfred Maury. *Ladrange,* 1843, in-12, cartonn. toile, non. rog. — Le Roman de Tristan et Iseut, traduit et restauré par Joseph Bédier. *Ed. Piazza, s. d.* — L'Hystoire du petit Jehan de Saintré. *Sauvaître,* 1890, in-16. — Garin le Loherain, mise en nouveau langage par A. Paulin Paris. *Hetzel, s. d.,* in-12, dos et coins mar. gren., tête dor., non rog. — L'histoire du petit Jehan de Saintré. *Gosselin,* 1843, in-12, cartonn. toile, non rog. — Laurens (V. P.). Le Tyrtée du Moyen Age, ou l'histoire de Bertrand de Born, vicomte d'Hautefort. *Gedalge jeune,* 1863, in-8, demi-rel. chag. vert. — Les Niebelungen. Traduction nouvelle, par Emile de Laveleye. *Hachette,* 1861, in-12, dos et coins mar. rouge, non rog.

194. LITTERATURE ESPAGNOLE. 4 vol. in-8 et in-12 reliés.

La Vie de Lazarille de Tormes. *Paris Bonfons,* 1601, in-12 vél. — Carcel de Amor. Le prison d'amour. *Lyon, P. Rigaud,* 1604, in-16, veau fauve. — Experiencias de amor y fortuna por el licenciado Francesco de las Cuenas. *Madrid,* 1641, in-8 vél. — La Nina de los embustes Teresa de Mançanares, Natural de Madrid, por don Alonso de Castillo Solorzano. *Barcelonna,* 1632, in-8 vél. (*Raccommodages*).

195. LITTERATURE ESPAGNOLE. 18 vol. et broch. in-12 et in-8, broch. et rel.

El Cortesano, de D. Luis Milan. *Madrid,* 1874. — Romancero du Cid. *Francoforto,* 1828. — Juan de Castellanos. Varones ilustres de Indias. *Madrid,* 1874, gr. in-8, dos et coins mar. gren., fil., tête dor., non rog. — Novelistas posteriores a Cervantes. *Madrid,* 1854, gr. in-8. — La Amenidad, boletin de Ilustracion y recreo. *Madrid* (année 1883). — Le diable prédicateur, comédie espagnole du 17ᵉ siècle avec notes, par L. Roüanet. *Picard,* 1901, in-12. — La Sultana, par J. B. de Castro. *Paris,* 1874, gr. in-8, etc. etc.

196. LITTERATURES GRECQUE ET LATINE. 14 vol. in-8 et in-12, cart. et brochés.

BIKELAS. Nouvelles grecques. — HOMÈRE. L'Iliade. Traduction en vers par Dufraine, tome I, in-8. — HÉRODOTE. Histoires, in-8. — Poetae minores. — Etudes critiques sur Properce et ses élégies, par Fr. Plessis. — JUVÉNAL. PERSE. Œuvres complètes. — PLAUTE. Théâtre, traduction Naudet, 4 vol. — BOISSIER. Tacite. — VIRGILE. L'Enéide, traduite en vers français par A. Motheau, etc.
Envois d'auteur à quelques vol.

197. LITTERATURE ITALIENNE. 6 vol. reliés.

ARÍOSTO. Orlando furioso. Con gli argomenti in ottava rima di M. Lodovico-Dolce. *Venetia,* 1604, in-8, fig. sur bois, vélin. — DANTE. La Comédie de Dante, mise en ryme françoise et commentée par M. B. Grangier. *Paris, Gesselin,* 1697, 2 vol. pet. in-12, veau rac. (Rel. anc.) (Tomes I et III, *Enfer* et *Paradis*). — GIRALDI (Gio Battista) Hecatommithi, overo cento novelle. *In Venetia,* 1608, 2 vol. in-4, veau fauve (*Rel. anc.*). — PETRARCA (Sopra le rime del) annotationi di M. Guilio Camillo, etc. etc. *Vinegia,* 1554, pet in-8, vél.

198. LITTERATURE ITALIENNE. 9 vol. in-12 et in-8, rel. et br.

Dante. La Divina commedia commentata da G. A. Scartazzini. *Milano,* 1896, in-12, vél. orné. — Edition espagnole. *Buenos Aires,* 1897, gr. in-8, br. — Rime di Michelagnolo Buonarroti. *Firenze,* 1726, in-12, cartonn. vél. — Canti popolari Toscani. *Firenze,* 1869, in-12, br. — Dornis (J.) La poésie italienne contemporaine. *Ollendorff,* 1898, in-8, br. etc.
Envois à M. J.-M. de Heredia.

199. LITTERATURE RUSSE, litt. du Nord. 8 vol. in-8 et in-12, br. et rel.

DOSTOIEWSKI (T.). Le crime et le châtiment, 1884, 2 vol. in-12, cartonn. toile, non rog. — DORIAN (T.). Ames slaves, 1890, cart. — GOGOL (N.). Nouvelles russes, 1845, cart. — GOGOL. L'inspecteur en tournée, 1874, cart. — LOMON et GHEUSI. Les Atlantes. Illustrations de René Lelong, 1905, gr. in-8, fig. — RAMBAUD (A.). La Russie épique, 1876, in-8, demi-rel. mar. — Le Saga des Nibelungen dans les Eddas et dans le Nord scandinave 1866, dos et coins mar. rouge, non rog.

200. LITTRÉ (E.). Dictionnaire de la langue française. *Paris, Hachette,* 1863-1877, 5 vol. in-4 (dont 1 vol. pour le *supplément*), dos et coins mar. gren., tr. marb.

201. LIVRES en reliures anciennes avec armoiries. 12 vol. in-8 et
in-12.

Duclos. Les Confessions du comte de ***. *Amsterdam*, 1741, 2 part.
en 1 vol. in-12, veau fauve, chiffre aux coins et au dos de la rel. —
Duez (Nakaniel). Le Guidon de la langue italienne, *Amsterdam, L. et
et D. Elzevier*, 1659, veau brun, aux armes du duc de Montausier. —
Manuel lexique, ou dictionnaire portatif des mots français... *Paris,
Didot*, 1755, 2 vol. in-8, mar. rouge, fil., tr. dor., [aux armes de la
Ctesse de Provence, effacées]. — Mémoires de littérature par M. de S*
(A.-H. de Sallengre). *La Haye, Du Sauzet*, 1715-17, 2 vol., veau marb.,
aux armes du duc de la Vallière. — Mémoires et réflexions sur les principaux événements du règne de Louis XIV, par M. L. M. D. L. F. (le
marquis C.-A. de la Fare). *Amsterdam, J.-F. Bernard*, 1734, veau
fauve, fil., marque de la Bibliot. de Livarot sur les plats. — Natalis
comitis mythologiae sive explicationis fabularum libri decem. *Parisiis,*
1605, in-8, veau fauve, dent., aux armes de Nicolas Surger. — Paral-
lèle du cardinal Ximenez et du cardinal de Richelieu, par l'abbé
Richard. *Trevoux*, 1705, veau fauve. — Sanazaro (Giacomo). Arcadia,
s. l., 1532, pet. in-8, vél. vert., marque de la Biblioth. de Saint-Victor
sur les plats. — Scarron. Le Roman comique. *Paris, David*, 1706,
2 vol., veau fauve, aux armes du président de Brosses.

202. LIVRES ILLUSTRÉS. 12 vol. in-8 et gr. in-8, figures, rel.,
non rog., br.

L. Barbacand. La peau d'ours. *Martin, s. d.*, gr. in-8. — Cahun (L.).
Les Aventures du capitaine Mazon. *Hachette*, 1875 et 1904, 2 vol.
in-8, rel. toile et br. — Cahun. Les Mercenaires. *Id.*, 1882. — Cahun
Les Pilotes d'Ango, 1878, gr. in-8, rel. toile. — Deschamps (F.). Les
deux Henri. *Id.*, 1901. — Figures contemporaines. *Floury*, 1896, gr.
in-8, rel. toile. — Muller (Eug.). Les Enfants de Grand-Pierre. *Delagrave*, 1899. — Tarsot (L.). Les Écoles et les écoliers à travers les âges.
Laurens. — Toudouze (G.). La Gondole fantôme. *Hachette*, 1904,
gr. in-8. — Vittis (Ch. de). Suzanne la doctoresse. *Paris, s. d.*,
gr. in-8. Etc.

203. LIVRES ILLUSTRÉS DU XVIIIe SIÈCLE. 9 vol. reliés.

Les Amours d'Abrocome et d'Anthia. *S. l.*, 1748, in-12, figures par
Humblot, cart. — Héro et Léandre, poème en quatre chants, suivi de
poésies diverses. *Paris, Le Normant*, 1806, in-12, figure par Monsiau,
cart. — Louvet de Couvray. Emilie de Varmont. *Bailly*, 1791, 3 tom.
en 1 vol. pet. in-12, figures par Challiou, dos et coins mar. fauve. —
Meursii (Joannis) elegantiae latini sermonis, seu Aloisia Sigaea Tole-
tana de arcanis Armoris et Veneris. *Lugd. Batavorum*, 1774, pet. in-
12, figure par Chevraux. veau rac., fil., dos orné (*Rel. anc.*). — Phae-
dri, Augusti liberti, fabularum aesopiarum libri quinque. *Coustelier,*
1742, in-12, front. par Coypel et vignettes à mi-page, par Pierre, veau
br., large dent. dor., dos orné, tr. dor. (*Rel. anc.*). — Voyages d'An-
ténor en Grèce et en Asie, avec des notions sur l'Egypte. Manuscrit
grec trouvé à Herculanum, traduit par E.-F. Lautier. *Buisson*, 1805,
3 vol. in-8, figures par Bornet, veau marb., dent., dos orné, tr. dor.
(*Rel. anc.*). — Yriarte. La Musica, poema Madrid, 1784, in-8, figures
de Ferro, veau br. (*Rel. anc.*).

204. LIVRES ILLUSTRES DU XIXe SIÈCLE, 14 vol. reliés.

Galerie des dames de Byron. *Rittner et Goupil,* 1836, gr. in-8, **mar. rouge.** — Paris-Londres. Keepsake français. *Delloye,* in-8, demi-rel. mar. viol.. — L'Espagne. Royaume de Grenade. *L. Janet,* 1835, in-8, rel. velours. — Vues pittoresques de l'Inde, de la Chine et des bords de la mer rouge. *Londres, Fisher, s. d.,* 2 vol. in-4, demi-rel. mar. — Mémoires d'un jeune cadet, illustrés par Gustave Doré. *G. Barba, s. d.,* in-4, demi-rel. mar. — La Semaine des enfants, 1875-1876, gr. in-8, cart. — Pierre Saintive, par Louis Veuillot. *Tours, Mame,* 1845, in-8, cart. — Histoire de Don Pablo de Ségovie, par Don Francisco de Quevedo Villegas, traduit de l'espagnol par A. Germond de Lavigne. *Warée,* 1845, in-8, demi-rel. mar. — Norvins. Histoire de France, Tome V. De la Révolution à la monarchie de juillet. *Furne,* 1853, gr. in-8, demi rel. mar. — Œuvres choisies de Gavarni. Etudes de mœurs contemporaines. *Paris, Hetzel,* 1846-47, 2 vol. gr. in-8, dos et coins mar. vert, fil., dos orné. — Galerie des femmes célèbres, tirée des Causeries du Lundi, par M. Sainte-Beuve. *Garnier,* 1862, gr. in-8, rel. toile, tr. dor. — L'Eglantine. Souvenirs de littérature contemporaine, orné de 15 gravures anglaises. *L. Janet, s. d.,* in-12, veau fauve, ornem. à fr., tr. dor. (*Rel. de l'époque*).

205. LOUBAYSSIN de Lamarca. Historia tragicomica de Don Henrique de Castro encuyos estraños sucessos se veen, los varios y prodigiosos efectos, del Amor, y de la guerra. Dirigida a illustr. y Excelentis, principe, Don Luys de Lorena card^al de Guisa. *Paris, M. Guillemot,* in-8, titre gravé, vel. blanc à rec., comp. de fil. et fleurons dor., milieu orné, dos orné, tr. dor.

ÉDITION ORIGINALE.

206. MACAULAY. Essais, traduits par G. Guizot. *Michel Lévy,* 1872-1882, 6 vol. in-8, dos et coins mar. gren., fil. dor., tête dor., non rog.

Essais politiques et philosophiques et Essais sur l'histoire d'Angleterre. — Essais historiques et biographiques, 2 vol. — Essais littéraires. — Essais d'histoire et de littérature.

207. MACCHIAVEL. Libro dell'arte della guerra. *Aldus,* 1546, in-8, vélin, fil., dos orné, milieu orné, tr. dor. (*Rel. anc. tachée*). — Discorsi sopra la prima deca di Tito Livio. *In Vinegia,* 1554, pet. in-12, mar. marbré, dent., dos orné, tr. dor. (*Rel. anc.*). Signature de Boursault sur le titre. — Les Œuvres de Macchiavel. *Paris, Libraires du Palais,* in-12, port., veau rac., dent., (*Rel. anc.*). — Ens. 3 vol.

208. MAGASIN DE LIBRAIRIE, 1859, in-8, demi-rel. veau fauve, dos orné.

Partie de l'année 1856 contenant l'édition primitive de *Lui et Elle,* par Paul de Musset.

209. MAISTRE (Joseph de). Lettres et opuscules inédits, précédés d'une notice biographique par son fils le comte Rodolphe de Maistre. *Paris, Vaton,* 1851, 2 vol. in-8, brochés. — Correspon-

dance diplomatique 1811-1817, recueillie et publiée par Albert Blanc. *Michel Lévy*, 1860, 2 vol. in-8, cartonn. toile, non rog. — Du Pape. *Charpentier*, 1860, in-12, cartonn. toile, non rog. — Ens. 5 vol.

210. MAIZEROY (René). Romans. *Paris, Havard et Ollendorff,* 7 vol. in-12, brochés (*Couvert.*).

ÉDITIONS ORIGINALES.
Deux amies. — P'tit Mi. — Coups de cœur. — Papa la vertu. — La peau. — Ville d'amour. — Amie de cœur.
À chaque vol., envoi de l'auteur à M. J.-M. de Heredia.

211. MARINELLO (Giovanni). Gli ornamenti delle donne, divisi in quattro libri, con due tavola, una dé capitali, e l'altra d'alcune cose particolari. *In Venetia, G. Valgrisio*, 1574, pet. in-8, veau rac., fil. dor., dos orné, tr. marb. (*Rel. anc.*).

212. MARTIN (Henry). Histoire de la Bibliothèque de l'Arsenal. *Paris, Plon*, 1900, in-8, broché.

Sur le feuillet de garde, envoi de l'auteur à M. J.-M. de Heredia.

213. MATHIEU (Pierre). Histoire de Louis XI, roy de France et des choses memorables advenües en l'Europe durant vingt et deux années de son règne (par P. Mathieu). *Paris, P. Mettayer*, 1610, in-fol., demi-rel. vél. blanc.

Mouillures,

214. MATHIEU (P.). Histoire de la mort déplorable de Henry IIII, roy de France et de Navarre. Ensemble un poème et un panégyrique et un discours funèbre dressé à sa mémoire immortelle (par Pierre Mathieu). *Paris, Vᵛᵉ Guillemot*, 1611, 3 part. en 1 vol. in-fol., veau brun, dos orné (*Rel. anc.*).

ÉDITION ORIGINALE.

215. MAUROY (Victor). Le pur esprit ou le mentalisme absolu et relatif. *Paris, la Plume*, 1898-1900, 3 vol. in-12, brochés (*Couvert.*).

Envoi de l'auteur.

216. MAYERNE (Louis Turquet de). Histoire générale d'Espagne. *Paris, Samuel Thiboust*, 1635, 2 vol. in-fol., veau brun.

Exemplaire imprimé sur GRAND PAPIER. Reliure fatiguée.

217. MEDINA (Pedro de). Libro de grandezas y cosas memorables de España. Agora de nueuo hecho·y copilado por el maestro Pedro de Medina vezino de Sevilla Dirigido al sereniss... señor don Philippe principe de España, etc. *Impresso... en Alcala de Henares, en casa de Pedro de Robles y Juan de Villanueva*, 1566, in-fol. goth., fig., vélin (*Rel. anc.*).

Seconde édition ornée sur le titre d'une carte d'Espagne et de figures dans le texte, le tout gravé sur bois.

218. **MEILHAC et HALEVY.** Théâtre. *Calmann-Lévy, s. d.,* 8 vol. in-12, br. (*Couvert.*).

> Sur le faux-titre du tome I, envoi de L. Halévy à M. J.-M. de Heredia.

219. **MELANCHTCN.** Epistolae selectiores aliquot Philippi Melanthonis, editae a Casparo Peucero. *Witebergae, Johannes Crato,* anno 1565, in-8, veau br., fil. dor., milieu orné, tr. dor. (*Rel. anc.*).

> Dans un médaillon au milieu des plats, ces mots *quiesco tandem* entourant un chiffre formé de deux M.

220. **MELANGES D'HISTOIRE** et de littérature, 9 vol. gr. in-8, rel.

> Petits poètes français depuis Malherbe jusqu'à nos jours. *Didot,* 1856, 2 vol., demi-rel. chag. — OEuvres complètes de Machiavelli. *Panthéon littéraire,* 1852, 2 vol., demi-rel. mar. gr., non rog. — Les petits poèmes grecs (Orphée, Homère, Hésiode, Pindare, Anacréon, Sappho, etc.). *Desrez,* 1839, cart. — OEuvres de Tite-Live, traduction Nisard. *Dubochet,* 1839, 2 vol., dos et coins mar. — Romans relatifs à l'histoire de France aux xvᵉ et xvıᵉ siècles, par Paul-L. Jacob. *Delloye,* 1838, demi-rel. veau, dos orné (*Rel. de l'époque*). — Chroniques étrangères relatives aux expéditions françaises pendant le xıııᵉ siècle. *Herluison,* 1875, cartonn. demi-rel. toile.

221. **MELANGES LITTERAIRES,** 20 vol. in-12, br.

> Albalat (Antoine). L'art d'écrire enseigné en 20 leçons. La Formation du style. Le travail du style. — Barbey d'Aurevilly. Romanciers d'hier et d'avant-hier. *Lemerre,* 1904. — Dumesnil. L'âme et l'évolution de la littérature, des origines à nos jours, 2 vol. — Gazier. Petite Histoire de la littérature française. *Colin, s. d.* — Lardauchet. Les enfants perdus du romantisme. — Legouvé. Dernières pages recueillies (1898-1903). — Le Roy (A.). George Sand et ses amis. — Maurras. Les Amants de Venise, George Sand et Musset. *Fontemoing, s. d.* — Poizat (A.). Les poètes chrétiens, etc.

222. **MEMOIRES** historiques et littéraires, 9 vol. in-12, veau br. (*Rel. anc.*).

> Amelot de la Houssaie. Mémoires historiques, politiques, critiques et littéraires. *Amsterdam, Ch. Le Cène,* 1722, 2 vol. — Hamilton. Mémoires de la vie du comte de Grammont, contenant particulièrement l'histoire amoureuse de la Cour d'Angleterre sous le règne de Charles II. *Cologne, P. Marteau,* 1713 (contient une longue note autographe de M. J.-M. de Heredia). — Guise (Duc de). Les Mémoires de feu M. le duc de Guise. *Paris, Martin,* 1668. — Vieilleville. Mémoires de la vie de François de Scepeaux, sire de Vieilleville et comte de Duretal, maréchal de France, contenant plusieurs anecdotes des règnes de François I, Henri II, François II et Charles IX composés par Vincent Carloix, son secrétaire. *Guérin et Delatour,* 1757.

223. **MEMOIRES MILITAIRES,** 7 vol. in-12, br. et rel.

> Cottin (P.). Mémoires du sergent Bourgogne (1812-1813). *Hachette,* 1898. — Duviquet (Maurice). Souvenirs (1773-1814), publiés

par Frédéric Masson. *Ollendorff*, 1905. — Fezensac (Duc de). Souvenirs militaires de 1801 à 1814. *Dumaine*, 1869. — Jolicler, volontaire aux armées de la Révolution. Ses lettres (1793-1796), publiées par Eb. Jolicler. *Perrin*, 1905. — Journal de marche d'un volontaire de 1792, publié par Lorédan Larchey. *Paris, s. d.* — Lallié (A.). Le sans-culotte, J.-J. Goullin, membre du comité révolutionnaire de Nantes (1793-1794). *Nantes*, 1880. — Marmont (Maréchal, duc de Raguse). De l'esprit des institutions militaires. *Dumaine*, 1859, demi-rel. mar. rouge *(Envoi du Gal Thomassin à M. de Heredia)*.

224. MEMOIRES relatifs aux règnes de Louis XIV, Louis XV, Louis XVI, 8 vol. in-12 et in-8.

Caylus (Mme de). Souvenirs, 1860. — Courcelles (M^{ise} de). Mémoires et sa correspondance, 1869. — Brémond d'Ars. Le père de Madame de Rambouillet. Jean de Vivonne, sa vie et ses ambassades près de Philippe II et à la cour de Rome, 1884. — Lauzun. Mémoires, 1862. — Lemoine (J.) et Lichtenberger (A.). De La Vallière à Montespan. — Renée (A.). Les Nièces de Mazarin, in-8, demi-rel. chag. — Schiller, 1858. La Guerre de trente ans. — Ségur (P. de). Le Tapissier de Notre-Dame (1678-1695), in-8.

225. MEMOIRES, Révolution et Empire, 13 vol. in-8 et in-12, br. et rel.

Les Cahiers du capitaine Coignet (1799-1815), publiés par Lorédan Larchey, 1883. — Mémoires du colonel Delagrave. *S. d.*, in-8. — John Grand-Carteret. L'Aiglon en images, 1901, fig. — Souvenirs militaires (1801-1814) du duc de Fezensac, 1869. — Vie de Mme de Lafayette, par Mme de Lasteyrie, 1868. — Lepage (A.). Un petit sol-soldat de la Grande Armée. *S. d.*, in-8. — Arthur-Lévy. Napoléon et la paix, 1902, gr. in-8. — Nodier (Ch.). Souvenirs de la Révolution et de l'Empire, 1858, 2 vol. — Pajol (Cte). Kléber, sa vie, sa correspondance, 1877, gr. in-8, cartonn. vél. à rec., tête dor., non rog. — Mme Récamier. Souvenirs et correspondance, 1860, 2 vol. in-8, demi-rel. chag. gren. — Schlumberger. Derniers soldats de Napoléon. Dessin de Job, 1905, gr. in-8.

Envois d'auteur.

226. MEMOIRES sur la Révolution, l'Empire et la Restauration, 6 vol. in-8, br. *(Couvert.)*.

Lacroix (C. de). Souvenirs du comte de Montgaillard..., publiés par Clément de Lacroix. *Ollendorff*, 1895. — Lagoutte. La Révolution, son génie, ses œuvres et ses dangers. *Montligeon*, 1894. — Lallie (A.). J.-B. Carrier, représentant du Cantal à la Convention, 1756-1794, d'après de nouveaux documents. *Perrin*, 1901, port. — Maricourt (Baron de). Souvenirs du baron Hüe, 1787-1815, port. — Plancy (comte de). Souvenirs du comte de Plancy (1798-1816), publiés par son petit-fils, le baron de Plancy, avec une introduction par M. Frédéric Masson. *Ollendorff*, 1904. — Sardou (V.). La maison de Robespierre. Réponse à M. E. Hamel. *Id.*, 1895, planches.

227. MEMOIRES sur l'Histoire de France, 7 vol. in-12 et in-8, brochés.

Fabre (Joseph). Procès et condamnation de Jeanne d'Arc, 1884. —

Jullian (C.). Vercingétorix, 1901. — Gachard (M.). La captivité de François Ier et le traité de Madrid, 1860, in-8. — Luce (Siméon). Histoire de Bertrand du Guesclin et de son époque, 1876, in-8. — Marguerite de Valois. Mémoires, 1860. — La Pilorgerie (J. de). Campagne et bulletins de la grande armée d'Italie (1494-1495), 1866. Richou (G.). La Chronique de messire du Guesclin, 1879.

228. MEMOIRES SUR L'HISTOIRE DE FRANCE, 11 vol. in-12, cart. ou rel.

Diderot. Mémoires, correspondance et ouvrages inédits de Diderot publiés d'après les manuscrits confiés en mourant par l'auteur à Grimm. *Fournier et Garnier,* 1841, 2 vol. — Duclos. Mémoires secrets sur le règne de Louis XIV. La Régence et le règne de Louis XV. *Firmin-Didot,* 1865. — D'Epinay (Mme). Mémoires avec des additions et des notes par P. Boiteau. *Charpentier,* 1865, 2 vol. — D'Haussonville (Cte,). Ma jeunesse 1814-1830. Souvenirs. *Calm.-Lévy,* 1886. — Madame, duchesse d'Orléans. Correspondance complète. *Charpentier,* 1869, 2 vol. — Marguerite d'Angoulême. Son livre de dépenses (1540-1549). *Paris, Aubry,* 1862. — Mémoires de Mme de Staal Delaunay, de M. le Mis d'Argenson et de Madame, mère du Régent. *F.-Didot,* 1864, cartonn. toile rouge, non rog. — La Vie parisienne sous Louis XVI. *Calm.-Lévy,* 1882, cartonn. étoffe.

229. MEMORIAS de la Real Academia de la historia. *Madrid, Sancha,* 1796-1832, 7 vol. in-4, bas. rose, fil., tr. dor.

Exemplaire aux armes du marquis de Morante.

230. MENARD (Louis). Du Polytheisme hellénique. *Charpentier,* 1863, in-12, cartonn. toile, non rog. — Rêveries d'un païen mystique. *Lemerre,* 1876, pet. in-12, cart. — Poèmes. *Id.,* 1863, in-12, demi-m. r. — Histoire des anciens peuples de l'Orient. *Delagrave,* 1883, in-12, fig., br. — Cours d'histoire universelle à l'hôtel de ville. *Paris,* 1892, br., in-8. — Etudes sur les origines du christianisme. *L'Art indépendant,* 1893, br., in-12. — Histoire des Grecs. *Delagrave,* 1893, 2 vol. in-12, fig., br. — Exégèse biblique et symbolique chrétienne. *L'Art indépendant,* 1894, br., in-12. — Poèmes. *Id.,* 1895. — Ens. 10 vol.

Envoi de l'auteur à neuf volumes.
On y a joint : Berthelot. Louis Ménard et son œuvre, in-12, br.

231. MENDOZA (D. Antonio Hurtado de). Obras liricas, y comicas, divinas y humanas, con la celestial Ambrosia del admirabile poema sacro de maria santissima, ultimo suave divimo aliento de aquel canoro Cisne, el mas pulido, mas asseado, y el mas Cortesano cultor de las Musas castellanas. *Madrid, Medel del Castillo,* 1728, 2 part. en 1 vol. in-4, dos et coins veau fauve, tr. marb.

232. MERCIER. Tableau de Paris. *Amsterdam,* 1782-88, 12 vol. in-8, veau marb., dos ornés, tr. marb. (*Rel. anc.*).

Bon exemplaire.

233. MERCIER. Le Nouveau Paris. *Brunswick, chez les principaux libraires,* 1800, 6 vol. in-12, cart., non rog.

> On y a joint : Sébastien Mercier, sa vie, son œuvre, son temps, par Léon Bédard, 1903, in-8 broché (*Envoi de l'auteur*).

234. MÉRIMÉE (Prosper). Théâtre de Clara Gazul, comédienne espagnole. *Paris, H. Fournier,* 1830, in-8, demi-rel. veau viol., dos orné.

> Sur le feuillet de garde, cette note autographe de M. J.-M. de Heredia :
>
> *2e édition originale, peut-être plus recherchée que celle de 1825. « L'Occasion » et « le Carrosse du Saint-Sacrement » y paraissent pour la première fois.*
>
> J.-M. DE H.

235. MESSIE. Les diverses leçons de Pierre Messie, gentilhomme de Séville. Avec trois dialogues du dit auteur, contenans variables et memorables histoires, mises en françois par Claude Gruget parisien. Revueuës et augmentées de la suite d'icelles, par Antoine du Verdier. *Lyon, Barth. Honorati,* 1584, in-8, mar. br., fil. dor., dos orné de feuillages à petits fers, tr. dor. (*Rel. anc.*).

> Sur le feuillet de garde :
>
> *Ce volume contenant les « Diverses Leçons » de Pierre Messie et celles de du Verdier et dont la reliure, malheureusement bien fatiguée, est de Clovis Eve, a appartenu au bibliophile Balesdens, avocat et l'un des quarante de l'Académie française. Sa signature est sur le titre au-dessus de la marque de Barthélemi Honorati.*
>
> J.-M. DE HEREDIA.

236. MICHELET (J.). 6 vol. in-8 et in-12, rel. et br.

> Précis de l'histoire moderne. *Colas,* 1829, in-8, demi-rel. veau br., dos orné. — La Régence. *Chamerot,* 1863, in-8, demi-rel. mar. rouge, tr. marb. — Nos fils. *Lacroix,* 1870. — La France devant l'Europe. *Florence,* 1871. — Histoire romaine. République. *Michel Lévy,* 1876, 2 vol. cartonn. toile non rog.
>
> On y a joint : Jules Michelet, par Gabriel Monod, avec un portrait à l'eau-forte par Boilvin, un sonnet par G. Lafenestre et un fac-simile. *Sandoz et Fischbacher,* 1875, in-12, dos et coins mar. rouge, fil. dor., tête dor., non rog.

237. MILLE NUITS ET UNE NUIT (Le livre des). Traduction littérale et complète du texte arabe, par le Dr J.-C. Mardrus. *Paris, éditions de la Revue Blanche,* 1899-1904, 16 vol. in-8, brochés (*Couvert.*).

> Envoi du traducteur à M. José-Maria de Heredia.

238. MISTRAL. Les Secrets des bestes, avec trente compositions de A. Robida. *Paris, H. Floury,* 1896, in-4, figures, broché (*Couvert. illustrée.*).

> Exemplaire sur PAPIER DU JAPON, imprimé pour M. de Heredia.

239. MOLÈNES (Paul de). Œuvres diverses : Histoires et récits militaires. Voyages et pensées militaires. Mélanges. Aventures du temps passé. Les Commentaires d'un soldat. Les Caprices d'un régulier. *Paris, Librairie des bibliophiles*, 1885-1887, 6 vol. in-12, brochés (*Couvert.*).

240. MOLIÈRE. Œuvres complètes. *Paris, Leclere*, 1863, 3 vol., in-12, figures de Moreau, demi-rel. chag. rouge, non rog.

241. MOLIÈRE jugé par ses contemporains. Avec une notice par A.-P. Malassis. *Liseux*, 1877. — Les points obscurs de la vie de Molière, par Jules Loiseleur. *Id.*, 1877, in-8, port. par Lalauze. — La vie de M. de Molière, par Grimarest. Avec une notice par A.-P. Malassis. *Id.*, 1877, eau-forte de Lalauze. — Ensemble 3 vol. pet. in-12 et in-8, dos et coins mar. citron, fil., tête dor., non rog., couvert. (*Amand*).

> On y a joint : Les deux relations authentiques du meurtre de J. Monaldeschi, composées par Le Bel et Conti. *En la boutique des libraires de renom*, 1865, in-32, même reliure.

242. MOLINIER (Emile). Les bronzes de la Renaissance. Les plaquettes. Catalogue raisonné, précédé d'une introduction et accompagné de gravures. *Paris, J. Rouam*, 1886, 2 vol. gr. in-8, br.

243. MOLMENTI. La Vie privée à Venise, depuis les premiers temps jusqu'à la chute de la République. *Venise, F. Ongania*, 1882, in-8, figures, broché (*Couvert.*).

244. MONSELET. Les Tréteaux. Avec un frontispice dessiné et gravé par Bracquemond. *Paris, Poulet-Malassis et de Broise*, 1859, in-12, frontispice, dos et coins mar. rouge, fil., tête dor., non rog.

> Édition originale.

245. MONTAIGNE. Les Essais. Avec de courtes remarques et de nouveaux indices... par Pierre Coste. *Londres, J. Tonson et J. Watts*, 1724, 3 vol. in-4, veau fauve, dos orné, dent. int. (*Rel. anc.*).

246. MONTEIL (Alexis). Histoire des Français des divers Etats ou histoire de France aux cinq derniers siècles. xive-xviiie siècles. *Paris, W. Coquebert, Gontier*, 1846-47, 5 vol. in-8, demi-rel. mar. vert, tête dor., non rog.

247. MONTESQUIEU. Considérations sur les causes de la grandeur des Romains et de leur décadence. Nouvelle édition revue par l'auteur, à laquelle on a joint un dialogue de Sylla et d'Eucrate. *Paris, Durand*, 1748, in-12, veau marb. (*Rel. anc.*).

> Sur le feuillet de garde :
> *Ce précieux volume contient à la suite des « Considérations sur la grandeur des Romains et leur décadence » l'édition originale de l'admirable*

dialogue de Sylla et d'Eucrate que Flaubert savait par cœur et qu'il récitait volontiers, d'une voix de tonnerre.

J.-M. DE HEREDIA.

248. MONTPENSIER (Duc de). Mémoires de S. A. S. Louis-Antoine-Philippe d'Orléans, duc de Montpensier. *Paris, Baudouin,* 1824, in-8, port., veau br., dent. à froid, dos orné, tr. marb. *(Rel. de l'époque).*

Orné d'un portrait du duc, dessiné par lui-même.

249. MOREL-FATIO. Catalogue des manuscrits espagnols de la Bibliothèque nationale. *Imprimerie nationale, s. d.,* in-fol., br. — Chronique de Morée aux XIIIe et XIVe siècles. *Genève, Fick,* 1885, gr. in-8. — Ambrosio de Salazar et l'étude de l'espagnol en France sous Louis XIII. *A. Picard,* 1901, in-12. — Ens. 3 vol., br.

250. MORLINI (Hieronymi) Parthenopei novellae fabulae, comoedia. *Lutetiae Parisiorum, apud P. Jannet,* 1855, in-16, mar. brun, fil. à fr., fleurons et milieu dorés, dos orné, tr. dor.

251. MULLER (Max). Essai de mythologie comparée. *Durand,* in-8, dos et coins mar. rouge, non rog. — Essais sur la mythologie comparée. *Didier,* 1873, in-8, cartonn. toile, non rog. — PRELLER (L.). Les Dieux de l'ancienne Rome. Mythologie romaine. *Id.,* 1865, in-8, dos et coins mar. vert, tête dor., non rog. — Ens. 3 vol.

252. MULLER (Otfried). Histoire de la littérature grecque jusqu'à Alexandre le Grand. Traduite, annotée et précédée d'une étude sur Otfried Müller et sur l'école historique de la philologie allemande par K. Hillebrand. *Paris, A. Durand,* 1865, 2 vol. in-8, dos et coins mar. bleu, fil., dos orné, tête dor., non rog.

253. MUSÉE DES FAMILLES. Années 1833-1870. Années 1874 et 1876. — Ens. 27 vol. in-4, demi-rel. chag. brun.

254. NANI. Historia della republica veneta, di Battista Nani cavaliere, e procuratore di San Marco. *In Venetia,* 1686, 2 vol. in-4, veau br., dos orné *(Rel. anc.).* — YRIARTE (Ch.). La vie d'un patricien de Venise au XVIe siècle. *Paris, Plon,* 1874, in-8, port., br. *(Couvert.).*

255. NERVAL (Gérard de). Voyage en Orient. *Paris, Michel Lévy,* 1867, 2 vol. in-12, dos et coins mar. vert, fil. dor., tête dor., non rog. *(Amand).*

256. NORMANDIE, BRETAGNE, LORRAINE, etc. 10 vol. et broch. in-12 et in-8 brochés.

La Normandie dans l'unité française, par G. Hanotaux, 1900. — Drames et récits bretons, par J. Rousse, 1902. — Autour des îles bretonnes, par Th. Caradec. — Le Havre dans l'histoire de France, par G. Hanotaux, 1901. — Les aventures d'un messin. Le blocus de Metz,

1903. — Bitche et ses défenseurs (1870-1871), par Eug. Guesquin, 1900, etc.

257. NOUVEAU TESTAMENT (Le) de Notre-Seigneur Jésus-Christ. Nouvellement traduit en françois, selon la Vulgate par M. Charles Huré. *Paris, Louis Roulland,* 1709, 2 vol. in-12, mar. rouge, dos orné, tr. dor. (*Rel. anc.*).

258. OUDIN. Dialogues fort récréatifs composez en espagnol et nouvellement mis en italien, alleman et françois, par Antoine Oudin. *Paris, A. de Sommaville,* 1650, in-8, vélin. — Mexia (Pedro). Dialogos eruditos. *Savilla,* 1570, in-8, vélin. — Estilo y metodo de escrivir cartas missivas. etc. *Madrid,* 1608. — Las Casas (Ch. de). Vocabulario de las dos lenguas toscana y castellana. *Venetia,* 1600, in-8, vélin. — Salazar (A. de). Miroir general de la grammaire (espag. et franc.). *Rouen,* 1627, in-8, vél. — Peliger (J.-V.). Estilo y metodo de escrivir cartas missivas, y responder como conviene a ellas. *Madrid,* 1608, pet. in-8, vél. — Ezpeleta y Malbol (G. de). Practica de secretarios. *Barcelona,* 1758, pet. in-8, vél.

259. OVIEDO Y VALDES. Las Quinquagenas de la Nobleza de España por el capitan Gonzalo Fernandez de Oviedo y Valdès, alcayde de la Fortaleza de sancto Domingo, publicadas por la réal academia de la historia, bajo la direccion del Academico de Numero D. Vicente de la Fuente. *Madrid, Manuel Tello,* 1880, in-4, planches, dos et coins velin blanc, tête rouge, non rog.

Tome premier, seul publié.

260. PALISSY (Bernard). Œuvres publiées d'après les textes originaux, avec une notice historique et bibliographique et une table analytique par Anatole France. *Paris, Charavay,* 1880, petit in-8, broché (*Couvert.*).

> Sur le faux-titre :
> *Au cher et excellent poète José-Maria de Heredia, son ami.*
> ANATOLE FRANCE.

261. PARIS (Gaston) [et brochures relatives à]. 9 vol. br., in-12 et in-8.

> Le Roman du Châtelain de Couci, 1879. — La vie de saint Alexis, poème du xi° siècle, 1885. — La poésie du moyen âge. Leçons et lectures, 1885. — Le vers français, ancien et moderne, par A. Toller. Avec une préface par G. Paris. — La poésie française au xv° siècle, 1886, gr. in-8 (2 ex.). — Etudes romanes dédiées à G. Paris, par ses élèves, 1891, gr. in-8. — Hommage à G. Paris, par J. Bedier, 1904.

262. PARIS (Ouvrages relatifs à). 11 vol. in-8 et in-12, brochés et reliés.

> Du Mesnil. Paris et les Allemands, 1872. — Franklin (A.). La vie privée d'autrefois, 1887, 2 vol. — Funck-Brentano. Les nouvellistes, 1905. — Hector-Hogier. Paris à la fourchette, 1903-1904, 2 vol. — Girardin (Mme Emile). Lettres parisiennes, 1843. — Maillard (F.).

Recherches historiques et critiques sur la morgue, 1860. — Monnier (H.). Les bourgeois de Paris. Scènes comiques, 1854.— Scholl (A).
La foire aux artistes. Petites comédies parisiennes, 1859. — Veuillot (L.). Les odeurs de Paris, 1867, in-8.

263. PASCAL (Blaise). Pensées publiées dans leur texte authenti-
que, avec introduction, notes et remarques par Ern. Havet. *Dela-*
grave, 1866, 2 vol. cartonn. toile, non rog. — Pensées (édition de
1670). Précédées d'un avant-propos et suivies de notes et variantes.
Portrait par Gaucherel. *Jouaust*, 1874, dos et coins, mar. rouge,
tête dor., non rog. (*Amand*). — Ens. 3 vol. in-8.

264. PEINTRES FRANÇAIS. Mélanges, 10 vol. in-12 et in-8, br.

Breton (J.). Un peintre paysan, 1896. La vie d'un artiste. Nos
peintres du siècle. — Delacroix. Lettres, 1880. — Lapauze (H.). Mé-
langes sur l'art français, 1905. — Chevillard. Un peintre romantique.
Théodore Chassériau, in-8, 1893. — Mauclair (C.). Fragonard. —
Schefer (G.). Chardin. — Notes et souvenirs du peintre Joseph de
Nittis, 1895.
Envoi d'auteur ou des éditeurs.

265. PEINTURE. 8 vol. in-12 et in-8 br. et rel.

Breton (J.). La peinture. — Id. Nos peintres du siècle. — Bouyer
(R.). Le paysage dans l'art, 1891, in-8. — Clément (Ch.). Michel-
Ange. Léonard de Vinci. Raphaël, 1878. — Emeric-David. Histoire de
la peinture au moyen âge, 1892. — Des Essarts (A.). Les Grands
peintres gr. in-8, fig. — Journal de Rosalba Carriera, 1865. — Introduction à la méthode de Léonard de Vinci, 1895, broch. in-8.
A 4 vol., envoi de l'auteur à M. J.-M. de Heredia.

266. PENSÉES ET MAXIMES. 13 vol. in-32, in-16, in-18, in-12 et
in-8, br. et rel.

Balzac. Maximes et pensées. *Michel Lévy et Hetzel*, cartonn. toile,
non rog. — Barratin. De vous à moi. *Lemerre*, 1902. — Belgrano.
Pensamentos. *Hamburgo*, 1890-91, dos et coins mar. gern., tête dor.,
non rog. — Christine, reine de Suède. Pensées. *Renouard*, 1825, veau
br., dos orné (*Rel. anc.*). — Diane (Csse). Le Livre d'or de la Csse Diane.
Ollendorff, 1889. — Marbeau (E.). Remarques et pensées. Préface de
Sully-Prudhomme. *Ollendorff*, 1901. — Roux (J.). Pensées. *Lemerre*,
1885. — Senac de Meilhan. Considérations sur l'esprit et les mœurs.
Sansot, 1905. — Star (Maria). Au fil des pensées. *Chaix*, 1896, rel.
toile, n. rog. — Idem. Autour du cœur. *Ollendorff*, 1897. — Valyère
(Marie). Nuances morales. *Lemerre*, 1899. — Wisdam. Arrière-pensées.
Paris, s. d.

A la plupart des vol., envoi de l'auteur à M. J.-M. de Heredia.

267. PEREY (Lucien). Histoire d'une grande dame au xviiie siècle:
la princesse Hélène de Ligne. — La comtesse Hélène Potocka.
Paris, Calmann-Lévy, 1887-1888, 2 vol. in-8, portrait, cartonn.
toile.

268. PERREY (Lucien) et MAUGRAS (Gaston). La Jeunesse de
Madame d'Epinay. — Dernières années de Madame d'Epinay.

Calmann-Lévy, 1882-83, 2 vol. in-8, port., dos et coins mar. vert, fil., tête dor., non rog. (*Domange*).

269. PERRENS (Charles C.). Les Sculpteurs italiens. Edition française, revue, augmentée et ornée d'un album contenant 90 eaux-fortes gravées par l'auteur et de 35 gravures sur bois dans le texte d'après ses dessins et des photographies. Traduit de l'anglais par Ch.-Ph. Haussoullier. *Paris, J. Renouard*, 1869, 2 vol. in-8 de texte et 1 album in-4 oblong, dos et coins mar. gren., tête dor., non rog. (*Domange*).

270. PETITE BIBLIOTHÈQUE CHARPENTIER (De la). 1877-1896, 6 vol. in-32 dont 5 vol. fig., br. et 1 vol. rel. non rog.

> Arène (Paul). Contes choisis. — Chénier (André). Poésies. Nouvelle édition par L. Becq de Fouquières, dos et coins mar. br., tête dor. (*Couvert.*). — Daudet (Alphonse). Contes choisis. — Fabre (Ferdinand). Le chevrier. — Mendès (Catulle). Contes choisis. — Virgile. Bucoliques et Géorgiques. Traduction par Emile Pessonneaux, avec le texte en regard.
> A chaque vol. (sauf pour le *Virgile*) envoi de l'auteur ou de l'éditeur à M. J.-M. de Heredia.

271. PETITE BIBLIOTHÈQUE LITTÉRAIRE (De la). *Paris, A. Lemerre*, 1876, 18 vol. pet. in-12, brochés.

> Molière. Œuvres. Avec notes et variantes par Alph. Pauly. 8 vol. — Musset (Alfred de). Œuvres. 10 vol.

272. PETITE COLLECTION LEMERRE, COLLECTION OLLEN-DORFF. Illustrées, 18 vol. pet. in-12 et in-18, figures, br.

> Bourget (P.). Un scrupule. — Coppée (Fr.). Rivales. — Cervantes. Le Captif. La Jitanilla. — Hugny (E.). Les étapes d'une race. Sinorix. — Prévost (M.). Le mariage de Juliette. — Theuriet (A.). L'abbé Daniel. — Rose-Lise. — Etc., etc.
> Envoi d'auteur à la plupart des volumes.

273. PETITS CONTEURS du xviiie siècle. *Paris, A. Quantin*, 1878-79, 6 vol. in-8, brochés (*Couvert.*).

> Boufflers (Ch. de). Contes. — Caylus (Comte de). Facéties. — Crébillon. Contes dialogués. — La Morlière (Ch. de). Contes. Angola. — Moncrif. Contes. — Voisenon (abbé de). Contes.

274. PETRARCA (Il), con dichiarationi non piu stampate. Insieme con alcune belle annotationi, tratte dalle dotissime prose di Monsignor Bembo. *In Venetia, Nic. Bevilacqua*, 1568, 2 part. en un vol. in-12, fig. sur bois, mar. olive, comp. de fil., dos orné, tr. dor. (*Rel. anc.*).

275. PÉTRARQUE. Un ami de Pétrarque. Lettres de Francesco Nelli à Pétrarque, publiées par Henry Cochin. *Champion*, 1892, in-8. — La Chronologie du Canzonière de Pétrarque, par le même.

Bouillon, 1898, in-12. — Le frère de Pétrarque et le livre du repos des religieux par le même. *Id.,* 1903. Ens. 3 vol. brochés.

A chaque vol., envoi de l'auteur à M. J.-M. de Heredia.

276. PHILOLOGIE et LINGUISTIQUE. 18 vol. et br. in-12 et in-8, br. et rel.

Barès. L'ortografe simplifiée. — Estienne (H.). La precellence du langage françois. Traité de la conformité du langage françois avec le grec. — Génin. Récréations philologiques, 2 vol. — Psichari (J.). Essais de grammaire historique néo-grecque. — Marty-Laveaux. Études de langue française (xvie et xviie siècles). — Studer. Essai de réforme ortographique internationale. — Soldi-Colbert. La langue sacrée (la lettre S.), etc.
Envoi de l'auteur à la plupart des volumes.

277. PHILOSOPHIE, mélanges. 7 vol. in-8 et in-12, br. et rel.

Danville (G.). La psychologie de l'amour. *Alcan,* 1903, in-12. — Frémont (G.). Les Principes. Tome I. *Bloud, s. d.* — Fleury (Maurice de). Introduction à la médecine de l'esprit. *Alcan,* 1897. — Pawlowski. Philosophie du travail. *Giard et Brière,* 1901. — Seillière (E.). La Philosophie de l'impérialisme. I Le comte de Gobineau. II Apollon ou Dionysios. *Plon,* 1903-1905, 2 vol. — Veuillot (L.). Les Libres penseurs. *Lecoffre,* 1860, in-12, cartonn. toile, non rog.
Envois d'auteur.

278. PHILOSOPHIE, mélanges. 13 vol. in 8 et in-12, reliés.

Bacon. Œuvres. Traduction Riaux. *Charpentier,* 1843, 2 vol. demi-rel. chag. — Clarke (Samuel). Œuvres philosophiques. *Id.,* 1843, même rel. — Emerson. Les Représentants de l'humanité. *Lacroix,* 1863, dos et coins mar. viol., non rog. — Foucher de Careil. Hegel-Schopenhauer. *Hachette,* 1862, in-8, demi-rel. veau fauve. — Flourens. Ontologie naturelle. *Garnier,* 1861, cartonn. toile, non rog. — Matter. Emmanuel de Swedenbourg. *Didier,* 1863, in-8, cartonn. toile, non rog. — Œrsted (Ch.). L'Esprit dans la Nature. *Paris,* 1861, cartonn. toile, non rog. — Proudhon. De la justice dans la Révolution et dans l'Église. *Garnier,* 1858, 3 vol., cartonn. toile, non rog. — Salles (De). Histoire générale des races humaines. *Paris,* 1849, cartonn. toile, non rog. — Saisset. Essais sur la philosophie et la religion au xixe siècle. *Charpentier,* 1845, demi-rel. mar.

279. PHILOSTRATE. Les Images ou tableaus de platte peinture de Philostrate Lemnien sophiste grec, mis en françois par Blaise de Vigenère Bourb. Avec des arguments et annotations sur chacun diceux. *Paris, pour Abel Langelier,* 1602, 2 vol. in-4, texte réglé, titre orné de figures sur bois, mar. rouge, fil., milieu orné, tr. dor. (*Rel. anc.*).

Reliure différente pour les 2 volumes.
Sur les plats du premier, chiffre dans une couronne de feuillages.

280. PICCOLPASSI (Cyprian). Les Troys libvres de l'art du potier. Translatées de l'italien en langue françoyse par maistre Claudius

Popelyn, parisien. *Paris, Librairie internationale,* 1861, pet. in-fol., 37 planches, broché.

Sur le feuillet de garde, envoi du traducteur à M. J.-M. de Heredia.

281. PIÈCES DE THÉATRE. 55 broch. et vol. in-12 et in-8, br.

Becque (H.). — Barracand. — Daudet. — Dumas (Al.) fils. — Davillier. — Gasquet. — Lafoscade. — Berlioz (H.). — Brieux. — Louis de Lyvron. — Edmond Sée. — Legendre (Louis). — Émile Magne. — Eugène de Mouel. — Quillot (M.). — Schuré (Ed.). — Guiches. — Déroulède (P.). — Chesley (G.). — Magne (E.).

A la plupart des vol. envoi de l'auteur.

282. PINEYRO (E.). El Romanticismo en España. *Garnier, s. d.,* in-12, rel. toile. — Estudios y conferencias de historia y litteratura *Nueva York,* 1880, in-8, rel. toile, non rog. — Poetas famosos del siglo XIX. *Madrid,* 1883, 2 vol. in-8, br. — Manuel José Quintana (1772-1857). *Paris et Madrid,* 1892, in-12, br. — Ens. 5 vol.

A chaque vol., envoi de l'auteur à M. J.-M. de Heredia.

283. PLATON. La République, divisée en dix livres ou dialogues, traduicte de grec en françois, et enrichie de commentaires par Loys le Roy... Le tout reveu et conféré avec l'original grec, par Fed. Morel. *Paris, A. Drouart,* 1600, in-fol., vélin (*Rel. anc.*).

Bel exemplaire.

284. PLUTARQUE. Vies des hommes illustres grecs et romains... et Œuvres morales et meslées, translatées de grec en françois par messire Jacques Amyot. *Paris, Vascosan,* 1565-72, 2 vol. in-fol., veau fauve, fil. dor., coins et milieu dor., dos orné, tr. dor. (*Rel. anc.*).

Reliure du xviᵉ siècle fatiguée.

285. POETES DU XVIIᵉ SIÈCLE. 6 vol., reliés.

Godeau. Poésies chrestiennes. *Paris, P. le Petit,* 1660, in-12, veau fauve, fil. dor., dos orné, tr. dor. (*Vogel*). — Malleville. Diverses poésies de l'Académie. *Paris, E. Loyson,* 1664, pet. in-12, veau br. — Regnier (Mathurin). Les satyres et autres œuvres. *Paris, L. Billaine,* 1667, in-12, veau br. — Saint-Amant. Moyse sauvé. *Leyde, J. Sambix,* 1654, pet. in-12, veau br. — Saint-Amant. Œuvres. *Rouen, J. Gruel,* 1668, in-12, veau br. — Théophile. Œuvres. *Paris, Nic. Pepingué,* 1662, in-12, veau br.

286. POÈTES DU XVIᵉ SIÈCLE. 3 vol. in-12 et in-8, cartonn. toile, non rog.

Œuvres de Louïze Labé lyonnoise. *Lyon, Scheuring,* 1862 (Imprimé à 200 exemplaires). — Rymes de gentile et vertueuse dame D. Pernette du Guillet, lyonnoise. *Id.,* 1864, in-12. — Delie, objet de plus haute vertu, poésies amoureuses par Maurice Sève, lyonnais. *Lyon, N. Scheuring,* 1862.

287. POÈTES DU XVIᵉ SIÈCLE. 9 vol., in-12, in-8 et in-4, br. et reliés.

> Du Bellay. La Défense et illustration de la langue française, suivie de l'Olive et quelques autres œuvres poétiques. *Paris*, 1903, in-4. — Les Regrets de J. du Bellay, collationné sur la première édition. *Liseux*, 1876, pet. in-12, cart., non rog. — Notice sur G. du Bellay, par Marty-Laveaux. *Lemerre*, 1867. — Notice biographique sur Etienne Jodelle, par Ch. Marty-Laveaux. *Lemerre*, 1872. — Les gaillardises du sieur de Mont-Gaillard, dauphinois, avec préface et notes par Ad. van Bever. *Sansot*, 1905. — Ronsard. Œuvres inédites. Recueillies et publiées par Pr. Blanchemain. *Aubry*, 1855. — Poésies choisies de P. de Ronsard. Publiées avec notes et index, par L. Becq de Fouquières. — Œuvres choisies des poètes français du xviᵉ siècle, contemporains de Ronsard, publiées avec notes par le même. *Charpentier*, 1875-1879, 2 vol. cartonn., demi-rel. vélin blanc, dos orné, non rog. (Envoi de M. Becq de Fouquières pour ces 2 vol., à M. J.-M. de Heredia. — Les Foresteries de Jean Vauquelin sieur de La Fresnaie, publiées par Julien Travers. *Caen*, 1869.

288. POÈTES DU COMMENCEMENT DU XIXᵉ SIÈCLE. 8 vol. in-12 et in-8, brochés et rel.

> Barbier (Auguste). Il pianto. *Canel*, 1833, in-8. — Brizeux. Marie, poème. *Paulin et Renduel*, 1836, in-8, veau vert, fil. dor., dos orné, tr. marb. (*Rel. de l'époque*). — Bignan (A.). Mélodies françaises. *Ch. Béchet*, 1833, 2 tom. en 1 vol. in-12, frontisp., demi-rel. veau noir. — Dumas (Adolphe). Provence. *Hetzel et Paulin*, 1840, in-8. — Lemercier (Népomucène). Chants héroïques des montagnards et matelots grecs, traduits en vers français. *Canel*, 1824, in-8. — Polonius (Jean). Empédocle, vision poétique suivie d'autres poésies. *A. André*, 1829, in-12, br. — Saint-René Taillandier. Béatrice, poème. *Ch. Gosselin*, 1840, in-8. — Treneuil. Poèmes élégiaques. *Firmin Didot*, 1817, in-8, fig., demi-rel. mar. rouge.
>
> Editions originales, sauf pour « Il Pianto ».

289. POÈTES DU XIXᵉ SIÈCLE. 22. vol. in-12 et pet. in-12, reliés.

> Arnould (Edmond). Sonnets et poèmes. *Charpentier*, 1861. — Autran. Laboureurs et soldats. *Michel Lévy*, 1854. — Barbier. Iambes et poèmes. *Masgana*, 1845. — Balder (Alphonse). Jambes et cœurs. *Paris*, 1860. — Castel. Les Plantes, poème. *Paris, Deterville*, an VII. — Chénier (M.-J.). Poésies. *Charpentier*, 1844. — Daudet (A.). Les Amoureuses. *Tardieu*, 1863, pet. in-12. — Desbordes-Valmore (Mᵐᵉ). Poésies. *Charpentier*, 1842. — Desplaces (Aug.). Galerie des poètes vivants. *Charpentier*, 1848. — Calemard de la Fayette. L'Adieu. Poésies diverses. *Hachette*, 1885, non rog. — Laprade (V. de). Poèmes évangéliques, 1853 ; Les Symphonies, 1855, 2 vol. — Mistral (F.). Mireille. *Charpentier*, 1860. — Penquer (Mᵐᵉ). Chants du foyer. *Didier*, 1864-65, 2 vol. — Reboul (J.). Poésies. *Deloye*, 1840. — Poésies nouvelles. *Charpentier*, 1846. — Reynaud (Ch.). Epîtres, contes et pastorales. *M. Lévy*, 1853. — Reynier (P.). Poésies. *A. Bray*, 1857. — Turquety (Edouard). Poésies. *Id.*, 1857.

290. POÈTES FRANÇAIS. 6 vol. reliés.

> Charles d'Orléans. Poésies. *Paris, Warée*, 1809, in-12, veau fauve

(*Rel. anc.*). — Malherbe. Poésies, avec la vie de l'auteur et de courtes notes. *Paris, Barbou*, 1764, in-12, veau fauve (*Rel. anc.*). — Marot. Œuvres. *Rouen, Cl. le Vilain*, 1615, in-12, veau br. (*Rel. anc.*). — S. Gelais (Mellin de). Œuvres. *Paris, G. de Luyne*, 1656, pet. in-12, veau rac. (*Rel. anc.*). — Ragan. Les Bergeries. *Paris, F. du Bray*, 1625, in-8, vel. (*Rel. anc.*). — Ronsard. Les Odes (tome II des *Œuvres*). *Paris, N. Buon*, 1604, in-12, rel. toile.

291. POÈTES LATINS. 5 vol. in-12 et in-32, reliés (*Rel. anc.*).

Horatii (Quinti). Flacci opera. *Parisiis e typ. regia*, 1733, in-32 demi-rel. mar. rouge, non rog. — Ejusdem poëmata, scholiis, Joannis Bond illustrata. *Aurelianis, Couret de Villeneuve*, 1767, in-12, veau jaspé, fil. — Tibulli et Propertii opera. *Glasguae*, 1753, in-12, mar. viol., fil. — Virgilius (Publius) Maro. Bucolica, Georgica et Aeneis. *Parisiis, F. Didot, anno Reip. VI*, in-12, veau rac., dent., tr. dor.

292. POÈTES LATINS MODERNES. 5 vol.

Borbonii (Nicolai) poematia exposita. *Parisiis, R. Sara*, 1630, in-12, mar. fauve, comp. de fil. dor. et dent., milieu orné, dos orné, tr. dor. (*Rel. anc.*). — Carmina quinque illustrium poetarum. Additis nonnullis M. Antonii Flaminii libellis. *Florentiae*, 1552, in-8, vélin à rec. — Doctissimorum nostra aetate Italorum epigrammata. *Lutetiae, s. d.*, in-8, vélin. — Rapini (Ren.) hortorum libri quarti. *Parisiis*, 1666, pet. in-12, dos et coins mar. rouge, tr. marb. — Turnebi (Adriani) poëmata. *Id.*, 1580, in-8, veau br.

293. POMPADOUR (Mme de). Correspondance avec son père, M. Poisson, et son frère, M. de Vandières, publiée pour la première fois par M. A. P. Malassis. *Paris, J. Baur*, 1878, in-8, 2 portraits par Vanloo, cartonn., vélin blanc, non rogné.

Exemplaire imprimé sur papier vergé, avec les portraits en deux états.

294. PONTHIÈRE (Honoré). Triptyque. Le paquebot. Le village. L'épopée du fer. *Paris, A. Lemerre*, 1897, in-18, broché.

Édition originale.
Un des 20 exemplaires imprimés sur papier de Hollande d'un livre dédié à M. de Heredia.

295. PRESCOTT (W.-H.). Histoire du règne de Ferdinand et d'Isabelle, traduite de l'anglais par G. Renson. *Paris, Firmin Didot, Bruxelles et Leipzig, Lacroix, Verboeckhoven et Cie*, 1861-62, 4 vol. in-8, demi-rel. vélin blanc, non rog. (*Paul Vié*).

296. PRÉVOST (abbé). Mémoires et avantures d'un homme de qualité qui s'est retiré du monde, tome VII. *Paris, aux dépens de la compagnie*, 1731, pet. in-12, mar. bleu, dent. int., tr. dor.

Contrefaçon de l'édition originale de *Manon Lescaut* parue sous la même date.

297. PRIMAVERA Y FLOR DE ROMANCES ó colleccion de los mas viejos y mas populares romances castellanos publicada con con una introduccion y notas por Don Fernando José Wolf y Don

4

Conrado Hoffman. *Berlin, Asher,* 1856, 2 tomes en 1 vol. in-8, mar. rouge, fil. à fr., dos orné, dent. int., tr. dor.

298. PROVENCE, NICE ET MONACO, 6 vol. in-12 et in-8, br. et rel.

> Lenthéric (C. La France et l'Orient en Provence, 1878, demi-rel. mar. — Lenthéric. Les villes morte du golfe de Lyon, 1878, rel. id. — Les Fêtes d'Arles. Inauguration du monument A. Pichot, 1887, in-8. — Saige (G.). Monaco, ses origines et son histoire, 1897. — Tony d'Ulmès (R.). Nice et ses environs, 1903. — Vissac (R. de). Les barons de Chateauneuf-de-Mazenc, 1899, in-8.

299. PROVERBES, français, italiens, espagnols, 3 vol. reliés.

> Gruther. Proverbia italica, gallica et hispanica. *S. l.,* 1610, in-8, chiff. de 125 à 182, veau br. (*Rel. anc.*). — Les plus illustres proverbes historiques. *Paris, P. David,* 1660, in-12, veau br., dos orné (*Rel. anc.*). — Proverbes espagnols traduits en français par César Oudin. *Paris, P. Rocolet,* 1659, in-12, veau br., dos orné (*Rel. anc.*).
> Le second ouvrage contient la grande planche.

300. PROVINCE, sud-ouest, Pyrénées. 7 vol. in-12 et in-8, brochés.

> Barthety (H.). La sorcellerie en Béarn, 1879, in-8. — Basch de Lagrèze. Le chateau de Pau. Souvenirs historiques, 1860. — Cardaillac (X. de). Propos gascons, 1903. — Lenthéric (Ch.). Côtes et ports français de l'Océan, 1901. — Menville (Alfred). Roland et les quarante chanteurs montagnards, 1901, in-8. — Sacaze (J.). Les anciens dieux des Pyrénées, 1885, in-8. — Taine. Voyage aux Pyrénées, 1881, figures.

301. QUEVEDO VILLEGAS. Cartas morales e instructivas de Dⁿ Franᶜᵒ de Quevedo y Villegas escritas desde Sⁿ Marcos de Leon a su grande amigo Adan de la Parra y respᵗᵃ qᵉ le dio esta. Manuscrit, in-fol., veau br. (*Rel. anc.*).

> Manuscrit du xviiiᵉ siècle de 130 feuillets.

302. QUEVEDO VILLEGAS. Histoire de Pablo de Segovie, traduite de l'Espagnol et annotée par A. Germond de Lavigne. Illustrée de nombreux dessins par D. Vierge. *Paris, L. Bonhoure,* 1882, in-8, figures, demi-rel. vélin blanc, tête dor., non rog. (*Couvert.*).

303. RABELAIS. Œuvres. Édition variorum, augmentée de pièces inédites, des Songes drolatiques de Pantagruel, ouvrage posthume, avec l'explication en regard, des remarques de Le Duchât, de Bernier, de Le Motteux, de l'abbé de Marsy, de Voltaire, de Ginguené, etc. et d'un nouveau commentaire historique et philologique par Esmangart et Eloi Johanneau, *Paris, Dalibon,* 1823, 9 vol. in-8., fig., demi-rel. mar. greu., dos orné, ébarbés.

304. RABELAIS. Œuvres, collationnées pour la première fois sur les éditions originales, accompagnées d'un commentaire nouveau par MM. Burgaud des Marets et Rathery. *Paris, Firmin Didot,* 1872-73, 2 vol. in-8, cartonnage toile bleue, non rog.

3o5. REGNIER (Mathurin). Satyres et autres œuvres, accompagnées de remarques historiques (de A. Brossette). Nouvelle édition considérablement augmentée (par Lenglet du Fresnoy). *Londres, Tonson,* 1733, gr. in-4, veau écaillé, fil. dor., dos orné, tr. marb. (*Rel. anc.*).

> Exemplaire imprimé sur GRAND PAPIER ; le texte est dans un encadrement tiré en rouge.

3o6. REINACH (Salomon). Pierres gravées des collections Malborough et d'Orléans, des recueils d'Eckhel, Gori, Levesque de Gravelle, Mariette, Millin, Stosch. *Paris, F. Didot,* 1895, gr. in-8, planches, broché.

> 137 planches.

3o7. REMUSAT (Madame de). Mémoires 1802-1808. Publiés par son petit-fils, Paul de Rémusat. *Calmann Lévy,* 1880, 3 vol. in-8, brochés.

3o8. RENAN (Ernest). Vie de Jésus. *Michel Lévy,* 1867. — Souvenirs d'enfance et de jeunesse. *Id.,* 1883 (*Edition orig.*). — Ens. 2 vol. in-8, br. (*Couvert.*).

> On y a joint : Renan à Tréguier. Le Moraliste. *Saint-Brieuc,* 1903, in-12, br.

3o9. RESTIF DE LA BRETONNE. Monsieur Nicolas, ou le cœur humain dévoilé. Mémoires intimes. Réimprimé sur l'édition unique et rarissime publiée par lui-même en 1796. *Paris, Is. Liseux,* 1883, 14 vol. pet. in-8, portrait par Binet, brochés.

3io. REUNION de 7 vol. in-12 et in-16 reliés en vélin doré, tr. dor. (*Rel. anc.*).

> Les poèmes de P. de Ronsard. Tome III. *G. Buon,* 1573. — Les quatre premiers livres de la Françiade. *G. Tibout,* 1630. — Dante, con nuove et utili espositioni. *In Lione,* 1551. — Macchiavelli. Les Discours de l'estat de paix et de guerre sur la première décade de Tite-Live. Plus un livre du même auteur, intitulé le Prince. *Paris, II. de Marnef,* 1571. — Virtutum encomia. *Excudebat H. Stephanos,* 1573. — Argaunoticon C. Valerii Flacci Setini Balbi libri VIII. *Lugduni,* 1604. — Nicole. Essais de morale, tome X. *La Haye,* 1702.

3ii. REVOLUTION. Mémoires et études. 10 vol. in-12 et in-8, br. et reliés.

> CRÉTINEAU-JOLY. L'Église romaine en face de la Révolution, 2 vol. rel. — DARD (Em.). Le général Choderlos de Laclos (1741-1803), in-8. — GAULOT. Un ami de la Reine. — JONNÈS (Moreau de). Aventures de guerre au temps de la République et du Consulat, 2 vol. in-8 rel. — LENOTRE (G.). Le drame de Varennes. Vieilles maisons, vieux papiers 2e série. — SÉNAC DE MEILHAN. L'Emigré, in-8. — L'Europe et la Révolution française. Discours en l'honneur de M. A. Sorel in-8.

3i2. REVUE (et nouvelle revue) RÉTROSPECTIVE. Recueil de

pièces intéressantes et de citations curieuses. Années 1884-1901. *Paris*, 1885-1901, 32 vol. in-12, br.

> On y a joint 3 numéros de 1902 et 1904.

313. RIFFARD (Léon). Un quarteron de sonnets. *Evreux, Herissey*, 1896, gr. in-8, broché (*Couvert.*).

> Envoi de l'auteur et 5 sonnets autographes, à M. J.-M. de Heredia.

314. RODIN dessinateur. Caractères et projets. Commentaires, par Léon Riotor. *S. l. n. d.*, in-12. — Auguste Rodin. Frontispice gravé sur bois par J.-L. Perrichon, d'après un dessin de Rodin. *La Plume*, 1904, in-4. — Riotor. Rodin, sculptor. *S. l. n. d.*, in-12. — Ens. 3 vol. br.

> Envoi de l'auteur à 2 volumes.

315. ROEDERER (comte). Mémoires pour servir à une nouvelle histoire de Louis XII, le père du peuple. *Paris, Firmin Didot*, 1819, in-8, veau rac., dent. tr. marb.

> Sur le feuillet de garde :
> *Bel exemplaire de l'édition originale offert par Roederer à Talleyrand dont il porte l'ex-libris.*
>
> J.-M. DE HEREDIA.

316. ROMANCERO GENERAL, ó coleccion de romances castellanos anteriores al siglo XVIII, recogidos, ordenados, clasificados y anotados por don Agustin Duran. *Madrid, Rivadeneyra*, 1859-61, 2 vol. gr. in-8, à 2 col., demi-rel. velin, non rog.

317. ROMANCIERS CONTEMPORAINS. *Lemerre et Revue Blanche*, 1897-1903, 17 vol. in-12, brochés (*Couvert.*).

> BARRACAND (L.). Le roman nuptial. 1901. — BOYLESVE (R.). La Becquée, roman. *Revue Blanche*, 1901. — CHENNEVIÈRES (Ad.). L'Indulgente, 1897. Pour elles, 1903. — FORMONT (M.). L'Inassouvie, 1900. L'Amour passe, 1903. L'Enervée, 1903. Le péché de la morte, 1905. — JUNKA (P.). Gracieuse. 1902. — Mme STANISLAS MEUNIER. Confessions d'honnêtes femmes. 1903. — SAINT-MAURICE (Remy). Les Eves stériles, 1902. L'Eternelle folie, 1903. — VERGNIOL (C.). Domenica. L'Enlisement. Etc., etc.
> EDITIONS ORIGINALES. PAPIER ALFA.
> A tous les vol., envoi de l'auteur à M. J.-M. de Heredia.

318. ROMANS MODERNES ILLUSTRÉS. 14 vol. in-12 et in-8, figures, brochés.

> ANDRÉ (P.). L'Education amoureuse. *Offenstadt*, 1902, in-8. — ARÈNE (P.). La Chèvre d'or. *Egap*, 1889, in-8. — CHAMPSAUR (F.). L'orgie latine. *Fasquelle*, 1903, in-8. — DORNIS (J.). Les frères d'élection. *Ollendorff*, 1896, in-8. — CASTANIER. L'Orgie romaine. *Borel*, 1901, in-12. — MULLER (Eug.). La Mionette. Histoire de mon village. *Delagrave*, 1900, in-12. — BEAUME (G.). Petite Vénus. *P. Lamm*, s. d., pet. in-12. Etc., etc.
> A la plupart des vol., envoi de l'auteur à M. J.-M. de Heredia.

319. RONSARD. Ronsard considéré comme imitateur d'Homère et

de Pindare, par E. Gandar. *Metz,* 1854, in-8, broché. — La Cassandre de Ronsard, par M. Henri Longnon. *Paris,* 1902, br., in-8. — Les Classiques imitateurs de Ronsard, par Dreyfus-Brisac. *Calmann Lévy, s. d.,* in-12. — La famille de Ronsart. Recherches généalogiques historiques et littéraires sur P. de Ronsard et sa famille, par Achille de Rochambeau. *Paris, A. Franck,* 1868, gr. in-8, cartonn., demi-rel. mar. noir, non rog. — Notice biographique sur P. de Ronsard, par Ch. Marty-Laveaux. *Lemerre,* 1893, in-8, br. — Ens. 5 vol.

320. SABRAN (Comtesse de). Correspondance inédite de la comtesse de Sabran et du chevalier de Boufflers, 1778-1788. Recueillie et publiée par E. de Magnieu et Henri Prat. *Paris, Plon,* 1875, in-8, portrait, dos et coins mar. gr., fil. dor., dos orné, tête dor., non rog.

321. SACHER-MASOCH. Nouveaux récits galiciens, traduits par Th. Bentzon. *Calmann Lévy,* 1876. — Le Legs de Caïn, contes galiciens. *Hachette,* 1877. — Un Testament. Basile hymen. Le Paradis sur le Dniester. *Calm. Lévy,* 1878. — Le nouveau Job. Le laid. Traduits par Mme Noemi Mangé. *Hachette,* 1879. — Contes juifs et petits russiens. *Id.,* 1879. — Ens. 5 vol. in-12, cart. toile verte, non rog.

322. SAINTE-BEUVE [et ouvrages relatifs à]. 9 vol. in-12 et in-8, br. et rel.

La Poésie française au xvie siècle, 1893. — Portraits contemporains, éditions de 1855 et 1869. — Joseph Delorme. *Poulet-Malassis,* 1861, in-8, br. — Sainte-Beuve inconnu, par le vicomte Spoelberch de Lovenjoul, 1901. — Nicolardot. Confession de Sainte-Beuve, 1882.

323. SALAS Barbadillo (A. G. de). El Cavallero puntual. *En Madrid, por Miguel Serrano de Vargas,* 1614, in-12, dos et coins bas. fauve.

Edition originale.
Cassure au feuillet 12.

324. SAND (George). *Paris, Michel Lévy et Perrotin,* 22 vol. in-12, rel.

Pauline. Les Majorcains. *Perrotin,* 1843, demi-rel. mar. — Histoire de ma vie. 1856, 10 vol. cartonn. toile, non rog. — François le Champi. 1856, demi-rel. mar. — Lettres d'un voyageur. 1857, id. — La petite Fadette. 1857, id. — Les maîtres sonneurs. 1857, id. — Constance Verrier. 1860, id. — Indiana. 1861, id. — André. 1864, cartonn. toile, non rog. — Jean de la Roche. 1865, id. — La mare au diable. 1865, demi-rel. mar. — Flamarande. 1875, cartonn. toile, non rog. — La Tour de Percemont. 1876, id. — Les deux frères. 1878, id.

325. SCÈNES ET RÉCITS HISTORIQUES. 6 vol. in-8 et in-12, rel. et br.

Lavallée (Th.). Jean Sans-Peur, duc de Bourgogne. Scènes historiques, 1407-1419. *Hetzel,* 1861, in-12, demi-rel. chag. — Lemercier

— 54 —

(Népomucène). Comédies historiques. *A. Dupont*, 1828, demi-rel. mar.
— Même ouvrage. Même édition, demi-rel. veau vert, dos orné, tr.
marbr. (*Rel. de l'époque*). — ROEDERER. La Proscription de la Saint-
Barthélemi, fragment d'histoire dialogué. *Bossange*, 1830, broché. —
Les Soirées de Neuilly. Esquisses dramatiques et historiques, publiées
par M. de Fongeray, ornées du portrait de l'éditeur et d'un fac-similé
de son écriture. *Moutardier*, 1827, 2 vol. cart.

326. SCHLUMBERGER (Gustave). L'Epopée byzantine à la fin du
x° siècle. Jean Tzimiscès. Les jeunes années de Basile II. le tueur
de bulgares (969-989). *Paris, Hachette*, 1896, gr. in-8, figures et
planches, broché.

>   Envoi de l'auteur sur le feuillet de garde.
>   Premier volume, épuisé.

327. SCHLUMBERGER (Jean). Le Mur de verre, roman. *Paris,
Ollendorff*, 1904, in-12, broché (*Couvert.*).

>   ÉDITION ORIGINALE.
>   Un des 6 exemplaires sur PAPIER DE HOLLANDE.
>   Envoi de l'auteur, en vers, à M. J.-M. de Heredia.

328. SCIENCES. Théorie de la Terre, géologie, etc.

>   BARÈS (J.-S.). L'Univers. La Terre et l'Homme. *Le Réformiste*, 1904,
>   in-12 br. — CUVIER (G.). Discours sur les révolutions de la surface du
>   globe. *Cousin*, 1840, in-12, cartonn. toile, non rog. — FILHOL (H.). La
>   Vie au fond des mers. *Masson, s. d.*, in-8, pl, et fig.. dos et coins mar.
>   vert, fil. dor., dos orné, tête dor., non rog. — HUMBOLDT (A. de).
>   Tableaux de la nature. *Gide*, 1851, 2 vol. in-12 br. — JULIEN (F.).
>   Harmonies de la mer. *Plon*, 1861, in-12, cartonn. toile, non rog. —
>   LAPLACE (de). Exposition du système du monde. *Bachelier*, 1824, 2 vol.
>   in-8, cart., non rog. — MAURY (A.). La Terre et l'homme. *Hachette*,
>   1857, in-12, dos et coins mar. vert, non rog. — Nature harmonique
>   de l'espace, par J. Fola Igurbide. *Barcelonne*, 1902, gr. in-8, br. —
>   ZIMMERMANN. Le monde avant la création de l'homme. *Paris, Schulz*,
>   1857, gr. in-8, planches, dos et coins mar. vert, non rog.

329. SCIENCES MÉDICALES. 6 vol. in-12 et in-8, br. et rel., non
rog.

>   BIANCHON. Les Causeries de Bianchon. Préface d'Henri Lavedan.
>   *Paris*, 1896. — BICHAT. Recherches physiologiques sur la vie et la
>   mort. *Masson*, 1862. — GRATIOLET (Pierre). De la physionomie et des
>   mouvements d'expression. *Hetzel, s. d.* — PENNETIER (G.). L'origine de
>   la vie. *Rothschild*, 1868, figures. — QUATREFAGES (A. de). Métamor-
>   phoses de l'homme et des animaux. *Baillière*, 1862. — SOURY (Jules).
>   Les fonctions du cerveau. *Barbé*, 1892, in-8.

330. SCIENCES OCCULTES. 4 vol. gr. in-8, brochés.

>   Dictionnaire infernal. Répertoire universel des êtres, des person-
>   nages, des faits et des choses qui tiennent aux esprits. Etc. Par J. Colin
>   de Plancy. *Plon*, 1863. — D⟨r⟩ ELY STAR. Les Mystères de l'Etre. Son
>   origine spirituelle. Ses facultés secrètes. Etc. *Chacornac*, 1902. —
>   MIGNE (J.-P.). Dictionnaire des sciences occultes. *Paris*, 1860-61, 2 vol.

331. SCOTT (Walter). Œuvres. Traduction de M. Defauconpret. *Paris, Furne*, 1830-32, 32 vol. in-8, demi-rel. veau fauve, dos orné (*Rel. de l'époque*).

332. SCOTT (Walter) illustré. *Firmin Didot*, 1881, 7 vol. gr. in-8, figures, dont 3 vol. cartonn. toile et 4 vol. rel. dos et coins chag. rouge, fil., tête dor.

> Rob Roy. — Quentin Durward. — Ivanhóé. — Kenilworth. — Le Pirate. — Aventures du Nigel. — Peveril du Pic. — On y a joint : Fenimore Cooper illustré. Le dernier des Mohicans. *F. Didot*, 1884, in-8, dos et coins chag. rouge, fil., tête dor., non rog.

333. SEM (Album de). 38 dessins-charges en couleurs, dans un carton.

334. SERLIO (S.). Tercero y quarto libro de architectura. En los quales se trata de las maneras de como se pueven adornar los edificios : con los exemplos de las antiguedades. Traduzido de Toscano en légua castellana, por Francisco de Villalpando. *Toledo, Juan de Ayala*, 1573, in-fol., figures, velin (*Rel. anc.*).

> Encadrement au titre et nombreuses figures gravées sur bois.

335. SÉVIGNÉ (Mme de). Lettres recueillies et annotées par M. Monmerqué. *Paris, Hachette*, 1862, 5 vol. in-8, br.

> De la Collection des grands écrivains.
> Tome 1 à 5.

336. SONNETS ET POÉSIES, manuscrits offerts à M. J.-M. de Heredia. 5 recueils autographes.

> Gojon (Edmond). Frises mosaïques. Bas-reliefs (19 p.). — Mar-thold (Jules de). La bonne lorraine. Chronique nationale (40 p.). — Montenacy (L.-M. de). Vers et sonnets (7 p.). — Sonnets bretons, sonnets divers (20 sonnets).

337. STENDHAL. Le Rouge et le Noir. Chronique du xixe siècle. *Michel Lévy*, 1876, 2 vol. — Vie de Napoléon. Fragments par de Stendhal (Henry-Beyle). *Calm.-Lévy*, 1876. — Ens. 3 vol. in-12, cartonn. toile, non rog.

338. STRADA (Jac. de). Epitome thesauri antiquitatum, hoc est imp. rom. orientalium et occidentalium iconum, ex antiquis nu-mismatibus quam fidelissime deliniatarum. *Lugduni, Jac. de Strada*, 1553, in-4, parch. (*Rel. anc.*).

> Nombreuses figures de médailles gravées en noir sur fond blanc.

339. TACITI (C.-Cornelii) opera quae exstant, a Justo Lipsio po-stremum recensita, ejusque auctis emendatisque commentariis illustrata : Item C. VELLEIUS PATERCULUS, cum ejusdem Justi Lipsi auctoribus notis. *Antuerpiae, Balthasar Moretus*, 1648, 2 ouv. en 1 vol. in-fol., vélin, comp. de dent. dor., coins ornés, dos orné.

> Exemplaire aux armes de la ville d'Amsterdam donné en prix à Cornelius de Bruyn.

340. TALLEMANT DES REAUX. Les Historiettes. Troisième édition par M. M. de Monmerqué et Paulin Paris. *Paris, Techener,* 1862, 6 vol. in-12, dos et coins mar. brun, fil., tête dor. non rog. (*Amand*).

341. TAVERNIER. Les Six voyages de Jean-Baptiste Tavernier, écuyer baron d'Aubonne, en Turquie, en Perse et aux Indes. *Suivant la copie imprimée à Paris,* 1678, 2 vol. pet. in-12, planches, vél. à rec. (*Rel. mod.*).

342. THEATRE (Ecrits relatifs au), 12 vol. in-12, br. (*Couvert.*).

Becq de Fouquières. L'Art de la mise en scène. — Dornis (J.). Le Théâtre italien contemporain. — Du Marest (A.). A travers l'idéal. — Le Roy. L'Aube du Théâtre romantique. — Sarcey. Quarante ans de théâtre, etc., etc.

A la plupart des vol., envoi de l'auteur à M. J.-M. de Heredia.

343. THEATRE ESPAGNOL (Ouvrages relatifs au), 5 vol in-8, br. et rel.

Teatro Coleccion de articulos de Santiago Estrada. *Barcelona,* 1889. Gassier (A.). Le théâtre espagnol. *Ollendorff,* 1898. — Drames religieux de Calderon. *Charles,* 1898. — Lafond (E.). Etude sur la vie et les œuvres de Lope de Vega. *Librairie nouvelle,* 1857, in-8, demi-rel. mar. vert. — Martinenche (E.). La Comedie espagnole en France, de Hardy à Racine. *Hachette,* 1900.

344. THEOLOGIE, 6 vol.

Augustini (S.). Confessiones, cum notis R.-P. Henrici Wangnereck. *Coloniae, Kalcovius,* 1646, pet. in-12, veau br. — Bougaud (Mgr). Jésus-Christ. *Paris, Poussielgue,* 1898, in-32, dos et coins veau rouge, tête dor., non rog. (Pièce de vers autog. de l'auteur sur les ff. de garde). — Saint François de Sales. Lettres. *Paris, Fournier,* 1713, in-12, veau rac., fil. (*Rel. anc.*). — Introduction à la vie dévote. *Paris, Fr. Léonard,* 1666, in-12, vélin. — L'Imitation de Jésus–Christ, traduite et paraphrasée en vers français, par P. Corneille. *Rouen, L. Maurry,* 1658, in-4, veau fauve, fil. (*Rel. anc.*). — Summa sacramentorum Ecclesiae, ex doctrina Francisci a Victoria. *Antuerpiae,* 1610, pet. in-12, mar. vert, dos orné, tr. dor. (*Rel. anc.*). — Traité des restitutions des grands, précédé d'une lettre touchant quelques points de la morale chrestienne. *S. l.,* 1665, in-12, veau br., dos orné (*Rel. anc.*).

345. THIERRY (Augustin). Récits des temps mérovingiens. *Paris, Furne,* 1856, 2 vol. — Histoire de la conquête de l'Angleterre par les Normands, 1856, 4 vol. — Ens. 6 vol. in-12, demi-rel. chag., brun plats toile.

346. THIERS (A.). Histoire de la Révolution française. *Paris, Lecointe,* 1834, 10 vol. in-8, figures, demi-rel. veau.

347. TOLSTOI (Cte). 11 vol. in-12 et in-8, cartonn. toile, non rognés.

Katia, traduction de M. le cte d'Hauterive. *Didier,* 1878. — La

Guerre et la Paix, roman historique. *Hachette*, 1885, 3 vol. — Anna Karénine, roman. *Id.*, 1885, 2 vol. — Les Cosaques, souvenirs de Sébastopol. *Id.*, 1886. — Souvenirs. Enfance. Adolescence. Jeunesse. *Id.*, 1887. — A la recherche du bonheur. *Perrin*, 1887. — Le prince Nekhlioudov. *Id.*, 1889. — Ma religion. *Fischbacher*, 1885, in-8, demi-rel. toile.

348. TOURAINE, BLESOIS, AUVERGNE. 6 vol. in-12 et in-8, br.

Blois et ses environs, par L. de la Saussaye, 1867. — Notre-Dame de Romay, par Barnaud, 1904. — Lettres à Louise, par L. Arnette, 1901. — Histoire du donjon de Loches, in-8 (2 exempl.). — Néris, capitale des Gaules. Les eaux de beauté, gr. in-8, fig. 1902.
Envois d'auteurs.

349. TOUR DU MONDE (Le), nouveau journal des voyages, publié sous la direction de M. Edouard Charton et illustré par nos plus célèbres artistes. *Hachette*, 1860-1881, 20 vol. in-4, demi-chag. vert.

Années 1860, 1861, 1863-1870 ; 1872-1881.

350. TOURGUENEFF (I.). Œuvres. *Paris, Hachette et Hetzel*, 1862-1886, 12 vol. in-12, cartonn. toile vert clair, non rog.

Une Nichée de gentilshommes. — Fumée. — Etranges histoires. — Les Eaux printannières. — Mémoires d'un seigneur russe, 2 vol. — Pères et enfants. — Souvenirs d'enfance. — Nouvelles moscovites. — Les reliques vivantes. — Un Bulgare. — Œuvres dernières. Sa vie et son œuvre, par le v^te E.-M. de Vogüe.

351. VASARI (Giorgio). Vies des peintres, sculpteurs et architectes, traduites par Léopold Leclanché et commentées par Jeanron et Léopold Leclanché, 121 portraits dessinés par Jeanron et gravés sur acier par Wacquez et Bouquet. *Paris, Just Tessier*, 1841-42, 10 vol. in-8, dos et coins mar. rouge.

Sans les portraits.

352. VEGA (Lope de). El perfeto señor sueño politico, con otros varios discursos, i o ultimas poesias varias, de Antonio Lopez de Vega. *Madrid*, 1652, pet. in-4, bas. marb., dos orné (*Rel. anc.*).

Titre doublé.

353. VENERIE, FAUCONNERIE, 4 vol. in-12, br. et rel.
Livre du roy Charles. De la chasse au cerf, publié par H. Chevreul. *Aubry*, 1859, in-8, br. — Les chasses de François Ier, racontées par Louis de Brézé, précédées de la chasse sous les Valois, par le c^te Hector de la Ferrière. *Aubry*, 1869, in-8. — De l'Autourserie et de ce qui appartient au vol des oiseaux, par P. de Gommer, seigneur de Lusanoy. *Aubry*, 1877, in-12, br. — Même ouvrage. *Aubry*, 1878, in-8, cartonn. demi-rel. toile, non rog. — La Conférence des Fauconniers. *Paris*, 1884, in-12, br.

354. VIGNY (Alfred de). Poèmes, seconde édition, revue et augmentée. *Paris, Gosselin*, 1829, in-8, dos et coins veau olive, dent.

dor. (*Rel. de l'époque*). — Poèmes antiques et modernes. *Librairie Nouvelle*, 1859, in-8 cart. toile, non rog. — Journal d'un poète, recueilli et publié sur les notes intimes d'Alfred de Vigny, par Louis Ratisbonne. *Michel Lévy*, 1867, in-12, cart., non rog. (*Couvert.*). — Ens. 3 vol.

On y a joint : Léon Séché. Alfred de Vigny et son temps, 1797-1863. — Documents nouveaux et inédits. Dessins, portraits et autographes. *Paris, F. Juven*, s. d., in-8, planches, brochés. 2 ex. avec couverture différente.

355. **VILLON.** The poems of master Francis Villon of Paris, now first done into english verse, in the original forms, by John Payne. *London*, 1878, in-12, cartonn. vélin blanc (imprimé à 157 exempl.). — **LONGNON.** Etude biographique sur François Villon. *Paris, Menu*, 1877, pet. in-8 br. — **MARTHOLD** (Jules de). Le Jargon de François Villon. *Paris, Chamuel*, 1895. in-12, broché (*Couvert.*). — Ens. 3 vol.

Le second vol. contient un huitain autographe de l'auteur adressé à M. J.-M. de Heredia.

356. **VIRGILII** (P.) Maronis opera omnia innumeris pene locis ad veterum Petri Bembi cardinalis et Andreae Naugerii exemplarium fidem... castigata. Cum XI commentariis, servio praesertim ac Donato, ad suam integritatem restitutis. *Venetiis*, 1552, in-fol., figures sur bois, vélin (*Rel. anc.*).

Nombreuses et grandes figures gravées sur bois, beaucoup signées de la lettre L. Le titre est dans un encadrement gravé sur bois.

357. **VITROLLES** (Baron de). Mémoires et relations politiques du baron de Vitrolles publiés selon le vœu de l'auteur, par Eugène Forgues, 1814-1830. *Paris, Charpentier*, 1884, 3 vol. in-8, brochés. — Correspondance inédite entre Lamennais et le baron de Vitrolles, publiée par Eug. Forgues (1819-1853). *Id.*, 1886, in-8, demi-rel. toile. — Ens. 4 vol.

358. **VIVES** (Louis). Institution de la femme chrestienne. Le tout mis en françois du latin de Louis Vives, par L. T. L. *Lyon, Jean de Tournes*, 1580, in-16, vélin à rec. (*Rel. anc.*). — Les Dialogues, traduits de latin en françoys pour l'exercice des deux langues. *J. Stoer*, s. d., in-16, vél. à rec.

359. **VOLTAIRE.** Théologie portative, ou dictionnaire abrégé de la Religion chrétienne, par M. l'abbé Bernier, licencié en théologie. *Londres*, 1768, in-12, mar. rouge, fil., dos orné, dent. int., tr. dor. (*Derome*).

Attribué à Voltaire.

360. **VOYAGES AUTOUR DU MONDE.** 5 vol. brochés et rel.

Beauvoir (Comte de). Voyage autour du monde. *Plon*, 1873, gr. in-8, fig.. demi-rel. vél., non rog. — Hubner (baron de). Promenade autour du monde, 1871. *Hachette*, 1873, 2 vol. in-8, br. — Pigafetta (Chevalier). Premier voyage autour du monde sur l'escadre de Magellan, pendant les années 1519, 20, 21 et 22. *Jansen*, an IX, in-8, cart. — Même ouvrage. *Delagrave*, 1888, in-12, cart.

361. VOYAGES AUTOUR DU MONDE. *Imprimé aux frais du gouvernement. Août* 1830, 10 vol. in-8, cart. toile bleue, non rog.

Les Voyages advantureux de Fernand Mendez Pinto, traduit du portugais par B. Figuier. 3 vol. — De l'Afrique, contenant la description de ce pays, par Léon l'Africain, et la navigation des anciens capitaines portugais aux Indes orientales et occidentales. Traduction de Jean Temporal. 4 vol. — Voyages de François Bernier, contenant la description des états du Grand Mogol, de l'Indoustan, du royaume de Cachemire, etc. 2 vol. — Voyages de Benjamin de Tudelle autour du monde, commencé l'an 1173, de Jean du Plan Carpin en Tartarie, du frère Ascelin et de ses compagnons vers la Tartarie, de Guillaume de Rubruquin, en Tartarie et en Chine, en 1253. Etc., etc.

362. YRIARTE (Charles). Les Borgia. César Borgia. Sa vie. Sa captivité. Sa mort d'après de nouveaux documents des dépôts des Romagnes, de Simancas et des Navarres. *Paris, J. Rothschild,* 1889, 2 vol. in-8, cartonn. dos et coins mar. gren., couvert., non rog.

363. ZELLER (J.). L'Italie et la Renaissance. *Didier,* 1869, in-8, dos et coins mar. rouge, non rog. — Même ouvrage. Nouvelle édition refondue. *Didier,* 1883, 2 vol. in-12, br. — Ens. 3 vol.

364. ZOOLOGIE. 4 vol.

Huber. Recherches sur les mœurs des Fourmis indigènes. *Genève et Paris,* 1861, in-12, cartonn. rel. toile, non rog. — Gubernatis (Angelo de). Mythologie zoologique, ou les légendes animales. *Durand et Pedone,* 1874, 2 vol. in-8, cartonn. toile, non rog. — Leroy (G.). Lettres sur les animaux. *Poulet-Malassis,* 1862, in-12, dos et coins mar. viol., non rog.

AMÉRIQUE

365. ACOSTA (Christoval). Tractado delas drogas, y medicinas de las Indias orientales, con sus plantas debuxados. En el qual se verifica mucho de lo que escrivio el doctor Garcia de Orta. *Burgos, Martin de Victoria,* 1578, in-8, figures, demi-rel. mar. gren.

Édition originale de ce livre, ornée de figures de plantes gravées sur bois et d'un encadrement au titre.

366. ACOSTA (J.). Historia natural y moral de las Indias, en que se tratan las cosas notables del cielo, y elementos, metales, plantas, y animales dellas : y los ritos, y ceremonias, leyes, y gouierno, y guerras de los Indios. *Madrid, Al. Martin,* 1608, pet. in-4, veau brun.

367. ACOSTA (J.). Histoire naturelle et morale des Indes, tant orientales qu'occidentales. Composée en castillan par Joseph

Acosta et traduite en françois par Robert Regnauld Cauxois. *Paris, A. Tiffaine,* 1616, in-8, vélin à rec.

Cassure dans la marge du titre.

368. AMERIQUE. Histoire et voyages, 7 vol. gr. in-8, brochés et reliés.

> BERNAL-DIAZ. Conquête de la Nouvelle-Espagne. Traduction Jourdanet, 1877, cartonn. toile, non rog. — GAYANGOS (Dan T. de). La Gran conquista de ultramar. 1858. — HEPWORTH DIXON. La Nouvelle-Amérique. Traduit de l'anglais par Ph. Chasles, 1869, rel. — IRVING (Washington). Astoria. Voyages au delà des Montagnes rocheuses. Traduit par P. N. Grolier, 1843, 2 vol. — NADAILLAC (Mis de). L'Amérique préhistorique. Avec 219 figures dans le texte, 1883, demi-rel. toile. — D'ORBIGNY (A.). Voyage pittoresque dans les deux Amériques, 1836, gr. in-8, cartonn. toile, non rog.

369. AMERIQUE. 12 vol. in-12, figures, veau br. (*Rel. anc.*).

> Voyages de François Coreal aux Indes occidentales, 1722, 2 vol. — Voyages du baron de la Hontan dans l'Amérique septentrionale, 1706, 2 vol. — Mœurs des sauvages amériquains, par le P. Lafitau, 1724, 4 vol. — Histoire de la Virginie, traduite de l'anglais, 1707. — Nouvelle relation de la France équinoxiale, par P. Barrère, 1743. — Voyage de Marseille à Lima et dans les autres lieux des Indes occidentales, par le sieur D... (Duret), 1720. — Relation des voyages et des découvertes que les Espagnols ont fait dans les Indes occidentales. Ecrite par Dom B. de Las-Casas, 1698.

370. AUTOGRAPHOS de Christobal Colon y papeles de América. Catalogo de las colecciones expuestas en las vitrinas del palacio de Liria. — Nuevos autografos de Cristóbal Colon y relaciones de ultramar. *Madrid,* 1892-1902, 2 vol. gr. in-8, planches, brochés.

371. BORDONI (Girolamo). Histoire del sig. Don Fernando Colombo. Nelle quali s'há particolare et vera relatione della vita et de' fatti dell' ammiraglio Don Christoforo Colombo suo padre. *Milano,* 1614, in-8, veau br., dos orné (*Rel. anc.*).

372. CANADA. Bref récit et succincte narration de la navigation faite en 1535 et 1536 par le capitaine Jacques Cartier aux iles de Canada, Hochelaga, Saguenay et autres. Reimpression figurée de l'édition originale rarissime de 1545. Avec introduction par M. d'Avezac. *Paris, Tross,* 1863 — Le grand voyage du pays des Hurons. Avec un dictionnaire de la langue huronne par F. Gabriel Sagard Théodat. *Id.,* 1865. 2 *vol.* — Histoire de la nouvelle France par Marc Lescarbot, suivie des Muses de la Nouvelle France. Nouvelle édition publiée par Ed. Tross. *Id.,* 1566, 3 vol. — Ens. 6 vol. pet. in-8, cartonn. toile grise non rog.

373. COLOMB (Christophe). Relations des quatre voyages entrepris par Christophe Colomb pour la découverte du Nouveau-Monde de 1492 à 1504 ; suivies de diverses lettres et pièces inédites extraites

des archives de la monarchie espagnole et publiées par M. F. de
Navarette. *Paris, Treuttel et Würtz,* 1828, 3 vol. in-8, port. et
cartes, demi-rel. veau rouge. — Histoire des voyages et découvertes des compagnons de Christophe Colomb, par M. Washington Irving, suivie de l'histoire de Fernand Cortez et de la conquête du Mexique et de l'histoire de Pizarre et de la conquête
du Pérou. Ouvrages traduits de l'anglais par A.-J.-B. et C. A. Defauconpret. *Paris, Ch. Gosselin,* 1833, 3 vol. in-8, demi-rel. vel.
blanc, non rog. — Ens. 6 vol.

374. COLOMB (ouvrages relatifs à Christophe et à Fernand). 6 vol.
gr. in-8 et in-12, br. et rel.

Christophe Colomb, drame en sept actes, 17 tableaux par G. de
Pradelle. *Walder,* 1867, in-12, cartonn. toile, non rog. — Année
véritable de la naissance de Christophe Colomb. Etude critique par
M. d'Avezac. *Paris,* 1873, br. in-8. — Le livre de Ferdinand Colomb.
Etude par M. d'Avezac. *Martinet,* 1873, br. in-8. — Fernand Colomb,
sa vie, ses œuvres. Essai critique par Henry Harrisse. *Tross,* 1872.
— Christophe Colomb devant l'histoire, par le même. *Welter,* 1892.
— Christophe Colomb et les académiciens espagnols. *Welter,* 1894.
A chaque vol. envoi de l'auteur à M. J.-M. de Heredia (ou à M. G.
Paris).
Le premier ouvrage contient un sonnet autogr. de l'auteur adressé à
M. J.-M. de Heredia.

375. CUBA (Mélanges sur l'île de). 10 vol. et br., in-12 et in-8,
rel. et br.

Denis. Scènes de la nature sous les Tropiques et de leur influence
sur la poésie, 1825, in-8. — Documentos internacionales referentes al
reconocimiento de la República de Cuba. 1904, rel. toile, non rog.
— Humboldt (A. de). Essai politique sur l'île de Cuba, 1826, 2 vol.
in-8, — Pineyro (E.). Vida y escritos de Juan Clemente Zénéa, 1901,
in-12, dos et coins mar. rouge, tête dor., ébarbé. — Piron (H.). L'île
de Cuba, 1876, etc. etc.

376. DU TERTRE. Histoire générale des Antilles habitées par les
François. Divisée en deux tomes et enrichie de cartes et de figures.
Par le R. P. du Tertre. *Paris, Th. Jolly,* 1667, 2 vol. in-4, planches,
veau brun.

Tomes I et II.

377. FLORIDE (Histoire de la). 4 vol.

Histoire de la conqueste de la Floride par les Espagnols sous Ferdinand de Zoto, traduite par M. D. C. (Bon-André, comte de Broé, seigneur de Citri de la Guette). *Paris, Thierry,* 1685, in-12, veau brun.
— Même histoire, composée par l'Inca Garcilasso de la Vega, traduite
par P. Richelet. *Paris, G. Nyon,* 1709, in-12, veau brun. — Ensayo
cronologico para la historia general de la Florida. Escrito por Don
Gabriel de Carvenas y Cano. *Madrid,* 1723, in-fol. demi-rel. mar. —
Gaffarel (P.). Histoire de la Floride française. *F. Didot,* 1875, in-8, br.

378. FUENTES. Historia de Guatemala ó Recordacion florida, escrita

el siglo xvii por el capitan D. Francisco Antonio de Fuentes y Guzman... Que publica por primera vez con notas é ilustraciones D. Justo Zaragoza. *Madrid, Luis Navarro,* 1882-83, 2 vol. gr. in-8, papier vergé, demi-rel. vélin blanc, non rog. (*P. Vié*).

379. GARCIA (J.). Colleccion de documentos para la historia de Mexico publicada por Joaquin Garcia Icazbalceta. *Mexico,* 1858-66, 2 vol. très gr. in-8, demi-rel. vélin blanc, non rog.

380. GRAVIER (Gabriel). Vie de Samuel Champlain, fondateur de la Nouvelle-France (1567-1635). *Maisonneuve,* 1900, pet. in-4, carte. — Une France oubliée, l'Acadie, par Gaston du Boscq de Beaumont. *Hachette,* 1902, in-8, fig. — Ens. 2 vol., br.

381. HEREDIA (D. José Francisco). Memorias sobre las Revoluciones de Venezuela, seguidas de documentos historicos ineditos y precedidas de un estudio biografico por D. Eurique Pineyro. *Paris, Garnier,* 1895, gr. in-8, broché (*Couvert.*).

> Exemplaire imprimé sur PAPIER DE HOLLANDE.

382. HISTORIADORES PRIMITIVOS DE INDIAS. Colleccion dirigida e illustrada por Don Enrique de Vedia. *Madrid, Rivadeneyra,* 1858-1862, 2 vol. gr. in-8, cartonn. toile verte, non rog.

383. HUMBOLDT (Alexandre de). 7 vol. in-8 reliés.

> Vues des Cordillères et monumens des peuples indigènes de l'Amérique. Avec 19 planches, dont plusieurs coloriées. *Paris, Bourgeois-Maze, s. d.,* 2 vol. — Essai politique sur le royaume de la Nouvelle-Espagne. *Paris, Ant.-Aug. Renouard,* 1825-1827, 4 tomes en 3 vol. — Examen critique de l'histoire de la géographie du Nouveau Continent. 1836-37, 2 vol.

384. LA COSTE (N. de). Histoire générale des voyages et conquestes des Castillans, dans les isles et terre-ferme des Indes occidentales. *Paris, Nic. et J. de la Coste,* 1660, 2 vol. in-4, veau brun. — S. DE RENNEFORT. Histoire des Indes orientales. *Paris, A. Seneuze et D. Hortemels,* 1688, in-4, veau br. — Ens. 3 vol.

385. LAS CASAS (B. de). Historia de las Indias. *Madrid, Miguel Ginesta,* 1875-76, 5 vol. in-8, cartonn. toile verte, non rog.

386. MENDIETA (fray Geromino de). Historia ecclesiastica indiana obra escrito a fines del siglo XVI. La publica por primera vez Joaquin Garcia Icazbalceta. *Mexico,* 1870, gr. in-8, demi-rel. vélin blanc, non rog.

387. MEXIQUE, 15 vol. in-4, in-8 et in-12, rel. et broch.

> BIART (L.). La Terre tempérée. Scènes de la vie mexicaine. 1866. — DOMENECH. Le Mexique tel qu'il est. 1867. — Scènes de la vie mexicaine. 1855. — DUPLESSIS (P.). Aventures mexicaines. S. d. — FERRY (G.). Aventures au Mexique. 1855. — Scènes de la vie mexicaine. 1856, 2

vol. demi-rel. mar. — Documentos para la historia de Mexico, 1852, 2 vol. in-8, demi-rel. veau. — La Renaudière (de la). Mexique. Guatemala. Pérou, in-8. — Salazar (F.-C.). Mexico en 1554. 1875, in-8, dos et coins vél. — Saverio Clavigero. Storia antica del Messico. 1780, gr. in-8, demi-rel. vél. — Storia antica del Messico. 1780, 4 vol. in-4, dos et coins mar. vert.

388. NAVARRETE. Coleccion de los viages y descubrimientos que hicieron por mal los españoles desde fines del siglo XV. Con varios documentos ineditos concernientes a la historia de la marina castellana y de los establecimientos españoles en Indias, coordinada é ilustrada por don Martin Fernandez de Navarrete. *Madrid*, 1825-1837, 5 vol. in-8, 2 cartes ajoutées, demi-rel. veau fauve.

389. OEXMELIN (Al-Ol.). Histoire des avanturiers, flibustiers, qui se sont signalez dans les Indes. *Trevoux*, 1744, 4 vol. in-12, figures, veau br., dos orné (*Rel. anc.*).

390. OVIEDO Y VALDEO (Fernandez de). Historia general y natural de las Indias. Publicala la real academia de la historia... por D. José Amador de Los Rios. *Madrid, imprenta de la Real Academia de la Historia*, 1851-1855, 4 vol. très gr. in-8, cartonn. toile verte, non rog.

391. PEREZ (A. de). Relaciones de Antonio Perez, secretario de estado, que fue del Rey de España Don Phelippe II deste nombre. *Paris*, 1598. — La Pluma de Ant. Perez a los curiosos de la lengua española. *S. d.* — Aphorismos del libro de las relaciones. Monstrum fortunae. *Paris, G. Robinot*, 1616. — Ens. 3 ouv. en 1 vol. in-8, vélin (*Rel. anc.*).

392. PÉROU. 11 vol. in-4, in-8 et in-12, rel. et br.

Voyage historique de l'Amérique méridionale, par Don George Juan et Don Ant. de Ulloa, ouvrage qui contient une histoire des Yncas du Pérou. *Paris, Jombert,* 1752, 2 vol. in-4, planches, veau marb. — Histoire des Yncas, roys du Péru, par Garcilasso de la Vega, traduite par J. Baudoin. *Paris, A. Courbé*, 1633, in-4, veau fauve. — Histoire des guerres civiles des Espagnols dans les Indes, escritte en espagnol par l'Ynca G. Lasso de La Vega, et mis en français par J. Baudoin. *Paris, S. Puget,* 1658, 2 vol. in-4, veau fauve. — Histoire de la découverte et de la conquête du Pérou, traduite d'Aug. de Zarate par S. D. C. (Bon-André, comte de Broé, seigneur de Citri de La Guette). *Paris, Chr. David,* 1706, 2 vol . veau brun. — Tres relaciones de antigüedades fieures peruanas. *Madrid,* 1879, gr. in-8, demi-rel. vél. — Relacion de todo lo sucedido en la provincia del Piru. *Lima,* 1870, gr. in-8, demi-vélin. — Histoire de la découverte et de la conquête du Pérou, trad. d'A. Zarate, par S. D. C. *Paris,* 1830, 2 vol. in-8, br.

393. PETRI MARTYRIS ab Angleria mediolanensis de rebus oceanicis et novo orbe, decades tres. Item ejusdem de Babylonica

legatione, libri III, et item de rebus aethiopicis, Indicis, Lusita-
nicis et hispanicis, opuscula quedā historica doctissima, quae hodie
non facile alibi reperiuntur, Damiani a Goes. *Coloniae, Gervinius
Calenius,* 1574, in-8, vélin (*Rel. anc.*).

Sur le titre et sur un feuillet de garde de la fin, signature autographe de J.-A. de Thou.

394. RAMUSIO. Terzo volume delle navigationi et viaggi raccolto
gia da M. Gio. Battista Ramufio. *Venezia, Giunti,* 1565, in-fol.,
planches et fig. sur bois, cartonn. toile verte.

Tome III seul ; édition de 1556 avec un nouveau titre.

395. RAYNAL (Abbé). Histoire philosophique et politique des éta-
blissemens et du commerce des Européens dans les deux Indes.
La Haye, Gosse, 1774, 7 vol. in-8, frontispices par Eisen, et
cartes, veau marb., dos ornés (*Rel. anc.*).

Exemplaire aux armes de J. de Boullongne, comte de Nogent, conseiller au Parlement de Metz.

396. SAHAGUN (B. de). Histoire générale des choses de la Nou-
velle-Espagne, par le R. P. Fray Bernardino de Sahagun, traduite
et annotée par D. Jourdanet et Rémi Siméon. *Paris, G. Masson,*
1880, gr. in-8, demi-rel. vélin blanc, non rog.

Sur le faux-titre : envoi de M. Jourdanet.

397. SAINT-DOMINGUE (Histoire de), 6 vol.

Histoire de l'isle espagnole ou de Saint-Domingue, par le P. P.-F.
Xavier de Charlevoix. *Paris, J. Guérin,* 1730-31, 2 vol. in-4, veau br.
— Rapport sur les troubles de Saint-Domingue, par J.-Ph. Garrau.
Imprimerie nationale, an VI, 2 vol. in-8, demi-rel. mar. gr. — Mémoires pour servir à l'histoire de la Révolution de Saint-Domingue,
par le lieutenant-général baron Pamphile de Lacroix. *Pillet,* 1820,
2 vol. in-8, br.

398. VOYAGES EN AMERIQUE, 12 vol. in-12 et in-8, br.

Aubert (G.). Les Nouvelles-Amériques. *Flammarion, s. d.,* fig. et
cartes. — Auger (Ed.). Histoires américaines. *Didier,* 1874. — Biart
(Lucien). La Terre chaude. *Hetzel, s. d.* — Bret-Harte. Traduction
Th. Bentzon. Nouveaux récits californiens. *Calm.-Lévy,* 1884. — Colomb (Fernand). La vie et les découvertes de Christophe Colomb. *Dreyfous, s. d.* — Lefébure (René). Paris en Amérique. *Charpentier,* 1863,
demi-rel. chag. br. — Maynard (Félix). Voyages et aventures au
Chili. *Lib. nouv.,* 1858. — Radiguet (Max). Souvenirs de l'Amérique
espagnole. *Michel Lévy,* 1856. — Reclus (Elisée). Voyage à la Sierra-
Nevada de Sainte-Marthe. *Hachette,* 1861. — Sienkiewicz (H.). Pages
d'Amérique. *Per Lamm, s. d.* — D'Ursel (Ch.). Sud-Amérique,
séjours et voyages au Brésil, à La Plata, au Chili, etc. *Plon,* 1879,
planches. — Vial (A.). Aventures et scènes du Nouveau-Monde.
A. Faure, 1866, in-8.

399. VOYAGES EN AMERIQUE, 13 vol. in-12, cart. et cart. toile, non rog.

> BERNARD (Lina-Beck). Le Rio Parana. *Grassart,* 1864, cart. — BIART (Lucien). La Terre chaude. Scènes de mœurs mexicaines. *Hetzel,* s. d. — EYMA (Xavier). Légendes, fantômes et récits du Nouveau-Monde. *Lacroix,* 1863, 2 vol. — FERRY (Gabriel). Costal l'Indien. Scènes de la guerre de l'indépendance du Mexique. Le Coureur des bois. *Hachette,* 1875-81, 2 vol. — FROEBEL (J.). A travers l'Amérique. Traduit de l'allemand, par E. Tandel. *Jung-Treuttel,* 1861, 3 vol. — MARCOY (Paul). Scènes et paysages dans les Andes. *Hachette,* 1861, 2 vol. — SAUVAGE. Mémoire du voiage en Russie faict en 1586 par Jehan Sauvage, suivi de l'expédition de Fr. Drake en Amérique, à la même époque. *Aubry,* 1855.

400. VOYAGES, RELATIONS ET MEMOIRES originaux pour servir à l'histoire de la découverte de l'Amérique. *Paris, Arthus Bertrand,* 1837-1868, 17 vol. in-8, cartonn. toile verte, non rog.

> ALVA (F. d').Cruautés horribles des conquérants du Mexique.—Histoire des chichimèques ou des anciens rois de Tezeuco, 2 vol. — Commentaires d'Alvar Nuncz Cabeça de Vaca. Relation et naufrages du même, 2 vol. — CASTANEDA. Relation du voyage de Cibola entrepris en 1540, par Pedro de Castaneda de Nagera. — CAVELLO BALBOA (Miguel). Histoire du Pérou. — FEDERMANN (Nicolas). Narration de son premier voyage. *Haguenau,* 1557. — GANDAVO (P. de Magalhanes de). Histoire de la province de Sancta-Cruz. *Lisbonne,* 1576. — MONTESINOS (Fernando). Mémoires historiques sur l'ancien Pérou. — PEZUELA (D. Jac. de la). Historia de la isla de Cuba, tome I. — STADEN DE HOMBERG (Hans). Histoire d'un pays situé dans le Nouveau-Monde, nommé Amérique. — Recueil de pièces sur la Floride. — Recueils de pièces relatives à la conquête du Mexique, 2 vol. — SCHMIDEL (Ulrich). Histoire véritable d'un voyage curieux. — XÉRÈS (Fr.). Relation véridique de la conquête du Pérou et de la province de Cuzco, nommée Nouvelle-Castille.

401. ZARAGOZA (Don Justo). Noticias historicas de la Nueva España. *Madrid, Hernandez,* 1878, gr. in-8, cartonn. toile rouge, non rog.

> GRAND PAPIER.

---

402. LETTRES ET LES ARTS (Les). Revue illustrée. *Paris, Boussod Valadon,* 1886, 11 fascicules in-4, fig. et planches, brochés.

> Année 1886 (sauf février).

403. ŒUVRE ET L'IMAGE (L'). Revue mensuelle de l'art contemporain et du livre illustré. *Paris, à la maison du livre,* 1900-1902, 12 fascicules gr. in-8, figures, br. (*Couvert.*).

404. REVUE DE L'ART ANCIEN ET MODERNE (La). Revue illustrée, années 1897 (1re année)-1905, 102 numéros gr. in-8, planches et figures, brochés.

405. VOGUE (La), pet. in-8 en livraisons.

> Année 1889, juillet, août, septembre, 3 numéros.
> — 1899, août-décembre, 5 numéros.
> — 1900, année complète.
> — 1901, février, mars, avril, mai et juillet, 5 numéros.

406. Nombreux livres en lots (romans et poètes modernes, avec envoi des auteurs, livres anciens et modernes dans tous les genres).

CHARTRES. — IMPRIMERIE DURAND, RUE FULBERT.

ORDRE DES VACATIONS

PREMIÈRE VACATION

Lundi 25 juin 1906

Nᵒˢ 1 à 189.

DEUXIÈME VACATION

Mardi 26 juin 1906

Nᵒˢ 190 à 364.

TROISIÈME VACATION

Mercredi 27 juin 1906

Nᵒˢ 365 à 405.

Livres en lots.

Vente après décès de M. J.-M. DE HEREDIA

HOTEL DROUOT, salle n° 10

à 3 heures 1/2

LE VENDREDI 3o MARS 1906

PENDULE, forme lyre, marbre et bronze doré,
Louis XVI.

DEUX FLAMBEAUX (enfants), bronze doré,
Socle marbre, Louis XVI.

DEUX GLACES Louis XV, bois sculpté et doré.

DEUX POTICHES, porcelaine bleue
de Chine, monture bronze.

TABLEAUX

PAR OU D'APRÈS

JULES BRETON
DEMONT BRETON
HANOTEAU
JULES HEREAU
LANSYER
TOULMOUCHE
VILLENEILLE, etc.

Exposition, salle n° 10, les 26, 27, 28 et 29 mars 1906.

www.ingramcontent.com/pod-product-compliance
Ingram Content Group UK Ltd.
Pitfield, Milton Keynes, MK11 3LW, UK
UKHW021921070726
13614UKWH00001B/172